Bullying e Desrespeito

As Autoras

Marie-Nathalie Beaudoin, PhD, é diretora de treinamento na Bay Area Family Therapy Training Associates (BAFTTA) e supervisiona o trabalho de aconselhamento de diversas escolas do Vale do Silício da Califórnia. Tem dedicado grande parte de sua carreira ao trabalho com crianças, ao ensino de projetos de tolerância e à melhoria dos relacionamentos entre professores nas escolas públicas. Também ensina consciência transcultural, terapias familiares e dinâmicas de grupo na John F. Kennedy University. Entre seus créditos de publicação estão um periódico da Internet chamado Silencing Critical Voices e um livro de atividades experimentais intitulado Working with Groups to Enhance Relationships.

Maureen Taylor é educadora no norte da Califórnia. Sua experiência inclui o ensino da pré-escola à 6ª série e o trabalho de educadora ambiental. Seus principais interesses estão no ensino de ciências e de redação, duas matérias que vão se revelando de forma gradual no aprendizado. Atualmente, Maureen desenvolve um programa destinado a crianças que mistura educação artística, educação ambiental e questões sociais.

B371b	Beaudoin, Marie-Nathalie
	    Bullying e desrespeito : como acabar com essa cultura na escola / Marie-Nathalie Beaudoin, Maureen Taylor ; tradução Sandra Regina Netz. – Porto Alegre : Artmed, 2006.
	    232 p. ; 25 cm.
	
	    ISBN 978-85-363-0654-4
	
	    1. Bullying. 2. Psicologia Educacional. 3. Psicologia da Criança. 4. Psicologia do Adolescente. I. Taylor, Maureen. II. Título.
	
	    CDU 37.015.3:159.922.7/.8

Catalogação na publicação: Júlia Angst Coelho – CRB 10/1712

Marie-Nathalie Beaudoin
Maureen Taylor

Bullying e Desrespeito

COMO ACABAR COM ESSA CULTURA NA ESCOLA

Tradução:
Sandra Regina Netz

Consultoria, supervisão e revisão técnica desta edição:
Cleodelice A. Zonato Fante
Pedagoga. Doutoranda em Ciências da Educação pela
Universidade de Ilhas Baleares, Espanha.
Especialista em *Bullying*.

Reimpressão 2007

2006

Obra originalmente publicada sob o título
Breaking the culture of bullying and disrespect, grades K-8
best practices and successful strategies
©2004 by Corwin Press

ISBN 0-7619-4661-6

Capa: *Gustavo Macri*

Preparação de originais: *Josiane Tibursky*

Leitura final: *Kátia Michelle Lopes Aires*

Supervisão editorial: *Mônica Ballejo Canto*

Editoração eletrônica: *Laser House*

Reservados todos os direitos de publicação, em língua portuguesa, à
ARTMED® EDITORA S.A.
Av. Jerônimo de Ornelas, 670 - Santana
90040-340 Porto Alegre RS
Fone (51) 3027-7000 Fax (51) 3027-7070

É proibida a duplicação ou reprodução deste volume, no todo ou em parte, sob quaisquer formas ou por quaisquer meios (eletrônico, mecânico, gravação, fotocópia, distribuição na Web e outros), sem permissão expressa da Editora.

SÃO PAULO
Av. Angélica, 1091 - Higienópolis
01227-100 São Paulo SP
Fone (11) 3665-1100 Fax (11) 3667-1333

SAC 0800 703-3444

IMPRESSO NO BRASIL
PRINTED IN BRAZIL
Impresso sob demanda na Meta Brasil a pedido de Grupo A Educação.

*Para Meika, na esperança de que, ao desabrochar para a vida,
nunca cessem a alegria e a curiosidade em aprender.
Para Alexandra, que nunca viu a luz deste mundo, mas que
contribuiu ao seu jeitinho para o espírito deste livro.
Para todas as pessoas lindas de todas as idades
que eu tive o privilégio de conhecer na escola.
– MNB*

*Dedicado a todos os meus alunos.
Que vocês deliciem-se com a Vida e sigam em Paz.
– MT*

Agradecimentos

Gostaríamos de expressar nossa gratidão a todos – educadores, alunos e famílias – que fizeram a gentileza de participar de nossa pesquisa, e que enriqueceram nossas próprias perspectivas e idéias. Esperamos que algumas das sugestões e filosofias integradas deste livro sejam igualmente significativas e profícuas em todas as suas jornadas.

Em especial, gostaríamos de agradecer aos professores das seguintes escolas, que dedicaram seu tempo para responder com atenção nossos extensos levantamentos: Anderson School, Baker School, Country Lane School, Easterbrook School, Moreland Discovery School e Rogers Middle School.

Agradecemos do fundo do coração àqueles professores de outras escolas espalhadas pela Califórnia que abriram suas portas para nós: Sequoia Baioni, Maria Diaz-Albertini, Melissa Freeberg, Mariah Howe, Cathy Klein, Karen Lam, Kayla Meadows, Peter Murdock, Mary Robson, Sara Saldana, Chris Telles, os professores da Christa McAuliffe, Stuart Williams, e os professores da Cedarwood Sudbury School.

As entrevistas, as conversas e as comunicações por *e-mail* com os seguintes educadores também foram inestimáveis no sentido de proporcionar um rico fórum para histórias pessoais e relatos em profundidade de suas experiências no sistema educacional. Diante da longa duração de algumas dessas entrevistas, às vezes uma ou duas horas, somos eternamente gratos por sua confiança, honestidade e generosidade de tempo, apesar de suas agendas cheias: Les Adelson, Sandra Anders, Carolyn Barrett, Ann Dubois, Honey Berg, Martha Cirata, Nancy Cisler, Denise Clay, Carin Contreras, Harry Davis, Mindy Dirks, Bob Geddes, Maria Hansen-Kivijarvi, Tom Kennedy, Mary Anne Landis, Rick Ito, Sue Healy, Joe Joaquin, Dale Jones, Debbie Judge, Barbara Lateer, Michele Mandarino, Bill Menkin, Alison Moser, Cleo Osborn, Joe Pacheco, Diane Paul, Beverly Prinz, Herb Quon, Jim Richie, Lorie Rizzo, Joann Rosatelli, Kathleen Ryan, Louise Santos, Maria Simon, Bitsey Stark, Gary Stebbins, Stephany Tyson, Tiffany White e Jenny Wishnac.

Apreciamos muitíssimo as respostas que recebemos de professores, de contatos e de tradutores do mundo inteiro, muitos dos quais são colaboradores anônimos, e outros cujos nomes temos o prazer de listar: Pam Cayton, Nicola Call, Ann Hayashi, Michiyo Kamoto, Caetano Miele, Todd Phoenix, Kristine Schmieding e Eduardo Villapando.

Nosso obrigado a inúmeros outros diretores, professores e alunos que contribuíram para esse projeto e que, ainda assim, gostariam de permanecer no anonimato (os nomes de alguns alunos foram trocados ao longo do texto).

Apreciamos profundamente nossas entrevistas individuais e as discussões em grupo com os alunos. Muitos desses jovens contribuíram com observações bastante claras, palavras que demonstravam sabedoria e relatos biográficos que, para os adultos, rendem o que pensar. Agradecemos em especial a Adam, Alex, Aly, David, Denea, Eugene, Gabriel, Jacksen, Kate, Larry, Laura, Lori, Meg, Melissa, Quentin, Roberto, Rostislav, Santee, Trang e Yasha. Gostaríamos de agradecer particularmente aos 180 alunos da Moreland Discovery School e da Rogers Middle School que dividiram suas idéias expressivas conosco nas discussões em sala de aula.

Nossa gratidão é diária àquele pessoal criativo e inspirador da Bay Area Family Therapy Training Associates que fez a gentileza de revisar e de editar o manuscrito buscando a harmonia narrativa: Jeff Zimmerman, PhD, e Sonja Bogumill, PhD.

Temos uma dívida de gratidão para com a diretora Cleo Osborn, que nos apresentou como almas gêmeas (ela tinha razão!), prestou um apoio incondicional à criação e à exploração dessas idéias e contribuiu, de modo significativo, ao seu próprio jeito amigável, para a erradicação do *bullying* na Easterbrook School.

Temos também uma dívida para com esses indivíduos bondosos que nos ofereceram sabedoria, auxílio e uma variedade de idéias no decorrer deste projeto: Mary Layne Adams, Ana Batista, Riki Bloom, Leisha Boek, Kristi Busch, Fritz Dern, Erin Devinchenzi, Marc Dhoore, Erin Dunivin, Diana Fagundes, David Fissel, Miles Gordon, Heidi Meade, Joyce McClure, Dora Ramirez, Christine Pavan, Krista Poston, Michelle Potter, Annie Prozan, Dora Ramirez, Mari Rodin, Linda Rough, Amity Sandage, Tamera Schmidt, Sherry Stack, Tara Stanbridge, Judy Volta, May Walters, Veronica Wetterstrom e Anne Woida.

Gostaríamos de ressaltar o trabalho fabuloso da equipe da Corwin Press, de Rachel Livsey e Melanie Birdsall, por suas sugestões e pela notável flexibilidade enquanto colaborávamos neste projeto. Este manuscrito foi claramente enriquecido pelo seu *feedback* atencioso.

Por fim, nossa eterna gratidão...

Aos nossos lindos bebês, Amélia e Meikael, que nos lembram da importância de brincar!

Aos nossos parceiros carinhosos, Jeff e Paul, que agüentaram com paciência nossas promessas mensais de que o livro seria terminado logo.

Às nossas generosas famílias, a Brian, David, Jack, Judy, Marlene, Marc, Mireille, Frederic, Michele, Jean e, por último na ordem, mas não no grau de importância, a Francine-Esther, que com sua calma e sua paciência ofereceu alimento, agrados, chás, atenção aos bebês, sugestões, correções e revisões intermináveis, além de um encorajamento constante às nossas vidas de autoras.

A Corwin Press agradece as contribuições dos seguintes revisores:

Patrick Akos
Professor assistente
University of North Carolina, Chapel Hill
Chapel Hill, NC

Mary Ann Sweet
Orientadora educacional
Tomball Elementary
Tomball, TX

Dale Jones
Diretor de escola
McAuliffe School
Cupertino School District
Cupertino, CA

Patricia B. Schwartz
Diretora de escola
Thomas Jefferson Middle School
Teaneck, NJ

William Menkin
Professor de 2ª e 3ª séries do ensino fundamental
Moreland Discovery School at Easterbrook
San Jose, CA

Jeffrey L. Zimmerman
Diretor
Bay Area Family Therapy Training Associates
Cupertino, CA

Charles Adamchik Jr.
Professor e consultor educacional
Blairsville High School e
Learning Sciences International
Blairsville, PA

Diane M. Holben
Coordenadora de currículo do ensino médio
Saucon Valley High School
Hellertown, PA

Ronald D. Wahlen
Facilitador tecnológico
Wake County Public School System
Conn Global Communications Magnet Elementary School
Raleigh, NC

Deborah A. Zeis
Professora
Charlotte Middle School
Charlotte, MI

Cynthia Knowles
Especialista em prevenção
Consultora
Dansville, NY

Karen Coblentz
Diretora de escola
Dassel-Cokato Schools
Dassel, MN

Dr. John Winslade
University of Waikato
Hamilton, Nova Zelândia

Joann J. Sherman
Educadora
Plum Canyon Elementary School
Saugus Union School District
Santa Clarita, CA

Carol B. Massey
Professora (Mestre) da pré-escola à 3ª série do ensino fundamental
Jackson Parish School System
Jonesboro, LA

Sumário

Introdução	15
PARTE I: ESTABELECENDO OS FUNDAMENTOS	19
1. O DESDOBRAMENTO DOS PROBLEMAS	21
Um número limitado de opções	21
Eliminam-se também as opções úteis	23
Todos têm os mesmos bloqueios contextuais?	24
2. HAVERIA UM INCENTIVO INVOLUNTÁRIO AOS PROBLEMAS DO DESRESPEITO?	29
A competição entre os alunos	30
A regra e o martelo	32
A conquista a todo custo	34
Avaliação	36
3. ELUCIDANDO SUPOSIÇÕES	41
O efeito dos mitos e das suposições	41
Dúvidas comuns na escola: novas formas de pensar	52
4. REAGINDO COM EFICÁCIA AOS INCIDENTES DE *BULLYING* E DE DESRESPEITO	57
Uma atitude inovadora	57
Abreviando o problema com um poderoso instrumento: a exteriorização	60
Uma abordagem narrativa para o desrespeito e o *bullying*	62
Uma reação narrativa	66
Opções adicionais	68
Resumo da prática da exteriorização	68
Dúvidas comuns quanto ao processo de exteriorização	69

5. **DEMONSTRAR RESPEITO E ESTAR ABERTO ÀS EXPERIÊNCIAS DOS ALUNOS** 73
   - Definindo *experiência* 74
   - A experiência da escola 75
   - Sobrepondo-se as experiências do problema 79
   - Lidando com essas experiências 81

6. **FAZENDO COM QUE AS MUDANÇAS DUREM MAIS DE UMA SEMANA** 87
   - O problema do dente-de-leão 87
   - Vendo as coisas por outro ângulo 88
   - Múltiplos eus: quem é a pessoa real? 89
   - As histórias 90
   - Criando histórias por meio da linguagem 92
   - Preenchendo mentalmente as lacunas 93
   - As perspectivas geram histórias 94
   - Dúvida de um educador: se as verdades não existem, como saber em que história confiar? 96
   - Público: você é quem os outros enxergam em você 101
   - O fio das novas histórias: recapitulação 102
   - Recompondo a jornada de Dani 103
   - Dúvidas comuns dos professores: novas formas de pensar 104

PARTE II: APLICAÇÕES E EXEMPLOS 107

7. **ESCUTANDO AS VOZES DOS ALUNOS** 109
   - Levantamento sobre o *bullying* e o desrespeito 109
   - Entrevistas: colocando-se no lugar dos alunos 111

8. **CULTIVANDO O RESPEITO, A APRECIAÇÃO E A TOLERÂNCIA NA ESCOLA** 119
   - O vínculo 119
   - A apreciação 125
   - A colaboração 128
   - A auto-reflexão 129
   - Comunidade e diversidade 132
   - O respeito e os caminhos para nos livrarmos do adultismo 135
   - Dúvida do professor quanto ao processo de se livrar do adultismo 143

9. **LIDANDO COM O DESRESPEITO E O *BULLYING* EM SALA DE AULA** 145
   - Uma revisão das idéias narrativas que orientam esse projeto 146
   - Seção 1: A exteriorização do problema 147
   - Seção 2: Construindo os sucessos 156

	Seção 3: A celebração do conhecimento e da habilidade	170
	Um breve resumo das considerações sobre a facilitação em sala de aula	180
	Conclusão	182
10.	TRABALHANDO COM CADA ALUNO EM TORNO DA QUESTÃO DO *BULLYING*	185
	Uma identidade dominada por problemas	185
	Reescrevendo essa história sem interferências externas	186
	Reescrevendo essa história na comunidade	188
	Conclusão	199
CONCLUSÃO		201
MATERIAL DE APOIO A		203
MATERIAL DE APOIO B		205
MATERIAL DE APOIO C		209
MATERIAL DE APOIO D		213
REFERÊNCIAS		225
ÍNDICE		227

Introdução

John era um garoto de 12 anos que morava em Los Angeles com sua íntegra família de classe média. Mantinha uma certa proximidade com seus pais e era filho único. Sempre fora um aluno nota 10 e um cidadão-modelo. De fato, era bastante maduro para sua idade e já havia desenvolvido valores muito fortes. A vida ia relativamente bem para John até a 5ª série. Mesmo freqüentando uma escola conceituada e tendo muito boas amizades, passou a ser importunado e assediado regularmente por um pequeno grupo de cinco garotos. Como os incidentes foram deixando-o cada vez mais aborrecido, ele e a família expuseram suas preocupações ao diretor. O diretor estava inseguro quanto ao modo de lidar com essa situação, porque a maior parte desses incidentes não havia sido testemunhada pelos adultos encarregados da supervisão dos alunos. Os pais de John, assim como a maioria dos pais, também se perguntavam se infelizmente esse quadro não faria parte da experiência habitual da escola. As provocações e o assédio continuaram intensificando-se; o humor de John, seu relacionamento com os professores e suas notas começaram a declinar. Certo dia, quando ele tropeçou e caiu jogando basquetebol, um dos garotos pisou em cima de sua mão, fingindo que fora sem querer. John gritou de dor, foi até a enfermaria e reclamou para as autoridades. Como acreditou-se que havia sido um acidente, não foram tomadas quaisquer medidas. Ele teve uma distensão nos dedos. No dia seguinte, não quis ir à escola. Sem saber ao certo no que acreditar, os pais de John exigiram que fosse. Os cinco garotos passaram o dia zombando dele e atingindo "acidentalmente" seus dedos sempre que podiam. John foi esperto e desviou os golpes para a outra mão, na esperança de se proteger, mas isso não foi o suficiente. Na saída da escola, os cinco garotos o imobilizaram no chão e passaram com um skate por cima de sua mão.

Estaríamos diante de uma história incomum? De forma alguma. Lamentavelmente, muitos diretores, professores, pais e terapeutas que trabalham regularmente com jovens ouvem histórias de *bullying* ou de provocações comparáveis a essa. A maioria dos adultos gostaria de saber o que deveria ser feito para pôr um fim a esse problema endêmico da agressão, do assédio e do desrespeito nas escolas. Desde o tiroteio em Columbine, nossa sociedade vem tentando apontar o dedo para um culpado. Os educadores sentem que devem suspeitar de qualquer aluno que pareça diferente e têm aumentado a vigilância sobre os jovens que estão sob seus cuidados. Os pais são questionados quanto à adequação de seus cuidados. A mídia levantou inúmeras questões quanto à responsabilidade. Deveria haver uma punição mais séria aos agressores? Os funcionários das escolas deveriam ser responsabilizados? Onde estavam os professores? Infelizmente, os educadores são um alvo fácil para a mídia, que raramente tem consciência dos verdadeiros desafios enfrentados por essa categoria com um currículo sempre em expansão, responsabilidades intermináveis e pouco apoio. Além do mais, quando os problemas tornam-se desmedidos nas escolas, os educadores acabam despendendo uma quantidade tremenda de tempo e de energia para lidar com esses problemas, em vez de se concentrarem na vida acadêmica, seu objetivo inicial. Presos entre as expectativas públicas, as pressões institucionais e o desrespeito com os alunos, os educadores podem chegar rapidamente ao esgotamento e ficar exasperados ou ressentidos com uma profissão na qual inicialmente ingressaram com entusiasmo.

Conseqüentemente, nos últimos anos, o quadro escolar tem buscado aconselhamento com nossa comunidade de terapia narrativa, no sentido de encontrar maneiras eficientes de ajudar a transformar uma sala de aula que apresenta uma conduta desrespeitosa, ou de trabalhar com cada aluno individualmente. A terapia narrativa, que ocupa lugar de destaque nas abordagens sistêmicas, tem sido um esquema teórico relevante para entender e abordar os problemas relacionados à escola. É recebida com muito entusiasmo em nível internacional por seu efeito de respeito, de eficácia e de transformação na vida das pessoas e das comunidades mais amplas. Os alunos, em particular, têm sido bastante receptivos a essa abordagem, pois ela demonstra uma grande consideração pela pessoa que eles preferem ser e os envolve ativamente no processo de adoção de uma perspectiva inovadora, capacitadora, de suas lutas.

Neste livro, nossa intenção é disponibilizar aos educadores as práticas da terapia narrativa e suas perspectivas por vezes contra-intuitivas. Queremos tornar acessíveis aos professores de cada escola as idéias ricas e poderosas enraizadas nessa teoria complexa. Com esse intuito em mente, este livro é escrito de maneira prática, clara e criativa. Para manter os leitores envolvidos com o material, utilizamos tutoriais, exercícios, dúvidas comuns e respostas, transcrições de entrevistas, ilustrações, *cartoons*, diálogos entre os autores e os alunos e inúmeros exemplos. Este trabalho é resultado de muitos anos de sucesso na colaboração entre uma terapeuta narrativa e uma professora dedicada do ensino fundamental. Combinando o conhecimento terapêutico com a experiência educacional do dia-a-dia, o texto oferece uma abordagem rica e abrangente para um amplo leque de problemas relacionados à escola.

Este livro não se destina a servir como uma introdução à terapia narrativa, mas, sim, como a aplicação de idéias narrativas e construcionistas sociais ao campo da educação. Por essa razão, a abrangência dos conceitos narrativos limita-se a sua relevância para professores e diretores, não havendo um exame completo das práticas clínicas associadas a essas idéias. O leitor que se interessar pelo tema poderá facilmente encontrar mais informações a esse respeito em um grande número de livros excelentes sobre terapia narrativa prontamente disponíveis (Bird, 2000; Freedman e Combs, 1996; Freeman, Epston e Lobovits, 1997; Madsen, 1999; White, 1997; White e Epston, 1990; Winslade e Monk, 1999, 2000; Zimmerman e Dickerson, 1996). Em uma tentativa de auxiliar a compreensão dos leitores, a seção Material de Apoio traz um glossário que reúne os termos mais técnicos.

Como o *bullying* e o desrespeito são problemas que se repetem por todo o país e em uma variedade de escolas, acreditamos que não faz sentido nos concentrarmos no ato isolado de cada indivíduo envolvido, ou em um fator selecionado. O que propomos é uma abordagem muito mais ampla que não ponha a culpa nem na cultura isoladamente, nem nos indivíduos (sejam estes agressores, pais ou educadores). Em outras palavras, é uma abordagem que leva em conta a interação entre muitos fatores maiores que contribuem para esses problemas e que examina como esses fatores são sentidos no contexto exclusivo da vida dos alunos. Uma vez entendidos dessa maneira, é possível superar os problemas do desrespeito e do *bullying* para promover a escolha, as possibilidades e as preferências.

A Parte I deste livro investiga o contexto geral do desrespeito e do *bullying* e estabelece o fundamento teórico para novas perspectivas e soluções. Por meio de histórias e de exercícios experimentais, examinamos os fatores contextuais que involuntariamente incentivam o desrespeito e o *bullying*, a começar pela cultura geral, pelo ambiente escolar e pelas suposições dos educadores. Em termos específicos, o Capítulo 1 faz uma breve introdução das diferentes crenças culturais (discursos) que geralmente influenciam as vidas das pessoas. Uma lenda ilustra o modo como essas crenças limitam o acesso às soluções e indiretamente estimulam o desrespeito e o *bullying*. O Capítulo 2 examina alguns efeitos dessas crenças culturais nas escolas enquanto instituições e suas implicações para os alunos que lutam para deixar de se envolver com o desrespeito e o *bullying*. Escrevemos essa seção com a intenção de promover uma maior compreensão das lutas das pessoas e de suas experiências nas escolas. O Capítulo 3 explora as diferentes suposições que podem obscurecer a mente dos educadores ao lidar com problemas que envolvam desrespeito e *bullying*. Apesar de provocativa, essa seção prepara o terreno para perspectivas recentes e para novas formas de se tratar os problemas. O Capítulo 4 introduz práticas inovadoras que capacitam os alunos a refletir, expressar com clareza e modificar seus modos de ser no contexto exclusivo de suas vidas. Essas práticas são permeadas por uma metáfora da terapia narrativa e representam caminhos simples, porém eficazes, para que diretores, professores, pais e orientadores educacionais promovam o respeito. O Capítulo 5 integra todo o material discutido anteriormente, transformando-o em uma visão completa das medidas que devem ser tomadas para reduzir efetivamente a incidência do desrespeito e do *bullying*. O Capítulo 6 discute em detalhes formas de assegurar a duração das mudanças e seu reconhecimento significativo por parte dos alunos.

A Parte II deste livro consiste em exemplos vivos e criativos deste trabalho em ação. Inicia com o Capítulo 7, no qual as experiências dos alunos com a escola ganham visibilidade por meio de transcrições de entrevistas e de discussões em sala de aula. O Capítulo 8 traz então idéias concretas sobre como promover a colaboração, o respeito e a apreciação em todas as escolas. Convidamos os adultos a abandonar o hábito de dizer aos alunos o que fazer e o que não fazer, e a reduzir a sempre crescente tentação de exercer um controle externo sobre os alunos. O respeito não pode ser imposto à força. O respeito, a tolerância e a apreciação desenvolvem-se com maior eficácia quando os jovens são atraídos a um ambiente que manifeste esse tipo de filosofia e que os capacite pessoalmente a tomar decisões melhores a despeito das lutas que enfrentam em suas vidas. Essas são idéias provenientes de uma longa pesquisa conduzida por mais de 230 educadores do norte da Califórnia, que fizeram a gentileza de compartilhar conosco as formas que descobriram para promover um clima escolar de sucesso. O Capítulo 9 descreve um programa divertido e dinâmico para atrair turmas inteiras de alunos para o respeito, para a tolerância e para a apreciação. Esse programa é apresentado como um conjunto de atividades de combate ao *bullying*, detalhadas, semanais, implementadas com sucesso em mais de 26 escolas do Vale do Silício, na Califórnia. A seção Material de Apoio traz uma breve exposição de cartas de professores, orientadores educacionais e alunos que fizeram experiências com esse projeto. No Capítulo 10, mostramos um exemplo de trabalho realizado individualmente com um aluno que já havia estabelecido uma reputação de envolvimento com o *bullying*. Por último, dado nosso interesse pelas influências socioculturais nas ações das pessoas, apresentamos aos nossos leitores, no Material de Apoio C, o resultado de um breve estudo baseado em uma pesquisa, conduzido em nível mundial, sobre as reações dos educadores aos gestos de desrespeito e de *bullying*.

O material apresentado neste livro talvez seja incômodo, às vezes provocativo e contraintuitivo. Acreditamos que é essa característica que compõe seu maior valor, já que não haveria vantagem nenhuma se simplesmente copiássemos outros manuscritos que promovem padrões culturais desnecessários. Esforçamo-nos para ter o cuidado de elaborar questões sérias e importantes, ao mesmo tempo em que respeitamos as respostas e as atitudes nas quais cada leitor acabar escolhendo acreditar. Nossa esperança é que todos os leitores encontrem inspiração em pelo menos um dos dilemas expostos e terminem o livro com mais energia para explorar novas possibilidades com os colegas e com os jovens. Esperamos, sobretudo, que você aprecie a leitura deste livro tanto quanto nos alegramos de ter escrito suas páginas.

Talvez você esteja se perguntando como a história terminou. O que aconteceu com John? Afinal, ele era um bom garoto e foi vítima de um ataque terrível. Além do grande sofrimento físico, ele teve que pedir transferência para uma nova escola. Ele não poderia, nem iria, retornar a sua escola normal, especialmente pelo fato de os cinco garotos não terem sido sequer suspensos (o incidente ocorreu fora do pátio da escola). Ele, a vítima, teve que suportar uma troca de escola no meio do ano, a perda dos amigos e um recomeço com novos professores que estavam em um ponto diferente do currículo. A procrastinação e inabilidade de se concentrar nos deveres de casa motivaram conflitos com seus pais e seus professores. Quando passou a correr o risco de ser expulso de sua nova escola, foi encaminhado à terapia devido a pensamentos suicidas e... fantasias violentas em relação a sua escola anterior.

E o ciclo continua, alunos vitimados tornam-se agressores, agressores passam a ser vitimados, e o desrespeito move-se furtivamente das relações entre alunos para as relações entre alunos e professores, e então para as interações entre professores e alunos. Diante das boas intenções e dos esforços de todos, além do grande número de programas e de livros sobre o tema, por que o *bullying* ainda é difundido em nossas escolas? Para respondermos essa questão, investiguemos o grande retrato desse problema e os poderosos métodos para rompermos com a cultura do *bullying* e do desrespeito.

Parte I

Estabelecendo os Fundamentos

1

O Desdobramento dos Problemas

A História da Rã e uma Mudança de Perspectiva

Numa manhã ensolarada, uma grande rã decidiu engolir toda a água que havia na Terra. Sentou-se orgulhosa, saciada. Parecia uma montanha de água, e a pele azul e verde ficara quase que transparente sob a tensão. De tão pesada, nem conseguia se mexer. Por isso, ficou apenas ali sentada, olhando para todos os animais e os seres humanos reunidos à sua frente. "O que vamos fazer?!", gritaram todos os seres vivos. "Vamos todos morrer se ela não devolver os rios, os córregos e os oceanos." Passaram três dias rezando e implorando para que a rã soltasse as águas. Mas a rã nem se mexia. As crianças choravam, os idosos sofriam, e, no horizonte, a areia do deserto avançava lentamente. Era preciso fazer alguma coisa.

Traduzido e adaptado de Gougaud, 2000

> *Questões para reflexão*
> - Qual seria sua atitude? O que você faria para que a rã abrisse a boca e libertasse as águas? Escreva suas idéias.
> - Você consegue imaginar mais de uma solução? Em caso afirmativo, anote-a.
> - De onde vêm as soluções que você propõe? Que experiências de vida podem ter inspirado essas soluções? Você já se submeteu a métodos semelhantes ao resolver outros problemas? Explique.

UM NÚMERO LIMITADO DE OPÇÕES

Na maioria das vezes, as soluções que nos surgem são influenciadas pela nossa cultura. As culturas podem influenciar as opções que estão disponíveis, e também impossibilitar outras opções. Você simplesmente não consegue imaginar uma solução que esteja fora dos discursos sociais que influenciaram sua vida, a menos que essas soluções estejam de certa forma expostas. Na América do Norte, a reação comum a essa história envolve agressão e ação individual.

A atitude da maioria das pessoas – até mesmo de profissionais da área da saúde mental e de educadores participantes de um *workshop* para a prevenção do *bullying** – seria empurrar a rã, bater ou dar um tiro nela. Isso simplesmente demonstra que, apesar de nossas melhores intenções e de nossa postura mais sincera contra a agressão, somos todos socializados a pensar na agressão como uma solução. Pessoas de diferentes culturas sugerem reações diversas. Por exemplo, indivíduos provenientes das Ilhas do Pacífico Sul, onde essa história é contada, propuseram um final notável:

> *Em busca de uma solução, os animais e os seres humanos realizaram uma convenção. Um deles finalmente propôs organizar uma festa, na qual cada um poderia tentar fazer a rã dar risada. E foi assim que, um por um, cada um deles experimentou apresentar sua careta mais idiota, sua dança mais engraçada e seus saltos mais criativos. A rã, ainda que obviamente interessada, simplesmente não se mexia. Por fim, uma cobrinha, que até o momento mantivera-se bastante quieta nessa jornada, começou a se revirar de um lado para o outro, como se um ser imaginário estivesse fazendo-lhe cócegas. Primeiro a rã soluçou, tentou recuperar a compostura, mas, incapaz de controlar sua risadinha, explodiu em uma gargalhada que acabou expulsando todas as águas de dentro de sua boca gigante, reabastecendo a Terra e os seres vivos com seus oceanos, córregos e rios.*

Provocar o riso em um oponente é apenas uma das muitas opções possíveis para se solucionar o problema. É uma solução imaginada com mais facilidade em certas culturas, o que não quer dizer que nessa história o riso seja a solução ideal. As soluções não têm necessariamente um valor em si mesmas. Importam realmente o acesso a uma variedade de soluções e a possibilidade de escolher uma que corresponda aos valores e às intenções pessoais. A agressão vem à mente da maioria dos norte-americanos não apenas como uma solução, mas como a única solução, mesmo que essa agressão não seja condizente com seus valores. Esse exemplo serve para ilustrar o poder limitador da cultura e do contexto no processo de gerar soluções. Esse tipo de restrição de possibilidades afeta todas as pessoas, todos os lugares, em todas as esferas da vida, tornando-se especialmente evidente em contextos como a escola, onde existe uma pressão social particularmente forte no sentido de se seguir determinadas normas.

Por exemplo, um professor leva seus alunos para uma reunião. Um dos alunos movimenta-se e fala agitadamente. Diversos pensamentos passam pela mente desse professor:

- *"Ele está gostando tanto de desempenhar esse papel. Fico feliz em ver isso."*
- *"Será que ele vai perder o controle; talvez eu devesse acalmá-lo agora."*
- *"O que é que os meus colegas e o diretor vão pensar se eu não fizer nada?"*
- *"E se todas as crianças começarem a achar que também podem agir dessa maneira?"*

Esses pensamentos só ocorrem em culturas e em modelos de educação nos quais se espera que os professores mantenham o controle sobre um grande número de alunos, e nos quais esses profissionais são avaliados por seu desempenho. Esse professor não pensaria, por exemplo, no seguinte:

- *"Hoje ele está possuído por um espírito maligno."*

---

* N. de T. Tipo de intimidação direta ou indireta cujo leque de possibilidades varia desde simples gozações em tom ofensivo até atitudes mais violentas que empreguem a força física. Dentre os elementos desencadeadores desses ataques estão a incapacidade de se lidar com as diferenças em termos de raça, *status*, aparência, etc.

- *"Ele está envergonhando toda a sua família em público."*
- *"Quando ele se der conta de que está perturbando a comunidade, ele vai ficar muito constrangido."*
- *"Espero que o mais velho da turma logo lhe peça para se aquietar."*

Esses pensamentos não caberiam à cultura norte-americana dominante, mas se ajustariam a outros países que tenham estruturas sociais diferentes. O contexto cultural da vida do indivíduo influencia as opções que vêm à mente em uma situação de desafio.

ELIMINAM-SE TAMBÉM AS OPÇÕES ÚTEIS

Uma vez que um indivíduo considere uma série de opções para lidar com uma situação problemática, será que essa pessoa pode simplesmente escolher sua opção favorita? Infelizmente, não. Mais uma vez, os pensamentos do indivíduo geralmente estarão sujeitos a um filtro cultural daquilo que é aceitável em um contexto específico, diante de protagonistas específicos. Se visualizarmos as soluções como chaves para resolver problemas, então o impacto da cultura é limitar o número de chaves ao qual o indivíduo tem acesso em uma determinada situação (ver Figura 1.1).

Consideremos o exemplo de um aluno envolvido com o *bullying*. Antônio, aluno da 4ª série, era fisicamente maior e mais forte do que a maior parte dos outros estudantes da sua idade. Ele não hesitava em dar socos ou empurrões nos outros alunos quando um jogo não estivesse evoluindo como desejava. Antônio intimidava a maioria dos alunos, incluindo os da 5ª série, por ter um

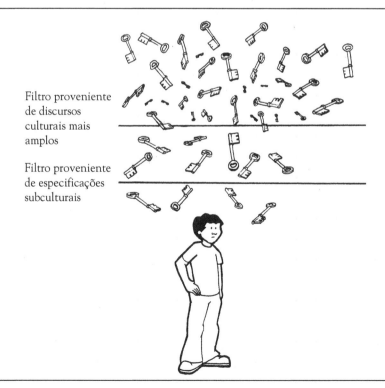

Figura 1.1 A cultura limita o acesso a uma ampla variedade de soluções.

porte físico mais desenvolvido do que os outros e por ser faixa marrom no caratê. Na época em que foi encaminhado ao aconselhamento, vinha sendo mandado à secretaria quase que diariamente, e levava suspensões escolares regulares. Todo mundo havia conversado com ele, criado planos disciplinares especiais, pedido para que refletisse sobre as conseqüências dos seus atos, consultado os pais dele e tentado uma variedade de programas de modificação comportamental – tudo isso em vão. A maioria das pessoas conseguiu imaginar um grande número de opções que não envolvessem agressão, compartilhando-as com ele. A seguir estão algumas das opções sugeridas a Antônio:

- Prefira simplesmente afastar-se dos pequenos aborrecimentos e não reagir a tudo.
- Expresse sua frustração de outras maneiras.
- Explique sua frustração e fale sobre ela em vez de dar socos.
- Dê aos outros uma chance – você não pode vencer o tempo inteiro.
- Peça ajuda ao professor quando estiver em conflito com outros alunos, em vez de tentar resolvê-lo sozinho.
- Compreenda que às vezes não é culpa de ninguém, e é só a situação que é frustrante; a frustração é uma parte normal da vida.
- Quando uma situação parece injusta, tenha confiança de que seu professor, o diretor e o orientador educacional apoiarão você; é preciso que você lhes dê uma chance de ajudá-lo.

Apesar de essas opções parecerem perfeitamente razoáveis para muitos, nenhuma delas o foi para Antônio – nenhuma ajustou-se a sua experiência de vida e ao que ele aprendeu a acreditar. Assim como muitos alunos envolvidos com o *bullying*, devido ao treinamento cultural que recebera, Antônio eliminava essas opções sem ao menos pensar a respeito delas. Como mostra a Figura 1.2, seu treinamento cultural criou poderosos bloqueios, que fizeram com que cada uma dessas opções apresentadas fosse considerada muito desagradável.

TODOS TÊM OS MESMOS BLOQUEIOS CONTEXTUAIS?

Os bloqueios contextuais originam-se nas experiências das pessoas com um conjunto mais amplo de especificações culturais. Entendemos por *especificações* os "deveres" específicos geralmente atribuídos aos membros de uma cultura. Por exemplo, nos países ocidentais, acredita-se que as crianças devam aprender a pensar por si mesmas ou a ser independentes. Esses deveres são especificações resultantes de um discurso cultural mais amplo, de individualismo, no qual espera-se que os indivíduos operem com autonomia.

Esses deveres (ou seja, essas especificações) não são inerentemente ruins, mas podem produzir efeitos negativos em certos contextos, e certamente limitam opções. Um conjunto específico de deveres de uma cultura tem um impacto significativo sobre os tipos de problemas que surgem. Por exemplo, a anorexia só pode se desenvolver em uma cultura que valorize a magreza; o roubo só pode se desenvolver em um contexto de distribuição desigual de recursos, ou de valorização das posses materiais, ou em ambos os casos; a violência doméstica, na maioria das vezes, ocorre em culturas nas quais os homens têm mais poder do que as mulheres; o *bullying* geralmente acontece nas culturas em que os meninos precisam mostrar que são

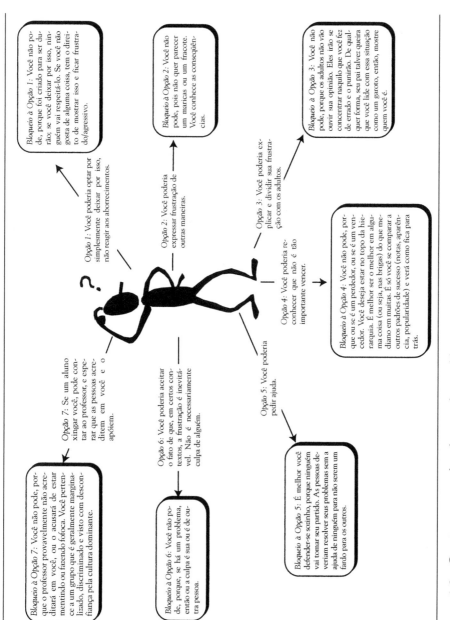

Figura 1.2 O treinamento cultural cria poderosos bloqueios que tornam muitas opções impraticáveis.

durões; os adolescentes somente rebelam-se contra os adultos naquelas culturas que lhes conferem pouco poder na juventude.

Dessa forma, Antônio, ou mesmo sua família, não inventaram os bloqueios contextuais descritos anteriormente. Os bloqueios geralmente provêm da cultura em um sentido mais amplo. As famílias e as comunidades têm seu papel de enfatizar – ou de não enfatizar – certos discursos, bem como o de acrescentar certas particularidades às crenças existentes, porém não as criam sem interferências externas. No caso de Antônio, assim como ocorre com muitos outros alunos que praticam o *bullying*, os bloqueios originam-se no patriarcado, no capitalismo, no individualismo, no racismo e no *adultismo*.

A lista a seguir inclui alguns discursos culturais subjacentes aos bloqueios culturais:

- As culturas patriarcais geralmente convidam os meninos a ser durões e a demonstrar a força física (Ashton-Jones, Olson e Perry, 2000; Katz, 1999; Kimmel e Messner, 1998; Kivel, 1999; Pollack, 1999).

- As culturas capitalistas enfatizam a importância de ser um vencedor, de ter a razão e de estar no topo da hierarquia (Dewey, 1989; Huntemann, 2000; Jhally, 1998; Katz, 1999).

- As culturas individualistas promovem um foco sobre as próprias necessidades do indivíduo, seus desejos e seus direitos, muitas vezes às custas da comunidade; e, o mais importante, a causalidade também passa a se situar nos indivíduos, em oposição ao contexto (Dewey, 1999; Gergen, 1991).

- As culturas que enfrentam questões de racismo estão associadas a problemas de desconfiança entre as raças, de tal forma que as relações polarizam-se entre o poder e a falta de poder (Hall, 1997; Hooks, 1996; Kivel, 2002; Robins, Lindsey, Lindsey, e Terrell, 2002).

- As culturas que revelam crenças *adultistas* geralmente minimizam involuntariamente os direitos e o conhecimento das crianças ao assumirem a idéia de que a idade determina a competência do indivíduo. Infelizmente, as práticas *adultistas* geram uma situação na qual os adultos têm o direito de gritar em tom desrespeitoso com os jovens e recebem injustamente mais credibilidade e responsabilidades do que os jovens em praticamente todas as esferas da vida (Zimmerman, 2001). O *adultismo* diz respeito ao abuso de poder, e não se refere às responsabilidades normais dos adultos em relação às crianças.

O Quadro 1.1 resume os efeitos comuns desses discursos.

É claro que nem todos são afetados por essas especificações, e a intensidade da experiência do indivíduo depende da raça, da classe, do gênero, do *status* socioeconômico, da identidade étnica, e assim por diante. Todos esses discursos interagem de tal forma a permitir que se crie uma gaiola em torno da percepção de opções de uma pessoa (ver Figura 1.3). Em termos específicos, cada um desses discursos é capaz de estruturar com rigidez as experiências das pessoas e de reduzir o espaço para os indivíduos darem o melhor de si.

Conforme mencionamos anteriormente, a maior parte dos educadores procura auxiliar os alunos a pensar em outras opções. Infelizmente, quanto mais sérias forem as lutas dos alunos, menos eficiente será este método. Nossa experiência nos diz que, para que ocorra uma mudança – para que os alunos abandonem as práticas do desrespeito e do

Quadro 1.1

Patriarcado	*Individualismo*	*Capitalismo*
Efeitos sobre as meninas/mulheres • Concentrar-se nas necessidades dos outros • Sacrifício • Fazer a gentileza de ser delicada • Ter boa aparência, mesmo em uma situação de desconforto ou de doença • Ser uma boa cuidadora • Expressar emoções *Efeitos sobre os meninos/homens* • Ser durão/forte • Ser independente • Não demonstrar sentimento/emoção • Sentir-se desconfortável com o afeto e a proximidade • Concentrar-se na idéia de ser o melhor em algo • Desligar-se dos sentimentos de medo, de dor, de atenção aos outros, etc. • Ter interesse em esportes • Agir como um protetor	• Concentrar-se nos direitos e e nas necessidades pessoais • Alcançar o sucesso pessoal • Enfatizar a privacidade • Lutar para ter o que precisa (por exemplo: cortador de grama, carro) • Entender os problemas e os sucessos como se situassem dentro dos indivíduos • Ter um vínculo mínimo com familiares, parentes e antepassados	• Concentrar-se no sucesso, definido pela propriedade material ou financeira • Operar em um ambiente de comparação, de competição e de avaliação dos desempenhos • Dicotomizar as pessoas • Dicotomizar as pessoas como vencedoras e perdedoras • Criar hierarquias (padrões) • Permitir a exploração dos recursos, pouco considerando as implicações ao meio ambiente • Enfatizar os ganhos futuros em detrimento ao atual momento • Dar mais valor ao fazer do que ao ser
	Adultismo	*Racismo, Homofobia, Sexismo*
	• Ter as seguintes crenças: os adultos têm o direito de gritar, mas as crianças não; as crianças raramente ganham o poder de tomar decisões; raramente dá-se a chance de as crianças se expressarem, ou pede-se suas opiniões; os adolescentes rebelam-se e não sabem o que pensar ou o que querer, já que a ordem é sempre escutar.	• Gerar uma falsa idéia de posse e de superioridade de um grupo em relação ao outro; desenvolver uma intolerância em relação às diferenças • Tornar invisíveis os valores e a riqueza da diversidade • Gerar o ódio a si mesmo e a falta de autoconfiança nos grupos oprimidos • Lutar pelo poder, o que pode incluir a violência • Sofrer medo, isolamento, desconfiança • Ter crenças limitadas, estereotipadas

bullying –, é preciso explorar tanto as opções quanto os bloqueios contextuais de um modo que seja relevante para a vida dos alunos. Em primeiro lugar, investiguemos a fundo alguns dos bloqueios contextuais encontrados na escola que podem contribuir especificamente para os problemas do desrespeito e do *bullying*.

NOTA

O leitor interessado no assunto poderá encontrar uma discussão mais abrangente de certos discursos no Material de Apoio D. Acreditamos que os "ismos" são os principais elementos que colaboram para os problemas do desrespeito e do *bullying*. Entretanto, dada a complexidade desses conceitos teóricos, preferimos descrevê-los melhor na seção destinada ao material de apoio. Incentivamos os leitores a se familiarizar com a aplicação desse material, para então se lançar a fundo nessas idéias críticas. Enfim, é necessário muita coragem para realmente explorar a profunda influência que os discursos têm sobre nossas vidas e sobre as vidas das crianças. É possível que nem sempre fiquemos satisfeitos com o que descobrimos e que nos sintamos inseguros diante da súbita visibilidade e do caráter insidioso desses discursos.

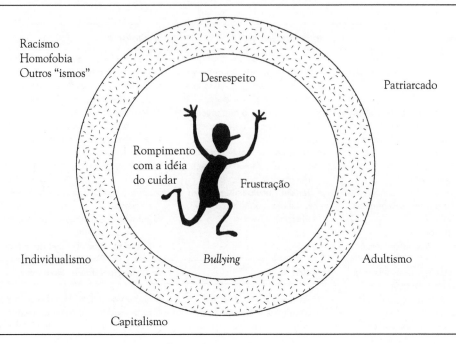

Figura 1.3 Todos esses discursos interagem de tal forma a limitar as opções do indivíduo.

2

Haveria um Incentivo Involuntário aos Problemas do Desrespeito?

Como se manifestam os bloqueios contextuais na escola? Embora a maioria das pessoas esteja ciente de que vivemos em uma cultura capitalista, individualista, patriarcal, que freqüentemente é intolerante em relação às diferenças (padrões restritos de normalidade, pouca aceitação das diferenças de raça, de orientação sexual, etc.), muitos não percebem a implicação desses discursos amplos em seu cotidiano. Em geral, nessas culturas, as instituições passam a estruturar-se por temas como a competição, as regras, as conquistas, a avaliação, a recompensa e a punição e as hierarquias de poder. Não há nada de errado *per se* com as culturas que funcionam sob essas estruturas (discursos), ou com as estruturas propriamente ditas; é a sua aplicação exagerada, constante e rígida que pode levar a efeitos negativos. Na verdade, enquanto algumas pessoas talvez trabalhem bem dentro das nuanças dessas estruturas, muitas sentem-se pressionadas e vivem essas estruturas como bloqueios (ou pressões) contextuais, os quais limitam opções e identidades. Alguns desses bloqueios, em especial, podem acabar contribuindo para o desrespeito e o *bullying*, já que os alunos que lutam contra esses problemas geralmente recebem uma dose extra de práticas de ensino, tais como as regras, as avaliações e a pressão pela melhora. Esses alunos também podem reagir com ressentimento nas atividades competitivas, as quais muitas vezes revelam o que neles há de pior. Neste capítulo, discutiremos os aspectos específicos da formação de alguns desses bloqueios contextuais no sistema escolar público e os efeitos que produzem sobre a percepção de opções dos jovens. Enfocaremos especialmente quatro bloqueios contextuais que involuntariamente acabam exacerbando os problemas do desrespeito e do *bullying*: a competição, as regras, uma ênfase exagerada em relação às conquistas e a avaliação (ver Figura 2.1).

Nossa intenção é revelar as implicações associadas a essas práticas incontestadas que afetam o clima educacional da sala de aula e a experiência das pessoas com as escolas. Muitas das idéias discutidas podem parecer de certa forma controversas para nossos caros leitores, e, certamente, não temos a intenção de, por assim dizer, meter os pés pelas mãos. Ao questionarmos esses tópicos, não pretendemos ofender ou rejeitar quem se sente confortável com esse sistema. Entretanto, só conseguiremos traçar uma distinção entre as novas e diferentes idéias apresentadas neste livro

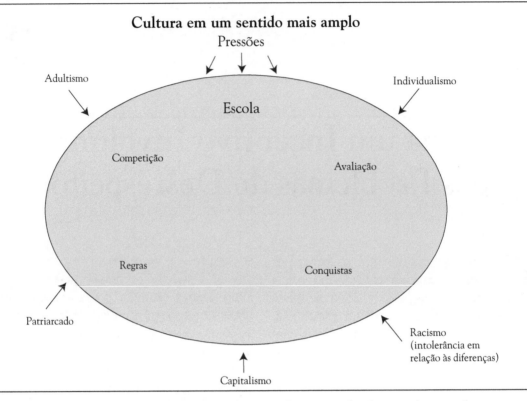

Figura 2.1 As pressões vindas da cultura em um sentido mais amplo afetam o clima escolar.

e as práticas tradicionais assim que tivermos expressado e examinado claramente tais práticas quanto às suas implicações. Nosso objetivo é levantar questões de modo que os educadores possam refletir sobre as suposições existentes, explorar situações a partir de um novo ponto de vista e fazer suas escolhas com base em seu próprio estilo e suas próprias preferências e experiências. Estamos também cientes de que o poder dos educadores talvez seja limitado para mudar algumas dessas práticas; ao mesmo tempo, porém, a própria compreensão de sua influência sobre o comportamento dos alunos pode, em muitos casos, contribuir de modo significativo para o progresso. Em outras palavras, educadores que tenham uma mentalidade flexível em relação à relativa apropriabilidade dessas práticas educacionais terão condições de adaptá-las a fim de revelar as melhores qualidades de seus alunos em diversos ambientes educacionais.

A COMPETIÇÃO ENTRE OS ALUNOS

Na América do Norte e em muitos países capitalistas, a competição parece ser o que une as atividades escolares, um elemento utilizado como motivador fundamental para seduzir as crianças a um desempenho. Ao longo do dia, os professores emitem um número significativo de comentários competitivos – sem que jamais tenham consciência das implicações que estão por trás destes. Por exemplo, é comum os professores apresentarem os seguintes enunciados em tom de competição:

> "Quem terminar a limpeza primeiro vai me ajudar com o lanche."
>
> "Assim que tiverem resolvido o problema de matemática, levantem da cadeira."
>
> "O primeiro a ficar quieto e comportado na fila vai ficar encarregado da luz."
>
> "Quais de vocês serão os primeiros a entregar o dever de casa?"
>
> "Vamos ver: aqueles que conseguirem ficar quietinhos, nos seus lugares e com o trabalho na mão, saem para o recreio primeiro."

Se os professores prestassem atenção no que falam em sala de aula por apenas meia hora, ficariam espantados com a quantidade de enunciados em tom de competição que apresentam.

As implicações da competição

A competição pode ser uma forma fácil de aumentar o entusiasmo em uma atividade até então cansativa. É barata, prontamente disponível e rápida. Embora a competição aja como uma droga que cria um momento de pico nas atividades, também produz sérias implicações. Em primeiro lugar, apenas uma pessoa é a vencedora, restando várias outras desapontadas ou frustradas. A competição também pode promover uma mentalidade que favorece as seguintes conseqüências:

- Os alunos concentram-se em si mesmos e não na comunidade.
- Os alunos sentem que o fim justifica os meios.
- Compartilhar e cooperar com os outros são opções que se tornam menos atrativas.
- Aumenta a probabilidade de conflitos e de comentários mordazes.
- Cresce o desinteresse e o aborrecimento com as atividades menos intensas, não-competitivas.
- Nos alunos, a percepção do eu é movida pela conquista de *status* ou pelo ganho material, pelas preferências, pelos valores e pela motivação/satisfação intrínsecas.
- A crítica e a avaliação de si mesmos e dos outros infiltram-se em suas experiências.
- A falta de vínculos distorce a interação com os outros, que são vistos como competidores.

Para os alunos que lutam para deixar de se envolver com o desrespeito e o *bullying*, a competição é um convite a problemas. O estresse e a frustração inevitáveis de se enxergar nos outros um oponente podem ser excessivamente estimulantes. O que normalmente ocorre é que os alunos que têm problemas questionam sua auto-estima enquanto pessoas, e a competição transforma-se tanto em um contexto para provar que eles têm auto-estima (o que significa que há muito em jogo), ou acaba sendo outra oportunidade de esses alunos confirmarem a si mesmos a idéia de que são perdedores ou inadequados.

> *Somos dissuadidos de questionarmos porque as crianças são colocadas umas contra as outras em uma competição por recompensas artificialmente escassas, ou quais poderão ser os efeitos dessa prática a longo prazo sobre suas atitudes em relação a si mesmas, ou entre elas ou à própria tarefa.*
>
> (Alfie Kohn)

A competição como único elemento motivador

A competição é mais prejudicial quando é o principal elemento motivador empregado ao longo do dia. Por suas implicações, a competição é utilizada em apenas alguns sistemas educacionais, ou esporadicamente em certas ocasiões. Um diretor dividiu conosco suas reflexões a respeito desse tópico:

> Você pode observar os laços culturais da competição. Pode observar certas culturas em que a competição não é objeto de reverência. Vi um estudo realizado entre crianças brancas e crianças negras que receberam o mesmo jogo para brincar. O jogo envolvia um tabuleiro de damas com peças que deveriam ser movidas para frente. O objetivo era atravessar o tabuleiro para chegar até o outro lado. Para cada ficha que você conseguisse mover até o outro lado, você ganhava um prêmio. Entre as crianças brancas, o que ocorreu foi que, ao iniciarem seus movimentos, elas bloqueavam o caminho da outra até o ponto de chegarem a um empate, pois ninguém conseguia mover mais nenhuma peça. Ninguém ganhou um prêmio. As negras saíam do caminho, uma deixando que a outra passasse, e ambas ganharam prêmios. Elas pensavam: "Não tenho que te derrotar. Não tenho que te fazer parar". A cultura tem muito a ver com a competição, e, em nossa cultura, é grande a competição; vence o cara que tem mais dinheiro.

Ainda que essa citação explique a diferença de comportamento utilizando um fator visível (raça), é provável que a verdadeira variável seja o envolvimento constante da criança em ambientes competitivos.

Muitas experiências em sala de aula são bem mais educativas e fecundas para nossas crianças quando facilitadas de uma maneira não-competitiva. A Parte II deste livro traz discussões mais detalhadas desses exemplos. Enquanto isso, no entanto, gostaríamos de convidar você a refletir a respeito de suas experiências pessoais com a competição.

A REGRA E O MARTELO

> Era uma vez um homem que passava os dias dando marteladas no chão. Até que, finalmente, um vizinho lhe perguntou: "Vizinho, por que você fica o tempo inteiro martelando o chão?".
> O homem respondeu: "Porque eu tenho um martelo".

Mesmo que essa história seja aparentemente tola, não seria uma boa metáfora para algumas das regras e alguns dos procedi-

---

Questões para reflexão

- Quantas vezes ao dia você promove a competição em sala de aula?
- Você se preocupa com os efeitos mais profundos e a longo prazo da competição sobre seus alunos?
- Você acredita que se possa criar nos Estados Unidos um contexto no qual os alunos pudessem experimentar tanto entusiasmo a partir de um processo de colaboração compartilhado quanto sentiriam em uma competição?

mentos existentes na escola? Tomemos como exemplo essa conversa entre Maureen e um aluno entre 5ª e 8ª séries*:

Aluno: Por que você dá dever de casa?
Maureen: Para que as crianças aprendam.
Aluno: E se as crianças já tiverem aprendido... ainda assim você dá dever de casa?
Maureen: Sim.
Aluno: Por quê?
Maureen: É a regra.
Aluno: Por que a regra foi feita?
Maureen: Para que as crianças aprendam.
Aluno: E se as crianças já tiverem aprendido?
Maureen: Ainda assim se dá; é a regra.
Aluno: E se as crianças não puderem fazer o dever de casa? [uma referência à estrutura instável em casa, à pobreza, à falta de um lar]
Maureen: Ainda assim se dá. É a regra.
Aluno: E depois são vocês que nos chamam de incoerentes!

---

* N. de T. O texto original não especifica a série do aluno em questão, definindo-o apenas como um *middle school student*, o que no sistema educacional brasileiro equivale ao período compreendido entre a 5ª e a 8ª séries do ensino fundamental.

Às vezes, quando estamos em um ambiente no qual trabalhamos em ritmo acelerado e sob pressão, acabamos confiando nas regras para simplificar nossa vida. Quanto mais estresse sentimos, mais ficamos tentados a aumentar as regras, ou a segui-las ao pé da letra. Nesse processo, as intenções que inicialmente estiveram por trás da criação da regra são muitas vezes perdidas, ou por muito tempo esquecidas.

Marie-Nathalie certa vez conversou com um pai que havia sido interrompido pelo toque do seu celular. A escola queria verificar a assinatura no formulário de faltas de sua filha de 17 anos. Esse pai ficou irritado com o telefonema, porque sua filha era uma aluna nota 10 e presidente de vários grêmios estudantis, e obviamente não necessitava desse tipo de vigilância para ser bem-sucedida na escola.

Diante da relatividade entre o certo e o errado, você sempre pode encontrar um contexto no qual uma regra completamente lógica não faz sentido. Essa situação pode ocorrer ao lidarmos com alunos que são afetados por uma ampla gama de experiências, como questões que envolvam a saúde mental, as diferenças de cultura e de classe e o abuso, e ao lidarmos com aqueles que estão lutando para deixar de se envolver com o desrespeito e o *bullying*. Alunos que enfrentam conflitos no sistema educacional são geralmente infe-

---

Questões para reflexão

- As regras já fizeram você tomar uma atitude contra sua vontade?
- Confiar nas regras sempre simplifica nossas vidas?
- Você já passou por experiências em que uma regra gerou mais problemas ao invés de solucioná-los?
- Considerando que todas as coisas são relativas, como você decide quando o emprego de uma regra é útil, provavelmente trará mais efeitos negativos, ou será simplesmente uma perda de tempo? Em outras palavras, quando você decide seguir o espírito da lei *versus* levá-la mais estritamente ao pé da letra?

lizes. Devido ao grande espaço de tempo gasto na escola e ao efeito desestabilizador da infelicidade, essas pessoas tornam-se muito analíticas na tentativa de encontrar soluções. Esse processo habitualmente envolve um volume significativo de questionamentos em torno de sua própria auto-estima e das situações que estão provocando sofrimento em suas vidas. Quanto mais os alunos demoram-se nesse questionamento da sua auto-estima, maior a possibilidade de que questionem a situação e as regras que lhes trazem problemas. Conseqüentemente, é típico desses alunos serem mais inflexíveis do que os outros, obrigando, às vezes, os adultos a questionar as regras de um modo desconfortável e difícil de justificar. Em uma tentativa de sobrevivência, esses alunos questionam as coisas como forma de lidar com o sistema. Assim que uma regra é considerada irrelevante ou ilógica, fica muito difícil aderir e sujeitar-se a ela sem frustração. A frustração existe ou porque o indivíduo está seguindo a regra e é forçado a desligar-se dos seus próprios valores, ou porque ele não pode seguir a regra e depara-se com a punição. A suprema ironia está no fato de que as crianças que desafiam as regras são muitas vezes submetidas a mais regras à medida que os adultos tentam conter o comportamento delas. Por fim, alguns alunos sentem-se presos e sufocados em regras que estruturam cada ação. É preciso esclarecer que não estamos defendendo a idéia de que as regras deveriam ser eliminadas, mas, sim, que um volume exagerado de regras e a rigidez na sua aplicação são um convite para problemas com os alunos.

Sistemas educacionais que possuem um grande número de regras que são determinadas externamente e implementadas de formas diversas por pessoas diferentes enfrentam mais desrespeito e rebelião do que os sistemas que têm regras significativas e internalizadas como valores pessoais. Um exemplo de uma regra determinada externamente é a nova tendência a proibir as corridas no *playground* nas brincadeiras de pega-pega, a fim de evitar ferimentos e ações judiciais. Essas regras levam à frustração dos alunos, e talvez não sejam aplicadas com rigor, pois muitos podem entendê-las como uma proibição ao divertimento e ao exercício necessários às crianças. O mais provável é que esse tipo de regra incentive os alunos a desrespeitar mais aqueles que tentam implementá-las, ou a praticar o *bullying,* devido a um volume excessivo de tédio, de frustração e de energia. Um exemplo de uma regra mais internalizada como valor seria aquela criada conjuntamente de modo democrático. Os alunos têm um compromisso pessoal com esses tipos de regras em função de seu envolvimento na sua articulação. Discutiremos esses tipos de regras na Parte II deste livro.

A CONQUISTA A TODO CUSTO

O atual sistema educacional exerce uma pressão sobre professores e alunos no sentido de que trabalhem por resultados concretos, visíveis, tais como as notas dos testes. Nesse processo, geralmente dá-se preferência à quantidade, conforme determina o currículo, à custa da qualidade. Como ilustram as seguintes citações, muitos educadores têm compartilhado conosco seu pesar diante da necessidade de eliminarem experimentos, descobertas e projetos de arte a fim de ajustar-se a esse currículo sempre em expansão.

Do que eu mais me arrependo, que vai contra meus melhores princípios enquanto professora, é do fato de eu ter sido obrigada a abandonar a maior parte da investigação científica em sala de aula. Esses tipos de atividades que envolvem a descoberta e a experimentação simplesmente demandam muito tempo. É lamentável e triste, e vejo que isso está acontecendo em várias turmas por todo o meu distrito.

(Sandra Anders)

Hoje em dia, o que eles exigem de um professor da pré-escola é bem diferente do que exigiam antes. Você ensina mais, mais cedo e mais rápido. A verdade é que não interessa se uma criança não está emocionalmente preparada para isso.

(Bob Geddes)

O Estado exige que a álgebra seja introduzida muito mais cedo do que jamais o fora. Ao meu entender, agora ela não é sequer apropriada em termos de desenvolvimento para um número significativo de crianças. Não entendo essa pressa.

(Stephanie Tyson)

O capitalismo e a rotina acadêmica

Às vezes, parece que as pessoas entraram em uma rotina acadêmica. Por que as notas concretas e superficiais dos resultados estão substituindo a jornada de um aprendizado mais profundo e integrado? Por que essas notas escolares transformam-se na meta, em vez de serem simplesmente a medida?

Em muitos aspectos, esse fato nos faz lembrar da tendência que tem se desenvolvido nas culturas capitalistas, nas quais, por exemplo, as expressões de amor têm sido substituídas por presentes materiais: estratégias inteligentes e bem-sucedidas de *marketing* influenciam pessoas a enxergar em um diamante ou em rosas a mais poderosa expressão de amor, em lugar de gestos de amor mais simples e honestos. Futuras noivas muitas vezes falam mais do anel de diamantes do que da pessoa com a qual vão se casar. As representações concretas (por exemplo, conceitos, notas, rosas, diamantes) das experiências mais profundas e importantes (isto é, do aprendizado, do amor, do compromisso) têm sido confundidas com os itens de importância (para mais informações sobre o capitalismo, veja o Material de Apoio D).

De um modo semelhante, a medida quantificável, visível, da nota de um teste tornou-se mais importante do que descobertas ou interações invisíveis, porém profundas. Nesse processo, o atual sistema educacional tem tratado cada vez mais os alunos como produtos (representados pelas notas) que sempre podem ser melhorados, conforme discutiu o famoso escritor brasileiro Paulo Freire (1970/2000).

O estresse e a pressão por trabalhar o tempo inteiro é particularmente evidente na questão do dever de casa. As crianças têm muitas exigências a cumprir em seu tempo. Os adultos querem crianças que tenham uma ampla experiência em várias atividades e interesses variados, que não necessariamente são encontrados na escola. Queremos famílias unidas. Queremos que as crianças façam exercícios e apreciem os esportes. Ainda assim, damos a elas enormes quantidades de deveres de casa que levam muitas horas para serem concluídos, horas que aumentam progressivamente conforme o crescimento e o desenvolvimento da criança. Em certos distritos, a quantidade total de tempo que um aluno passa na escola e realizando os deveres de casa representa mais do que o tempo exigido de um adulto em um emprego de turno integral. À medida que ficam mais velhos, os alunos muitas vezes questionam a necessidade do dever de casa e a relevância deste para suas vidas. Os alunos ficam frustrados, com a sensação de que estão desperdiçando seu tempo com livros de exercícios sem sentido, repetitivos, enquanto perdem oportunidades interessantes na vida.

O certo é que sempre se pode aprender mais; porém, o *modo* como as crianças aprendem, *o que* aprendem, *com quem* e *com que ritmo* aprendem podem ser tão ou mais importantes do que o volume bruto de material absorvido. Em nome desse currículo excessivo, muitos professores (que também se sentem presos na armadilha desse sistema) acabam ensinando o currículo exigido contra sua vontade e tomando atitudes que aumentam a probabilidade de marginalizar, de afastar e de desunir os alunos. Agindo dessa forma, os professores tornam-se mais vulneráveis a interagir com desrespeito, o que involuntariamente alimenta o ressentimento dos alunos.

Esse aspecto é particularmente verdadeiro no caso de alunos que brigam porque as atitudes dos professores contribuem involuntariamente e cada vez mais para um acúmulo do desânimo, o que deixa os alunos mais oprimidos, atrasados e exaustos diante da quantidade de material a ser absorvido e dos conflitos subseqüentes. Esses alunos, mais do que outros, irão se sentir frustrados, e resistirão à pressão de devorarem o currículo, às vezes por meio do desrespeito ou de comentários tomados por desrespeito. A história que apresentamos a seguir, de uma menina de 13 anos, bastante segura de si, serve para ilustrar essa questão:

> *Me meti numa encrenca hoje porque nossa professora disse que iríamos aproveitar a última hora do dia para nos divertir (…) e quando nós todos nos animamos, ela nos pediu para escolhermos entre dois exercícios "divertidos" de matemática. Ninguém se atreveu a dizer nada, então eu ergui minha mão e disse: "Bom, se a idéia é mesmo diversão, a gente não poderia ter um jogo em vez do exercício? E a professora ficou louca comigo".*

A pressão por absorver volumes excessivos de materiais sem sentido esmaga o aprendizado e a curiosidade, que são naturais em todas as crianças pequenas. Como mencionou um diretor de uma escola desprivilegiada: "É tão triste ver que, aos 6 anos, muitos alunos odeiam a escola". O tédio, a falta de vínculos e a frustração andam furtivamente entre as relações escolares e incentivam as interações desrespeitosas, mesmo que inicialmente todos tentem fazer o melhor.

AVALIAÇÃO

De tão introjetada em nossa cultura, a avaliação muitas vezes nem é questionada. Presume-se que seja um método eficaz para promover a qualidade e o melhor desempenho. No sistema educacional, os supervisores avaliam os diretores, os quais avaliam os professores, que avaliam os alunos – tudo com base em um conjunto de variáveis preestabelecidas. O que raramente se discute, no entanto, é o fato de que a eficácia da avaliação segue o contorno da curva de um sino: uma avaliação sem ameaças, como no caso do *feedback* ou das sugestões, de fato pode promover uma melhoria, porém o estresse prolongado de um exame minucioso constante na verdade pode reduzir o desempenho (ver Figura 2.2).

O problema nem está tanto em quando se recebe o *feedback*, ou mesmo na sua quantidade, mas sim no seguinte:

- A experiência do processo – seu significado e sua freqüência.
- As avaliações em geral são confundidas com verdades a respeito do conhecimento, das habilidades e do potencial das pessoas, quando, na realidade,

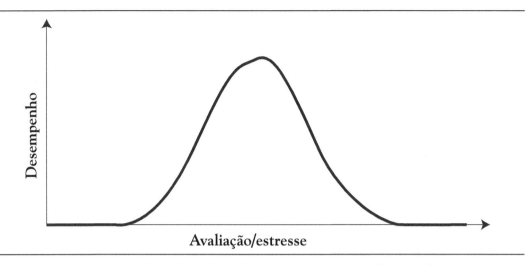

Figura 2.2 Um pequeno volume de avaliação/estresse pode aumentar o desempenho, mas um grande volume produz o efeito contrário.

representam apenas um retrato daquele momento de um desempenho situado em um certo contexto, tempo e tipo de relação.

A avaliação a cada passo

Os alunos são avaliados em um grande número de formas. No nível dos alunos, a avaliação pode ser até mais prejudicial, pois falta a eles o poder e a experiência de vida para limitarem o impacto arrasador de um *feedback* negativo. Os alunos que lutam para deixar de se envolver com o *bullying* e o desrespeito, em especial, podem acabar tendo a impressão de que cada aspecto possível de sua existência está sendo avaliado. Os problemas que têm em suas vidas colocam esses alunos sob as lentes microscópicas dos educadores.

O quadro a seguir mostra as diversas facetas pelas quais os alunos são examinados detalhadamente. Ao tornarmos visíveis essas facetas, nossa intenção é promover uma maior compreensão da frustração, do ressentimento e da impotência dos alunos nas escolas.

Os resultados de uma avaliação constante

Em muitos casos, o resultado final de um exame minucioso intenso é o sentimento nos alunos de que eles nunca conseguem fazer nada certo. Para aqueles que desenvolvem uma reputação de aluno-problema não é incomum sentirem-se como o rapazinho ilustrado na Figura 2.3. Quando os alunos têm a impressão de estar sendo minuciosamente examinados, o tempo inteiro, acabam desestimulados, o que tanto aumenta sua raiva quanto os afasta. Eles perdem a confiança, pioram o desempenho, tornam-se intolerantes, impacientes e têm menos chances de se concentrar. Conseqüentemente, é bem mais provável que passem a atormentar seus colegas de aula e a desrespeitar os adultos na escola.

Diante do número de itens apresentados na Figura 2.3, fica óbvio que, embora alguns

Os alunos são avaliados quanto ao modo como...

Aprendem	Falam	Escrevem
Seguram um lápis	Lêem	Brincam
Comportam-se	Relacionam-se	Caminham
Correm	Cantam	Comem
Bebem	Sentam	Vestem-se
Escutam	Expressam-se	

Os alunos são avaliados quanto a...

Limpeza	Postura	Desempenho
Personalidade	Amizades	Habilidades atléticas
Habilidades musicais	Habilidades artísticas	Atenção
Trabalho em sala de aula	Dever de casa	Organização da mesa/mochila
Responsabilidade	Pontualidade	Freqüência
Prontidão	Resistência	Caligrafia
Nível de participação	Sentimentos	Valor nutricional de lanches/almoço
Habilidades de liderança	Paciência	Estilo de comunicação
Habilidade de resolver problemas	Pais	Escolha dos colegas de mesa

Figura 2.3 Os alunos sentem-se avaliados em tudo.

> *Questões para reflexão*
>
> - O que há de diferente em seu jeito de ser e em seu desempenho quando alguém o está avaliando? Em termos específicos, o que fica melhor e o que fica pior?
> - Como você sabe se uma avaliação reflete o verdadeiro potencial de alguém, ou se ela reflete o contexto?

alunos possam ter a sorte de encaixar-se nesse molde restrito e específico, muitos talvez não a tenham. Para aqueles que não preenchem todas as especificações, a experiência de tentar adaptar-se na escola pode ser completamente opressiva. É o que se verifica no caso de muitos alunos pertencentes a minorias cujas culturas ditam padrões diferentes daqueles impostos pela escola. Esses alunos podem lutar contra os padrões exigidos pela cultura branca dominante de classe média dos educadores. De fato, muitos adultos também teriam uma conduta desrespeitosa se estivessem submetidos – e, na verdade, impotentes – a esse tipo de pressão, de crítica e de exame minucioso. Com essas idéias em mente, fazemos um convite aos leitores para que considerem algumas questões.

Em suma, a cultura em um sentido mais amplo limita a qualidade e a quantidade de opções que os alunos conhecem na vida, e certos aspectos estruturais da escola – como a avaliação, as regras, a competição e uma ênfase exagerada sobre as conquistas – podem involuntariamente exacerbar os problemas. Será que isso também ocorre com os educadores? No próximo capítulo, investigaremos como os educadores, assim como todas as demais pessoas, são afetados significativamente pelas idéias culturais que orientam suas escolhas e sua percepção de opções.

3

Elucidando Suposições

Os Papéis dos Educadores e os Comportamentos dos Alunos

A cultura é como a água: compõe cada célula de nossa existência. É insípida, invisível, intangível, e, ainda assim, tudo está embebido nela.

Os educadores, de um modo geral, normalmente ingressam nessa profissão por seu amor pelo aprendizado, sua natureza compassiva e seu compromisso na educação dos jovens. São dedicados e sacrificam grande parte de seu tempo e de sua vida, embora sejam, infelizmente, pouco valorizados e mal-remunerados.

Na verdade, a maioria dos educadores passa um tempo enorme imaginando a forma correta de lidar com os alunos, particularmente com aqueles que se envolvem em conflitos. Diante de sua limitação de tempo e do grande número de alunos que ficam aos seus cuidados, os professores freqüentemente tornam-se vulneráveis aos mitos culturais e às suposições incontestadas.

O EFEITO DOS MITOS E DAS SUPOSIÇÕES

É importante examinar esses mitos e essas suposições, pois eles afetam as atitudes e as decisões tomadas pelos professores. Oferecemos um exemplo de uma típica interação entre alunos para auxiliar a elucidar as implicações de suposições comuns. Esse exemplo é uma análise do processo geral que se desenrola durante os conflitos entre alunos na escola e de suas bases culturais invisíveis. Para facilitar a explicação desse processo, pedimos a você que imagine sua reação à cena mostrada na Figura 3.1.

Uma reação comum dos educadores é dirigir-se imediatamente à cena, disciplinar o aluno que empurrou e ajudar a vítima. Às vezes, os educadores também pedirão explicações em uma tentativa de entender o que aconteceu. No entanto, se o educador supõe que um dos alunos está sempre metido em encrencas, é mais provável que ele culpará esse aluno pelo incidente, independentemente do fato de este ser ou não quem empurrou ou quem foi empurrado. Geralmente, as duas crianças estão aborrecidas, e aquela que se sente acusada tentará oferecer uma explicação em defesa de suas atitudes. Essa explicação muitas vezes inclui culpar os outros, uma situação que se verifica particularmente quan-

Figura 3.1 Você testemunha esta situação no *playground*. O que você faz?

do o acusado sente que não está sendo ouvido, e quando não tem certeza dos resultados e teme a punição. O acusado talvez seja induzido a mentir; porém, é importante lembrar que o ato de mentir é um reflexo nem tanto dos valores do indivíduo, mas da sensação de impotência deste em uma determinada situação (adultos que temem conseqüências importantes para suas vidas também tendem a deturpar suas experiências). No final, espera-se que o educador julgue a verdade e decida quem está certo e quem está errado – com a possibilidade de uma ação disciplinar como conseqüência. Esse processo comum baseia-se em diversas suposições incontestadas:

1. Os problemas são provocados pelos indivíduos, e acredita-se que esses indivíduos exerçam um controle significativo sobre suas vidas.

2. Alguém está certo, e alguém está errado.

3. Existe uma verdade que pode ser buscada de alguma forma, caso todos contem exatamente como tudo aconteceu.

4. Os adultos precisam envolver-se para resolver os conflitos dos alunos.

5. É necessário uma punição para ensinar aos alunos que esses tipos de comportamento são inaceitáveis.

Essas cinco suposições refletem visões (discursos) culturais e justificam uma nova análise (ver Figura 3.2).

Passaremos agora a investigar, a desconstruir e a elucidar cada uma dessas suposições. Esta seção talvez seja inquietante e incômoda, à medida que pode puxar o tapete sob seus pés. Entretanto, esse exame fará uma exposição de novos e inspiradores domínios.

Suposição 1: Os problemas são provocados pelos indivíduos

Investigação

Considere as seguintes questões: e se os problemas não forem provocados pelos indivíduos? E se os alunos de fato possuem um

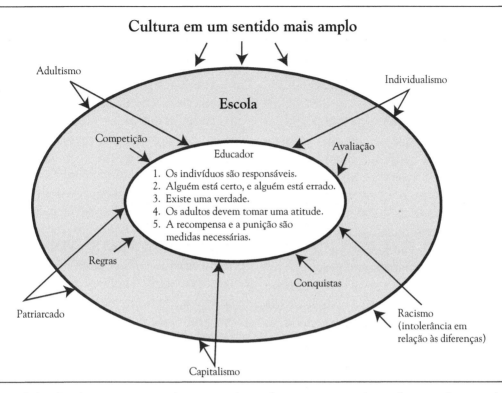

Figura 3.2 A cultura em um sentido mais amplo produz um impacto sobre o clima escolar, o qual, por sua vez, afeta os educadores e suas suposições.

controle limitado sobre seus comportamentos? Como essas suposições não estão presentes em todos os países do mundo, devemos considerar uma possível fonte contextual, como o individualismo. As culturas individualistas vêem o indivíduo como unidade fundamental de análise. Acredita-se que os conflitos surgem quando as necessidades, os objetivos, os desejos e o interesse dos indivíduos são vistos como conflitantes. Quando os adultos testemunham a cena da Figura 3.1, é provável que se refiram automaticamente às más intenções como o elemento que motivou um garoto a empurrar o outro. Essa perspectiva não é necessariamente errônea, mas é importante estarmos cientes de que o que foi testemunhado foi apenas um breve retrato de toda uma seqüência de acontecimentos e de interações, que ocorreram em um contexto mais amplo em um momento específico. Em outras palavras, será que alguém realmente pode fazer um julgamento preciso dessa cena sem saber em um metanível *quem* de fato detinha o poder nessa cena (quer seja por meio da raça, da classe, da popularidade, de ameaças, etc.), *qual* era a questão cultural em um sentido mais amplo (provar quem é o mais durão, obtenção de recompensa material), *por que* isso ocorreu no contexto da escola, *onde* estão ocorrendo as brigas por poder (por exemplo, competição pelo reconhecimento do professor, retaliação pela humilhação sofrida em aula, e *quando* as questões estão surgindo (durante os principais projetos, ou antes de um feriado, o jovem sente muito medo por causa de questões familiares).

Esses fatores acabam tendo um impacto muito mais poderoso sobre a situação do que o indivíduo isoladamente. Em outras palavras, quando um aluno declara algo ou tem um comportamento, o individualismo leva os educadores a pensar que a escolha é do aluno. Uma visão narrativa mais relacional reconhecerá que tal escolha não foi criada a partir do nada, mas sim que sua origem reside em conversas com os pais, com os tios, com os avós e com os amigos, nos *shows* e nos filmes da TV e na experiência de vida em comunidade. Algumas vezes, trabalhamos com meninos que tentavam desesperadamente satisfazer o desejo do pai de ser o mais durão da escola e de mostrar para todos do que eles eram capazes. O desrespeito e o *bullying* tornaram-se então simplesmente uma atuação superficial de um conjunto invisível, porém muito mais profundo, de influências e de significados complexos. A análise contextual afasta o conflito do indivíduo de tal forma que este passa a ser simplesmente um protagonista, talvez importante, mas, ainda, um protagonista inserido em um contexto de vida bem mais amplo.

Além dos fatores contextuais, é importante compreender que o que ao observador parece a escolha de um indivíduo muitas vezes nem é sentido pelos alunos como uma escolha. De fato, nessas situações, é possível que os alunos sintam uma grande dose de frustração e simplesmente reajam com o primeiro método que lhes vem à mente. Logo, com base nessa perspectiva, sua reação não é nem mesmo uma escolha *per se*, já que a escolha envolve uma seleção feita a partir de uma variedade de opções – uma situação bastante semelhante às reações das pessoas à história da rã discutida no Capítulo 1. A única opção que poderia ter vindo à sua mente talvez fosse de agressão, mesmo contra os seus valores. Embora haja literalmente dezenas de soluções para essa história, quando tomada de surpresa e influenciada pelo contexto das experiências de vida, sua mente pode ter concebido apenas uma reação. Isso não significa que os protagonistas de situações problemáticas não tenham alguma responsabilidade e algum controle sobre seu comportamento, mas sim que o reconhecimento do papel e do impacto do contexto pode possibilitar medidas mais responsáveis e eficazes. Os jovens envolvidos em questões de desrespeito e de *bullying* precisam de um auxílio que lhes crie experiências de opções de forma que eles realmente possam fazer escolhas diferentes. Quando falamos em experiências de opções isso não significa adultos expondo opções, mas sim jovens que são convidados a realizar um processo mais aprofundado de auto-investigação, no qual estabelecem internamente uma ligação com uma noção mais pessoal e profunda de possibilidades e um meio de ação, dado o contexto específico de suas vidas. (Práticas para promover a responsabilidade, o controle e uma percepção de opções, ao mesmo tempo em que se leva em consideração o contexto em um sentido mais amplo, são discutidas em muitos dos capítulos a seguir.)

Dúvida do professor

Já considero o contexto, mas concentro-me principalmente no aluno que está empurrando, porque, independentemente dos fatores que contribuem para essa atitude, simplesmente não podemos permitir isso na escola. O que eu devo fazer?

Resposta

É improvável que seja eficaz lidar isoladamente com a conduta de empurrar. Isso pode promover mais frustração e ressentimento, que aumentarão o risco de mais desrespeito e *bullying*. Além do mais, talvez você imagine que já está lidando com o contexto, na realidade, está provavelmente apenas extraindo informações históricas que sustentam sua história de indivíduo em termos isolados. Por exemplo, se não se conhece nenhuma história de problemas em relação à vítima, as chances talvez sejam maiores de que você ignore o contexto e simplesmente discipline aquele que empurrou. Se a vítima tem uma breve história de problemas, os dois alunos podem receber uma punição na esperança de impedir incidentes no futuro. Se a vítima tem uma história conhecida de problemas, então, na verdade, ela pode ser considerada culpada pelo empurrão. Todas essas conclusões extraem mais informações das histórias problemáticas envolvendo os alunos do que da efetiva cena que acabou de ocorrer (o Capítulo 6 discute ainda mais as histórias problemáticas). Além disso, como você determina o que doeu mais: o ato físico de empurrar, que talvez não deixe nem um arranhão em quem foi empurrado e seja esquecido no dia seguinte, ou as palavras invisíveis ofensivas que precederam o empurrão e que podem torturar o coração do aluno durante semanas ou meses? Diante dessas nuanças complexas, a conclusão rápida do observador é, na maioria das vezes, injusta e tendenciosa contra os alunos que brigam. A única forma de ser justo é tendo consciência daquilo que você pensa, afastando-se das histórias problemáticas, entendendo o contexto e lidando com a situação de forma a culpar menos os indivíduos isoladamente (para obter mais informações sobre as histórias problemáticas e as estratégias veja os Capítulos 4 e 5).

Resumo desta perspectiva alternativa

Há múltiplos fatores que contribuem para que alguém se envolva em condutas de *bullying* e de desrespeito. Os alunos não são os problemas; o sentimento da falta de opções (devido aos bloqueios contextuais) é que é o problema.

Suposição 2: Alguém está certo, e alguém está errado

Investigação

Considere a seguinte idéia: e se ninguém estiver realmente certo, e ninguém estiver realmente errado? As crenças tradicionais, capazes de promover o julgamento dos outros com base em um conjunto restrito de visões ou de comportamentos aceitáveis, geralmente formam os conceitos de certo e errado. Isso às vezes é visto historicamente como um efeito dos movimentos religiosos que durante séculos regularam a vida das pessoas e ditaram noções simplificadas do que é certo *versus* o que é errado. Também está relacionado ao racismo, ao etnocentrismo e à intolerância em relação às diferenças, porque os indivíduos são sempre tentados a interpretar suas idéias como o modo correto, e as dos outros como o errado. Uma visão pósmoderna mais recente nos convida a repararmos que o certo e o errado são extremamente dependentes do contexto, não podendo ser generalizados unilateralmente. Por exemplo, na mente de muitas pessoas, geralmente é errado matar, porém matar é aprovado em uma guerra; é errado roubar, mas compreensível se um pai ou uma mãe tem um filho doente e morrendo de fome; é errado começar uma briga, mas é correto brigar em legítima defesa; é errado mentir, mas os heróis que derrotam inimigos com deturpações engenhosas são glorificados. Examinando-se de perto o certo e o errado, sempre é possível encontrar um contexto no qual o errado é perfeitamente sensato. O certo e o errado, então, tornam-se simplesmente uma questão de julgamentos rápidos que muitas vezes simplificam uma situação e ignoram as múltiplas perspectivas e experiências que justificaram o comportamento. As pessoas sempre têm uma razão para o que fazem; para elas, naquele momento específico no tempo e no espaço, essa razão parece ser boa e válida. Para elas, parece a opção certa, ou a única opção, e, a partir de uma abordagem narrativa, essa experiência é a peça importante da compreensão.

Dúvida do professor

Os alunos não deveriam ser informados do que é certo e do que é errado?

Resposta

É nossa opinião que não existe uma distinção clara e inflexível entre o certo e o errado, e que esta não pode ser simplesmente imposta aos jovens por observadores de fora. Esse tipo de imposição corre o risco de estar completamente fora da experiência dos jovens – de ser irrelevante para suas vidas e de afastá-los ainda mais da escola. Alguns alunos que praticam o *bullying* talvez tenham aprendido a lutar pela sobrevivência em seu bairro e certamente sentem que é correto defender-se. Acreditamos, entretanto, na utilidade de auxiliar esses jovens a observar os múltiplos efeitos de suas condutas, a criar um espaço próprio para reflexão e a determinar de que jeito preferem ser em relação aos outros.

Resumo dessa perspectiva alternativa

As pessoas sempre têm uma razão para o que fazem. A situação descrita nesta seção serviu como um bom exemplo da potencial irrelevância de se qualificar como errada a conduta de empurrar do menino. Foi apenas um retrato momentâneo do qual é impossível extrair o motivo do menino para essa atitude. Se o educador tivesse uma chance de enxergar a situação em um momento anterior (ver Figura 3.3), poderia ter percebido uma inversão nos papéis do autor e da vítima. Basicamente, o educador chegaria a uma conclusão oposta ao que foi presumido. Todavia, seria realmente a verdade?

Suposição 3: Existe uma verdade que pode ser buscada

Investigação

E se a verdade de fato não existisse? E se fosse impossível uma separação entre uma realidade objetiva e a perspectiva tendenciosa e subjetiva da mente humana? Nas últimas décadas, a própria idéia da existência das verdades tem sido severamente ignorada. Cientistas da maior parte dos campos de pesquisa passaram a compreender que o conhecimento é sempre influenciado pela perspectiva e pelo contexto de quem o procura. Só podemos lutar pela objetividade e pela neutralidade estando cientes dos fatores que podem acabar distorcendo nosso julgamento. Um retrospecto histórico revela que, mais cedo ou mais tarde, descobriu-se que muitas crenças que eram consideradas verdade objetiva (o formato da Terra, o uso de arsênico para tratar a tuberculose, etc.) estavam erradas. Apesar de nossa tecnologia avançada, nossa geração certamente não está imune a esse processo.

Dúvida do professor

Toda essa história é muito bonita, mas, se tenho dois relatos conflitantes do mesmo acontecimento, alguém tem que estar mentindo. O que faço?

Resposta

É difícil e delicado para uma terceira parte distinguir claramente entre uma verdade e uma perspectiva diferente, e questionamos a verdadeira utilidade e necessidade dessa distinção. O risco de afastar ainda mais os alunos ao questionar sua credibilidade pode trazer mais desvantagens do que o de simplesmente obter uma descrição tendenciosa do incidente. Além do mais, na abordagem narrativa, os relatos que as pessoas fazem dos acontecimentos são tomados como representações de suas experiências ou do contexto, ou de ambos. A mentira, então, pode transformar-se simplesmente em uma representação "fiel" da experiência de terror do aluno ao ser punido. Em outras palavras, acredita-se que os relatos conflitantes dos acontecimentos no *playground* simplesmente reflitam a perspectiva ou a experiência que cada aluno tem da situação. De um modo semelhante, casais adultos que estejam em conflito muitas vezes irão compartilhar relatos radicalmente diferentes da questão com seus respectivos amigos. Essa diferença, portanto, é esperada e normalizada. Na realidade, por essa abordagem, se dois alunos fizessem relatos idênticos de um conflito, poderíamos entender esse acordo não como a verdade em relação à situação, mas como se os dois protagonistas possivelmente tivessem entrado em um acordo para simplesmente evitar a punição. Baseado no contexto, isso também poderia ser visto como um exercício de poder: qual dos protagonistas teria o poder (ou o *status*) para ditar seu ponto de vista? Qual deles teria ameaçado retaliação na saída da escola? Qual dos protagonistas pode humilhar ou isolar o outro de seus pares? Alguns de nós que trabalhamos a partir de uma perspectiva de aconselhamento estamos bastante familiarizados com as histórias de jovens em torno das distorções de aconteci-

Figura 3.3 Uma perspectiva mais ampla da situação revela um contexto relacional invisível no retrato daquele primeiro momento e inverte a atribuição da culpa.

mentos que podem ocorrer em conversas disciplinares com diretores. Fatores como a reputação, a habilidade de expressar com clareza a situação, a calma ou a confiança, a pressão dos pares e o medo, para citar apenas alguns, muitas vezes podem influenciar o que então fica registrado no papel como verdade.

Se os educadores reconhecem que nenhuma verdade efetiva pode ser descoberta, mas sim apenas a perspectiva de cada aluno e sua experiência subjetiva da situação, estabelece-se um tipo bem diferente de conversa. Os alunos sentem-se então ouvidos e respeitados em sua experiência, talvez não tentem provar nem defender nada, e cria-se um contexto no qual pode surgir a compreensão e a resolução de problemas. Essas reuniões permitem ao educador obter uma perspectiva até mesmo mais ampla dos acontecimentos, que, na realidade, talvez não sejam tão sérios quanto inicialmente se imaginava, ou que possam ser resolvidos com maior facilidade pelos próprios alunos (ver Figura 3.4).

Resumo dessa perspectiva alternativa

Não se pode buscar a verdade, apenas uma multiplicidade de perspectivas.

Suposição 4: Os adultos precisam envolver-se para resolver os conflitos dos alunos

Investigação

E se os adultos não precisassem envolver-se o tempo inteiro para resolver os con-

Figura 3.4 Uma perspectiva ainda mais ampla da situação pode revelar a idéia de que ela é menos séria do que inicialmente se previa. Em um primeiro momento, o jovem foi considerado autor; de vítima, ele agora passa a ser visto como quem ajuda.

flitos dos alunos? E se os alunos estivessem autorizados a resolver sozinhos muitas questões? Uma suposição comum é a de que é necessária a presença dos adultos para a solução dos conflitos das crianças, a qual geralmente se baseia na suposição de que as crianças precisam ser controladas ou contidas e de que não possuem a sabedoria necessária para atuar independentemente. As escolas estão, portanto, sujeitas a prestar vigilância no *playground* de forma que os adultos possam envolver-se na hora de solucionar as disputas. Nesses contextos, as crianças geralmente não aprendem a resolver os conflitos sozinhas, o que então justifica a necessidade da vigilância e da mediação dos adultos. É comum estabelecer-se um padrão de relacionamentos repetitivo e complementar entre alunos e educadores, no qual um grupo briga e o outro reconcilia. Nem os alunos nem os adultos necessariamente conhecem nenhuma outra forma de lidar com a situação. Muitas escolas passaram a optar por programas de resolução de problemas e pelo treinamento de mediadores de pares, dando, assim, um passo na criação de um clima escolar mais favorável (Cheshire e Lewis, 2000). O treinamento para a resolução de problemas ensina as pessoas a comprometer-se a seguir um conjunto de técnicas; o fator medo da punição é reduzido, quando não eliminado. Esse procedimento terá sua utilidade; porém, o contexto cultural geral do relacionamento entre adulto e aluno ao longo do dia continua não sendo abordado. Partindo-se de uma perspectiva histórica, é mais uma vez interessante entender que os conceitos de infância e de adolescência desenvolveram-se há bem pouco tempo no hemisfério ocidental, ou seja, no início do século XX (White, 2000). Na Europa renascentista, e ainda hoje em certos países (Índia, Peru, Tailândia, etc.), jovens que os ocidentais tratam como dependentes ou imaturos casam-se, têm filhos e contribuem para suas comunidades como notáveis trabalhadores. Isso não quer dizer que apoiemos o trabalho infantil ou o casamento entre crianças, mas que simplesmente questionamos a noção às vezes exagerada da incapacidade dos jovens na América do Norte. Que elemento é esse que serve para orientar a decisão de um educador de interferir em uma brincadeira ou em uma interação entre crianças? Acreditamos que essa é uma questão importante, já que, no final das contas, há diversas evidências de que, em muitas situações (obviamente não em todas), é possível confiar nos jovens para resolver conflitos e para criar soluções sem a ajuda externa.

Dúvida do professor

Meus alunos vêm enfrentando dificuldades ultimamente. Estão tendo muitas discussões. Isso significa que eu simplesmente deveria deixá-los discutir sem orientação?

Resposta

Os conceitos que aqui estamos debatendo trazem profundas implicações sobre as visões que os alunos e os educadores têm de si mesmos, dos outros e do mundo. As crenças culturais tradicionais estão arraigadas há muitos anos, e pode levar algum tempo para desaprendê-las. Os educadores interessados em utilizar esses conceitos deveriam ter em mente a idéia de que essa mudança ocorrerá gradualmente. O primeiro passo talvez seja simplesmente interferir com a menor quantidade de autoridade possível e permitir que os alunos pensem nas situações de um modo diferente. O Capítulo 7 discute esse ponto em mais detalhes sob o tema do *adultismo*, que se repete também na seção Material de

Apoio, e o Capítulo 8 descreve um exemplo de sala de aula desse processo.

Resumo dessa perspectiva alternativa

Se os adultos pudessem utilizar o poder em uma situação, isso significa que deveriam fazê-lo? Os jovens podem aprender a resolver os conflitos sozinhos e a ser responsáveis em suas interações.

Suposição 5: a punição é uma forma eficaz de ensinar os alunos que o comportamento é inaceitável

Investigação

E se a punição aumentasse o problema em vez de reduzi-lo? O movimento comportamentalista da década de 1970 popularizou as recompensas e as punições. Embora tenha sido originalmente planejado para treinar animais, foi rapidamente adaptado para alterar os comportamentos humanos, particularmente o dos jovens. O comportamentalismo foi um produto do movimento cultural da época, o qual, juntamente com a Revolução Industrial e o desenvolvimento do capitalismo, concentrou-se na produtividade, na eficiência e nos métodos rápidos de controlar os comportamentos. Até o final do século XX, um número cada vez maior de pesquisadores havia demonstrado que o comportamentalismo, e, particularmente, as recompensas e as punições presumiram uma visão simplificada, ineficaz e reducionista dos seres humanos. Enquanto escrevíamos este livro, ouvimos no rádio um exemplo perfeito dessas limitações:

> Esforçando-se para desenvolver a segurança pública, policiais passaram a oferecer recompensas na forma de cupons gratuitos para sorvete às crianças que utilizavam capacetes de ciclistas. No entanto, recentemente o posto policial local interrompeu seu programa após os policiais constatarem longas filas de crianças com capacete andando de bicicleta de um lado para o outro em frente ao posto.
>
> (Fonte desconhecida)

A mente humana é simplesmente complexa e sofisticada demais para mudar genuinamente sob esses programas estritamente concentrados no comportamento. Apesar do grande volume de evidências relativas à sua eficácia limitada, as recompensas e a punição continuam sendo o sustentáculo do sistema educacional. Como espera-se que os professores transmitam um extenso currículo, sejam responsáveis por todo o tipo de comportamento das crianças e o controlem, não é uma surpresa ver um grande número de educadores utilizando esse método rápido de controle.

As recompensas e as punições podem trazer algumas vantagens quando são pequenas ou quando auxiliam os jovens a estabelecer uma ligação com sua própria motivação interna. Por outro lado, quando amplamente empregadas, conforme o quadro a seguir, na maioria das vezes, promovem complacência e medo, e seus efeitos sobre o autodirecionamento a longo prazo são questionáveis. As recompensas e as punições promovem mudanças através de uma motivação externa, a qual geralmente está associada a uma baixa motivação interna e baixa responsabilidade (para os leitores que tiverem interesse em explorar ainda mais a questão das recompensas e das punições, vejam Kohn, 1993, 1996).

Dúvida do professor

Os alunos não deveriam sentir as conseqüências de seu mau comportamento? Eu não deveria ter a oportunidade de recompensar aquelas crianças que se esforçam para seguir as regras?

Efeito de práticas tradicionais de autoridade como as recompensas e as punições

- Os alunos podem mudar por causa do medo dos adultos ou do desejo de agradá-los.
- Diminui a motivação interna dos alunos.
- A vigilância muitas vezes é necessária.
- É comum a reincidência, especialmente quando os alunos ficam sozinhos.
- Podem crescer a frustração e o ressentimento com a adoção da punição, geralmente aumentando a probabilidade de o aluno apresentar comportamentos problemáticos.
- A conseqüência propriamente dita – e não a lição que se aprendeu – pode dominar a mente dos alunos.
- Os alunos ficam cada vez mais aborrecidos, ressentidos e afastados em função de seu relacionamento com os educadores, cuja experiência geralmente é de desrespeito ou de humilhação.
- Os alunos continuam não conseguindo demonstrar nem expressar suas razões e opções pessoais de serem diferentes.

Resposta

A punição distingue-se claramente do processo da implementação das conseqüências. Acreditamos, sim, que cada pessoa, adulta e jovem, deveria enfrentar as responsabilidades de ter participado de uma ação destrutiva ou prejudicial. O processo de punição, contudo, geralmente é um processo muito hierárquico e unidirecional, no qual se impõe aos jovens uma decisão desagradável. A implementação das conseqüências é um processo mais democrático, enraizado nas discussões de intenções e de efeitos, bem como em uma consciência das implicações aos outros e à comunidade. Envolve conversas com o jovem quanto ao tipo de conseqüência que faz sentido diante do problema e ao que pode auxiliá-lo a aprender ou a refletir com a situação.

A recompensa também é um processo hierárquico no qual um grupo sistematicamente tem o poder de conceder a recompensa, ao passo que o outro grupo, com menos poder, é quem a recebe. Esse esquema involuntariamente obriga as crianças a gastarem um tempo precioso nessa busca de agradar os outros, e não no simples ato de ser uma pessoa com autodomínio. Maureen uma vez testemunhou inúmeros alunos coletando lixo em troca de um recompensa da escola. Será que essas crianças conseguiram incorporar suficientemente o valor ambiental enraizado nessa ação a ponto de continuarem fazendo isso sozinhas? É provável que não. Nessa situação, a limpeza feita especificamente pela recompensa na verdade reduziu a probabilidade de os alunos adquirirem o valor. Uma discussão sobre a importância desse gesto, seguida pela atividade, simplesmente com o propósito de contribuir para a melhoria do meio ambiente na comunidade, teria produzido um impacto educacional muito maior.

Marie-Nathalie conversou com diversos professores e diretores que se sentiam desanimados porque um comportamento problemático voltava assim que o programa comportamental terminava. Um exemplo típico desse tipo de prática é o de informar ao aluno que, para cada dia que ele interage com respeito, uma letra da palavra *respeito* será escrita em um quadro, ou um cartão de uma cor positiva será colocado no quadro do dia. Quando se completa uma certa quantidade do quadro, o aluno recebe uma recompensa combinada previamente. Essas práticas podem funcionar com alunos que, em um primeiro momento, estavam se saindo bem, ou com aqueles que cometeram pequenos deslizes. Não funcionam com alunos que estejam lutando contra problemas pessoais e enfrentando bloqueios contextuais, pois as verdadeiras questões continuam a não ser abordadas. Para esses alunos, especificamente (os quais, ironicamente, representam o alvo mais comum desses programas), essas experiências muitas vezes servem apenas para reforçar o problema – ao acrescentar uma noção adicional de fracasso, de inadequação e de incompetência –, prejudicando ainda mais a importante relação que há entre o professor e o aluno. Na realidade, quando os comportamentos problemáticos não respondem ou voltam a ocorrer após um breve período de melhora, os professores são induzidos a presumir que o aluno não está disposto a cooperar, ou que ele não se importa com os outros, o que muitas vezes leva a um aumento da punição e da antipatia.

Resumo dessa perspectiva alternativa

A punição e a recompensa às vezes podem ser úteis, mas, em geral, na verdade contribuem para a geração de problemas, em vez de promoverem mudanças. Ainda que as conseqüências sejam importantes, existem outras formas de auxiliar os alunos a refletir sobre seu comportamento.

Parabéns! Sua trajetória através da desconstrução dessas cinco suposições desafiadoras foi um sucesso. É importante lembrar que os alunos envolvidos com o *bullying* e o desrespeito normalmente lutam contra um acúmulo de frustração que se amplia por interações distorcidas por essas suposições. Lembre-se também de que tais suposições na verdade têm sua origem na interação de diversas pressões (escolares) culturais e institucionais.

DÚVIDAS COMUNS NA ESCOLA: NOVAS FORMAS DE PENSAR

Por que as crianças escolhem praticar o *bullying*? Será que elas não estão cansadas de entrar em encrencas o tempo inteiro?

Essa é uma dúvida comum e muito importante. Por que alguém escolheria envolver-se com o *bullying*? Na cabeça dos adultos, o *bullying*, especialmente entre alunos da 1ª à 4ª séries, provoca apenas problemas, castigo, marginalização e exclusão. Para entendermos a resposta para essa dúvida, devemos primeiramente observar como escolhemos ter certos problemas. Por exemplo, quando foi a última vez que você de fato escolheu entrar em conflito com seu parceiro íntimo? Ou a última vez que você decidiu que queria entrar em conflito com um membro de sua família? Talvez seja difícil lembrar. É possível que alguns de vocês não se lembrem de nenhum problema que tenham escolhido ter. A maioria das pessoas não escolhe ter problemas. Em vez disso, se tiverem escolha, a maior parte dos adultos e dos alunos (mesmo aqueles que praticam o *bullying* regularmente) preferiria ser popular, bem-sucedido e apreciado. Se você lembrar mesmo de um problema que aparentemente você escolheu ter, pense nele de novo. Muitas vezes, o que se observa como a escolha por um comportamento problemático é mais o resultado de sentir que você não tinha outras opções. Se houvesse outras opções que você considerasse relevantes e realistas, provavelmente não teria tido um comportamento problemático.

Cada vez que eu penso que esse aluno entende o problema e vai mudar, ele volta a praticar o *bullying*. O que é que eu posso fazer?

Considere a seguinte descrição feita por um professor: "Esse garoto é inacreditável. Você conversa com ele sobre seu comportamento desrespeitoso, ele dá a impressão de que se sente terrivelmente culpado e de que isso não vai mais se repetir, e, no período de 10 minutos em que voltou ao *playground*, faz tudo de novo. Ele deve ser o melhor manipulador que eu conheço".

Essa é uma situação absolutamente frustrante vivida regularmente por muitos professores e diretores. Deixa os adultos ressentidos, desconfiados e irritados. Além do mais, a sensação de se ficar cada vez mais impotente por não se saber o que fazer para auxiliar essa criança, ou manter a segurança na escola, muitas vezes leva o professor ou o diretor a tomar decisões disciplinares cada vez mais severas, em uma tentativa desesperada de dar um fim ao desrespeito. Na maioria das vezes, essa medida é em vão por duas razões:

1. As punições constantes e cada vez maiores em geral fazem crescer no aluno seu nível de frustração e de ressentimento. Gradualmente, o aluno passa a assemelhar-se a uma bomba ambulante de sentimentos negativos, pronto para explodir a qualquer aborrecimento de pouca importância, o que, por sua vez, geralmente acarretará mais punição, frustração e, é claro, mais comportamentos problemáticos. Os educadores e o aluno ficam presos em um ciclo vicioso cheio de problemas, no qual as mesmas reações se repetem. A intenção inicial do educador de abreviar o comportamento por meio da punição acabou servindo involuntariamente para manter o problema.

2. A segunda razão pela qual essa é uma situação comum está no fato de que muitos adultos supõem que as crianças tenham um controle total sobre seus comportamentos problemáticos. Muitos pais e educadores perguntam: "Por que o aluno simplesmente não pára de fazer isso?" Essa é uma questão interessante, levando-se em conta que a maioria dos adultos reconhece que não tem controle sobre seus próprios comportamentos problemáticos em nível pessoal. Quantas vezes, por exemplo, você já prometeu a si mesmo comer menos açúcar, sal ou gordura? Quantas vezes você tentou mudar seus hábitos de sono? Quantas vezes você decidiu ter mais paciência com alguém, e então não levou essa decisão até o fim? Se os adultos, com todo seu conhecimento, suas experiências e seus recursos têm dificuldade em mudar um comportamento problemático de uma hora para outra, como podemos esperar isso de uma criança pequena? As crianças, assim como os adultos, precisam de apoio, tempo, preparação e espaço para cometer erros em sua jornada rumo à transformação.

Por fim, a percepção que o educador tem da culpa do aluno e de seu compromisso em não repetir o que fez em geral é verdadeira. A maioria dos alunos não quer buscar encrencas e aborrecer os adultos. Infelizmente, contudo, a simples intenção de evitar encrencas muitas vezes é insuficiente para uma verdadeira mudança. Boas intenções são certamente muito importantes no processo de mudança, mas também é necessário capacitar os alunos para a mudança. Os adultos auxiliam os alunos ajudando-os a expressar com clareza a seqüência de desdobramento do problema, seus sucessos e os procedimentos que eles podem empregar para lidar com as coisas de um modo diferente.

Esses alunos não teriam a intenção de machucar alguém?

Muitos professores estão familiarizados com uma descrição como esta: "Agora, esse menino é mesmo bem ruinzinho. Ele realmente quer machucar os outros e gosta disso. Vi com os meus próprios olhos ele pegar a bola e jogá-la com toda a força no rosto da Shelly. É claro que ele teve a intenção de machucá-la".

Testemunhar um aluno machucando outro é uma experiência bastante perturbadora. A maldade não apenas parece tão desnecessária como também pode parecer um ato de desafio ao adulto momentaneamente impotente. Infelizmente, quer você queira, quer não, a maioria das pessoas quando está no meio de um acesso de raiva tem a idéia de machucar os outros, se não fisicamente, verbalmente. As interações de fúria são sempre desagradáveis de se assistir. Alguma vez você imaginou como seria ver um videoteipe de si mesmo na última discussão acalorada que teve com um parente próximo? Pense honestamente nessa discussão por um momento. Você está satisfeito com o modo como lidou com ela? Horrorizado? O que um observador diria a seu respeito caso testemunhasse essa interação? Você sente que essa interação é uma amostra do que realmente é enquanto pessoa? Muitos responderiam que essa interação é um retrato da pior atitude que tiveram. Em outras palavras, não se encaixa com a imagem que realmente têm de si mesmos, ou com a identidade de sua preferência. Geralmente, sente-se que a raiva assume o controle e leva as pessoas a fazer coisas que elas prefeririam não fazer ou dizer se tivessem uma chance de pensar a esse respeito.

O certo é que, mesmo que muitos indivíduos não se comportem da maneira mais admirável quando estão zangados, isso não significa que esses gestos deveriam ser desculpados, ou que se deva abrir mão da responsabilidade. Bem pelo contrário, os autores de agressões precisam ser responsabilizados por suas ações. Contudo, essa atitude pode ser tomada de diversas formas, sendo que todas são orientadas pelas suposições que temos em relação ao autor da agressão. Podemos empregar uma multiplicidade de suposições para compreendermos tais comportamentos. Se você presume que o autor da agressão é uma pessoa ruim, ou que gosta de machucar intencionalmente, então desejará disciplinar e ferir também por meio da punição. Por trás dessa teoria está a meta de infligir uma forma de dor ao agressor, de maneira que ele compreenda e recorde como é essa experiência. Infelizmente, essa teoria não reconhece o fato de que muitos agressores já sofrem por causa de alguma situação em suas vidas, e que mais uma dor pode simplesmente aumentar o problema. Se você tem condições de entender que o aluno está provavelmente tomado pela raiva – e que ele tem todo um outro lado –, então, de repente, surge mais espaço para a compaixão, o interesse e a compreensão. Também há espaço para supor que, assim como todo mundo, esse aluno deve ter um eu preferido e alguns talentos especiais que talvez sejam invisíveis em um contexto cheio de problemas, de encrencas e de frustrações. Suas ações, como um adulto que deve estabelecer limites e estimular esse jovem a ser responsável, serão diferentes. Lembre-se de sua própria experiência quando jovem.

O que eu faço com um aluno que enlouquece e perde o respeito em função de trivialidades, faz tempestade em copo d'água?

Todos conhecem aquela sensação familiar de se estar muito ocupado e ter que lidar com uma pessoa que parece estar sempre estendendo-se sobre pequenos detalhes. Ser paciente e compreensivo fica cada vez mais difícil. Porém, há sempre uma razão para as pessoas reagirem do modo que reagem. Caso a questão se repita, então é ainda mais importante entender a experiência desse jovem e o que torna essa questão importante. A importância de uma questão está sempre muito relacionada à vida da pessoa – toda ela depende das prioridades e das experiências dessa pessoa. Para os adultos, um bom exemplo de uma questão importante é gastar dinheiro – cada indivíduo tem suas próprias prioridades, que normalmente os outros julgam de irracionais, especialmente no caso de brigas por motivos financeiros.

Os pais do Bob estão sempre me dizendo que sou a professora predileta dele. Eu simplesmente não consigo acreditar nisso. Se ele gosta de mim, por que não escuta o que digo?

Infelizmente, o fato de um aluno gostar de alguém pode não ter o poder de libertá-lo das influências de certos problemas ou de habilitá-lo a realizar atividades complexas. Por exemplo, muitos casais não brigariam tanto se a qualidade de seu relacionamento dependesse apenas de sua afeição um pelo outro. Todavia, enquanto adultos na difícil tarefa de auxiliar os alunos, essa distinção pode ser facilmente confundida pelo mito de que as crianças têm um controle total de seus problemas.

Tenho me esforçado muito para ajudar essa aluna a demonstrar respeito, sem nenhum progresso. Eu acho que ela simplesmente não quer fazer a parte dela. Será que estou desperdiçando minha energia?

A maioria das pessoas geralmente enxerga-se como atenciosa e com boas intenções nos relacionamentos. Na escola, os educadores empenham-se demais em seu trabalho, e muitos vão muito além de seus deveres determinados para auxiliar uma criança. Após lerem livros e consultarem psicólogos, enfermeiras e diretores, os educadores talvez fiquem perplexos quanto ao que pode ser feito para auxiliar um aluno. Depois de a pessoa aparentemente esgotar as possibilidades, talvez ela caia na tentação de imaginar que o problema persiste porque o aluno não está tentando ou não deseja mudar.

Na maior parte das culturas ocidentais, individualistas, geralmente acreditamos que os problemas estejam associados à má intenção de alguém. O resultado disso é que, quando surge um problema, a tendência é automaticamente presumir que a outra pessoa o desejava, ou que ela contribuiu de alguma forma intencional para que ele ocorresse. Na realidade, a maioria das pessoas sente-se muito presa e colhida de surpresa pelos problemas. Em uma situação dessas, os educadores talvez considerem a mudança de abordagem. É possível que o mais útil seja simplesmente fazer aos alunos que estão brigando mais perguntas sobre os efeitos do problema que foi exteriorizado, sobre o que o problema os leva a fazer e do que eles não gostam, investigar por que os alunos que lutam contra esse problema podem odiá-lo e auxiliar no processo de observar e de expressar com clareza os momentos nos quais o problema tenha desaparecido.

E quanto à criança que tem uma vida perfeita, notas perfeitas, mas, ainda assim, não respeita os professores? Qual seria um bom motivo para isso?

Cada aluno tem seu próprio motivo pessoal para ter esse comportamento, e, assim como acontece no caso dos adultos, esse motivo nem sempre é expresso com clareza, nem mesmo para o aluno. Marie-Nathalie certa vez referiu-se a um aluno de 8ª série que intrigava seus professores e diretores porque só se metia em encrencas por defender vorazmente outros alunos que enfrentavam dificuldades com a escola. Todos ficavam perplexos diante dos súbitos ataques verbais que ele dirigia ao adulto que estivesse disciplinando qualquer criança na escola. Esse jovem acabaria se metendo em sérias dificuldades, e ninguém entendia porque ele se auto-sabotava. As duas partes acreditavam que a outra estava errada. Os adultos (e possivelmente alguns alunos) pensavam que ele estava errado por interferir de tal forma em questões que não lhe diziam respeito, e ele imaginava que os adultos estavam errados por punirem os alunos. Esse jovem enxergava-se como um ativista no mundo e ficava particularmente irritado pela forma como os adultos tratavam os alunos em sua escola. As conversas em formato de narrativa com esse jovem auxiliaram-no a manter uma compreensão contextual mais ampla das situações que afetam os educadores, estabeleceram ligações ainda maiores com seus valores e deram a ele a capacidade de abordar as questões da justiça de maneiras que correspondessem melhor aos seus valores e que fossem mais apropriadas e bem-sucedidas a todos os envolvidos.

Se os educadores tentarem afastar-se dessas suposições, como então poderão cumprir suas responsabilidades de manter a segurança e de promover o aprendizado? Será que é realmente possível ser eficiente ao mesmo tempo em que se permanece ciente das suposições e dos bloqueios culturais?

4

Reagindo com Eficácia aos Incidentes de *Bullying* e de Desrespeito

Obviamente, você não pode mudar a cultura em um sentido mais amplo. Pode, até certo ponto, produzir um efeito local na subcultura de sua escola, e discutiremos esse aspecto nos próximos capítulos que tratam da atmosfera em sala de aula (Capítulos 8 e 9). Entretanto, se você entende que as suposições e os bloqueios culturais podem pressionar todo mundo a assumir um jeito de ser que não é o de sua preferência, então passará a relacionar-se com os jovens de um modo bem diferente. Em termos específicos, você desenvolverá uma atitude inovadora enquanto estiver em conflito e exteriorizará os problemas.

UMA ATITUDE INOVADORA

Com uma compreensão contextual, ocorre uma mudança em sua percepção. Você passa, então, a ter condições de reconhecer os seguintes pontos:

- As pessoas não escolheriam ter problemas se tivessem escolha; os adultos e também as crianças prefeririam bem mais serem populares e bem-sucedidos do que passarem por encrencas e por conflitos. Mesmo que possa parecer a você que o indivíduo gosta de conflitos, talvez seja simplesmente a satisfação de produzir um efeito na situação (o único que se ajusta a uma vida que possivelmente seja muito impotente).

- As pessoas geralmente tentam fazer o melhor, dadas as circunstâncias de suas vidas e as especificações que as colocam sob pressão; por exemplo, as crianças que fazem declarações em tom agressivo na escola podem estar reprimindo 75% da frustração e da raiva que sentem por causa de uma situação familiar difícil.

- Certos problemas são considerados problemas somente por envolverem formas de ser que se encontram fora de padrões culturais restritos de comportamento. Por exemplo, cresce a preocupação quanto ao número excessivo de crianças medicadas pelo transtorno de déficit de atenção/hiperatividade, especialmente considerando a subjetividade dos critérios de diagnóstico (Nylund, 2000). Embora a hiperatividade possa ter um componente biológico, e, certamente, em alguns casos, esteja associada a um sofrimento significativo, a extensão do emprego desse rótulo relativamente novo desperta dúvidas. Por exemplo, é de se perguntar se a hiperatividade existe principalmente em culturas que tenham desenvolvido um padrão restrito para o que é considerado um nível normal de energia e que exigem que seus jovens permaneçam sentados e quietos em salas superlotadas durante horas a fio. Há apenas 50 anos, as pessoas eram simplesmente consideradas ativas, ou, ao contrário, desanimadas, e muitas dessas pessoas ainda assim levavam vidas produtivas; um rótulo patológico não teria sido aplicado a esse estado de ser. Isso não quer dizer que a medicação nunca deva ser dada. Algumas crianças conseguem apresentar claros benefícios com a medicação. Ao contrário, o que estamos reconhecendo é que temos trabalhado com muitos alunos que foram medicados por protestarem ou por não se encaixarem no sistema. Uma vez que se submeteram à terapia e exploraram diferentes formas de ser, a descontinuidade da medicação foi bem-sucedida, o que, nesses casos, confirmou a inexatidão do diagnóstico biológico (ver Capítulo 10 para um exemplo de caso).

Se você verdadeiramente acredita no poder do contexto e de suas implicações, mesmo em situações difíceis, pode adotar uma atitude específica em seu modo de pensar e nas conversas sobre as questões escolares. Essa atitude é uma combinação entre o que denominamos de os 4Cs das conversas profícuas: curiosidade, compaixão, colaboração e contextualização da perspectiva.

Compaixão

A abordagem narrativa presume que, na maioria das vezes, as pessoas têm boas intenções e que, estando diante de uma escolha, o mais provável é que elas optassem por condutas respeitosas. Conforme se afirmou anteriormente, acreditamos que sempre há uma razão pela qual as pessoas fazem ou deixam de fazer algo. Um compromisso fiel com essa crença também permite aos educadores acreditar na existência de uma outra versão mais preferida daquele mesmo indivíduo, uma pessoa atenciosa e bem-sucedida, com a qual é possível estabelecer uma ligação. Abre-se, assim, a porta para a compaixão incondicional, e confere-se segurança e franqueza na hora de compartilhar e de investigar algo. Considere o seguinte enunciado nesse sentido: "Então, Debbie, se eu entendi bem o que você disse, o fato de você se sentir impotente quando se mete em uma encrenca faz com que xingue as pessoas, mesmo que não valorize essa atitude para você mesma".

Curiosidade

Os adultos e as crianças são considerados peritos em suas próprias experiências. A perícia dos educadores está na habilidade de fazer perguntas úteis e de investigar novas possibilidades assumindo uma postura de quem não sabe e deixando-se intrigar pelos pensamentos, pelos valores, pelas esperanças e pelos sonhos dos alunos. A curiosidade e o interesse aqui discutidos vêm de um lugar que oferece atenção e interesse verdadeiros, como você teria em outros relacionamentos. Esse é um aspecto particularmente importante no caso de jovens que nem sempre têm a oportunidade de falar e de explicar suas experiências para os adultos, mas a quem, em vez disso, pede-se que se justifiquem, dêem a resposta correta, ou escutem. Considere o seguinte exemplo de uma atenção sincera:

> Me ajude a compreender o que aconteceu. Qual foi a primeira coisa que veio à sua mente quando você viu o Richard vindo em sua direção? Havia algum sentimento de raiva te fazendo pensar: "Dessa vez eu pego ele", enquanto a outra parte de seu cérebro não queria encrenca? Qual foi o primeiro sinal de que o sentimento de raiva estava agindo seriamente em seu corpo? Você cerrou os punhos ou o coração começou a disparar?

Colaboração

A colaboração implica o fato de que os educadores busquem minimizar o desequilíbrio de poder entre eles e os alunos que procuram assistência. Considerando que a maior parte das pessoas já enfrentou alguma forma de desqualificação em suas vidas, é importante que esse processo ofereça um fórum para conversas que não reproduza os fatores que contribuem para os problemas. Em geral, isso significa abandonar a postura de perito e se envolver em uma jornada de investigação voltada para a colaboração e para a cooperação. Agindo dessa forma, cria-se um tipo especial de parceria, na qual compartilha-se o poder, e cada parte presta contribuições valiosas. Em um contexto de respeito como esse, os educadores verificariam, por exemplo, se os alunos aprovariam a idéia de os educadores fazerem determinadas perguntas ou informarem outras pessoas sobre o problema. Eles poderiam até mesmo ser co-autores da documentação escrita caso fosse necessário. Os educadores e outros adultos tratariam os alunos como pessoas conhecedoras, interessantes e dignas de consideração, apesar dos problemas do desrespeito e do *bullying*. O exemplo a seguir serve para ilustrar essa colaboração:

> Estaria tudo bem para vocês se eu resumisse essa nossa conversa escrevendo: "Gabi foi tomada pela raiva, que a impediu de pensar nas conseqüências. Ela está preocupada com esse tipo de coisa que vem acontecendo com maior freqüência em sua vida, e hoje decidiu que refletiria mais sobre esse problema. Ela realmente não quer que um problema desses continue tomando conta de sua vida, pois compreende que assim tem bem menos diversão e muito mais preocupações".

Contextualização da perspectiva

É essencial manter em mente o contexto mais amplo de uma situação, pois isso implica pensar em um metanível sobre uma perspectiva sociocultural maior (gênero, raça, *status* de classe, etc.). É crucial desconstruirmos ou examinarmos as influências culturais sobre as reações dos indivíduos a uma situação se realmente estamos tentando compreender e melhorar padrões de reação que sejam desrespeitosos. Esse processo desafia a simplificação comum dos comportamentos humanos em nossas próprias mentes, comunidades e culturas dominantes. A desconstrução oferece um espaço para a análise do contexto das vidas e dos relacionamentos dos alunos à medida que estes evoluem em determinados locais e em épocas específicas. O diálogo a seguir traz um exemplo de uma perspectiva contextualizada.

> Quem é que mais humilha os outros nessa escola, os meninos ou as meninas? Qual sua opinião pessoal sobre essa idéia de que os meninos têm que conquistar o respeito humilhando os outros?

Embora nenhuma dessas características possa parecer nova para você, é o ato de considerar todos esses quatro aspectos ao mesmo tempo que dá um tom diferente às suas conversas.

ABREVIANDO O PROBLEMA COM UM PODEROSO INSTRUMENTO: A EXTERIORIZAÇÃO

Quando você compreende plenamente que a maior parte dos problemas são criados por pessoas que se vêem diante de uma falta de opções no contexto de suas vidas, torna-se então completamente lógico falar sobre os problemas de um modo exteriorizado. O conceito da exteriorização dos problemas é fundamental na abordagem narrativa. Essa prática, desenvolvida por Michael White (White e Epston, 1990), esta baseada na idéia de que os problemas, assim como os hábitos indesejados, talvez se desenvolvam devido a uma série de circunstâncias da vida. A exteriorização implica a percepção do problema como algo distinto da identidade da pessoa. Assim, ninguém será tratado como brabo ou como brigão, mas, sim, como alguém que luta contra a raiva e o desrespeito. Em muitos aspectos, essa prática assemelha-se ao modelo médico de ajudar uma pessoa bem-intencionada a lidar com as alergias ou com a ansiedade. Como foi discutido no Capítulo 3, as pessoas muitas vezes entendem que os problemas estão fora de seu controle, mesmo que a um observador essa situação possa não parecer desse jeito. Ao exteriorizarem os problemas, os educadores reconhecem que os problemas não são indicativos do que os alunos desejam ser, mas são reações das quais eles podem aprender a fugir e as quais eles podem aprender a controlar.

Os efeitos da exteriorização

Ao falarmos sobre os problemas exteriorizando-os, estaremos produzindo diversos efeitos importantes:

- A exteriorização altera as perspectivas dos alunos em aspectos profundos. Em lugar de se odiarem, de uma hora para outra os alunos passam a odiar o problema. A exteriorização promove a esperança e o meio de ação. Nesse processo, cria-se um espaço no qual os alunos vêem-se menos sobrecarregados, menos paralisados e com mais condições de agir contra os hábitos do *bullying* e do desrespeito. (Embora a palavra hábito seja incompatível com a conceitualização pós-estruturalista da abordagem narrativa, pode ser útil em conversas efetivas com jovens, desde que os adultos mantenham uma ligação com os conceitos norteadores mais precisos.)

- Ao ser exteriorizado, o problema torna-se uma entidade tangível clara, que pode ser citada e controlada. Essa nova perspectiva permite aos alunos oferecer resistência a essa entidade e assumir responsabilidade por suas condutas de desrespeito e de *bullying* (geralmente pela primeira vez). As pessoas aprendem a controlar seu comportamento, em contraposição ao comportamento que as controla. Em outras palavras, a exteriorização dá maior visibilidade aos efeitos do problema, aumenta a necessidade de agir e torna os alunos mais capazes de tomarem decisões diferentes para mudar suas vidas.

- À medida que a comunidade passa a enxergar o problema como uma entidade separada, todos começam a notar os talentos especiais, os valores e as intenções dos alunos. Há uma mudança de foco: da acusação dos alunos passa-se para o trabalho em equipe e para a percepção dos esforços dos alunos contra os problemas.

Por exemplo, os educadores podem adquirir uma maior consciência das ocasiões em que o aluno poderia ter praticado o *bullying*, ou faltado com o respeito, mas não o fez.

Como ilustra o quadro, exteriorizar o problema empregando-se os 4Cs de uma conversa profícua traz inúmeras vantagens que se distinguem claramente das práticas de autoridade tradicionais.

Problemas internalizados *versus* problemas exteriorizados

Em um primeiro momento, muitas vezes é difícil compreender a exteriorização dos problemas. Uma boa maneira de entender esse conceito é aplicando-o à sua própria vida e considerando, por exemplo, sua relação pessoal com a raiva. Muitos de vocês talvez se lembrem de ter feito ou dito algo sob a influência da raiva que não estivesse completamente de acordo com seu modo preferido de ser. Mais tarde, pode ser que você tenha se arrependido de suas atitudes, se sentido culpado e jurado a você mesmo não fazer isso de novo. Contudo, imagine alguém falando a seu respeito como se você fosse uma pessoa braba, e essa característica formando a sua reputação. Isso pode desencadear mais frustração e uma sensação de que se está sendo mal-interpretado ou malratratado. Essa frustração aumenta a probabilidade de que você venha a apresentar um comportamento irritadiço novamente, mesmo que não o queira. Em outras palavras, o modo como se fala a respeito de um problema cria um contexto de ressentimento, o qual aumenta o risco de esse problema se repetir.

Agora, imagine a exteriorização da raiva. Você criaria uma lista completa dos efeitos que a raiva pode ter sobre múltiplos aspectos de sua vida – você notaria quando ela toma conta e quando não, o que ela leva você a fa-

Efeito das práticas de autoridade tradicionais	*Efeito das conversas colaborativas*
• Alunos podem mudar por medo ou pelo desejo de agradar um adulto.	• Os alunos mudam por decisão pessoal.
• A motivação é externa (punição ou recompensa).	• Os alunos passam a ver com mais clareza por que desejam mudar.
• A vigilância muitas vezes é necessária.	• A vigilância não é necessária; os alunos em geral têm um compromisso com suas próprias escolhas.
• É comum a reincidência, especialmente quando os alunos ficam sozinhos.	• Se ocorrerem erros, serão infreqüentes e gerarão auto-avaliação.
• Podem crescer a frustração e o ressentimento com a adoção da punição, geralmente aumentando a probabilidade de o aluno praticar o *bullying* ou faltar com o respeito.	• Geralmente cresce a autoconfiança à medida que os alunos têm mais êxito e consciência dos efeitos preferidos dos novos comportamentos.
• A conseqüência – e não a lição que se aprende – pode dominar a mente dos alunos.	• É comum a congruência dos valores do indivíduo com a identidade preferida dominar a mente dos alunos.
• Os alunos ficam cada vez mais aborrecidos, ressentidos e afastados em função de seu relacionamento com os educadores, cuja experiência geralmente é de desrespeito ou de humilhação.	• Os alunos logo sentem o respeito e respeitam cada vez mais os educadores por tratá-los como pessoas dignas de consideração.
• Os alunos não expressam para si mesmos, com clareza e sentido, como e por que poderiam reagir às situações de um modo diferente.	• Os alunos passam a exprimir com bastante clareza os efeitos negativos que lhes são importantes e as idéias exclusivas que lhes possibilitam agir de um modo diferente.

zer, a pensar e a sentir contra sua vontade. No fim das contas, é provável que se sinta frustrado com os aspectos problemáticos da raiva e tome uma decisão de que, diante dos seus efeitos, não deseja mais deixá-la dominar você nesses pontos específicos. Por meio de uma conversa incentivadora que busque a exteriorização, você poderia identificar os primeiros sinais que conduzem a um problema nesse sentido e explorar formas de escolher um caminho de sua preferência. Esse processo de expressar com clareza, de observar e de decidir a respeito dos efeitos do problema e, ao mesmo tempo, da forma como você prefere agir acaba permitindo que assuma a responsabilidade, que tenha uma maior clareza quanto às opções pessoalmente relevantes e que tenha experiências preferidas de si mesmo em interações difíceis.

UMA ABORDAGEM NARRATIVA PARA O DESRESPEITO E O *BULLYING*

Vamos agora aplicar esses conceitos ao modo como os educadores interagem com os alunos.

Em primeiro lugar, examine sua reação habitual a essas situações. Lembre-se de uma discussão desagradável recente que você teve com um aluno que luta para deixar de se envolver com o *bullying* ou o desrespeito.

O que você falou? _____
_____
_____
_____
_____

O que a criança falou? _____
_____
_____
_____
_____

O que você respondeu? _____
_____
_____
_____
_____

Como terminou? _____
_____
_____
_____
_____

Quais foram suas intenções ao reagir dessa maneira? _____
_____
_____
_____
_____

Quais foram os efeitos de seus comentários sobre o problema? _____
_____
_____
_____
_____

Então, se o problema incluía o sentimento de raiva, sua reação fez com que esse sentimento de raiva aumentasse ou diminuísse?
_____
_____

Os efeitos estavam de acordo com suas intenções? _____
_____
_____
_____

Quais foram os efeitos dos seus comentários e dessa interação em você? _____
_____
_____

Você poderia ter interferido com menos autoridade? _____
_____

Exercício de exteriorização

Escolha um problema que afetou você. Pode ser qualquer coisa, como uma emoção (raiva, ansiedade, impaciência, depressão, frustração, ódio de si mesmo, tédio, desconfiança, medo, timidez, etc.), um pensamento (voz crítica, acusação, perfeccionismo, comparação, falta de autoconfiança, avaliação, ambição, etc.), ou um hábito ou um padrão comportamental (provocação, interrupção, dominação, pressa, irresponsabilidade, desrespeito, etc.). Ao responder essas questões, explore o modo como esse problema afetou você no passado e como você o vê afetar outras pessoas.

1. Como _____ afeta você?
   _____
   _____

2. O que _____ faz você fazer, dizer, pensar e sentir?
   Fazer: _____
   Dizer: _____
   Pensar: _____
   Sentir: _____

3. Quando foi a primeira vez que você notou _____?
   _____
   _____

4. Como _____ afeta seus relacionamentos?
   _____
   _____

5. Como _____ faz você se sentir a respeito de si mesmo?
   _____
   _____

6. Em que ocasiões é mais provável que você resista a _____?
   _____
   _____

Você consegue lembrar um exemplo que tenha ocorrido nessa semana que passou em que poderia ter cedido a _____, mas não cedeu? O que você fez para evitar _____? No que você estava pensando e fazendo no desenrolar da situação?
   _____
   _____
   _____

Se quiser ser criativo, você pode também promover a exteriorização do problema personificando-o. As crianças reagem muito bem e prontamente a esse tipo de abordagem, pois não estão imersas há tanto tempo quanto os adultos em um modelo auto-acusatório de pensamento. Falam do problema como se ele fosse um criminoso invisível ou um fantasma. (Não há necessidade de se utilizar a palavra *fantasma* nas conversas terapêuticas, a menos que esta se ajuste em tom de brincadeira à compreensão dos alunos.)

O exercício apresentado nas páginas 64 e 65 (anteriormente publicado em Beaudoin e Walden, 1997) é um dos favoritos de muitas pessoas, jovens e mais velhas. Para que seja significativo, deve ser realizado pelos alunos em uma conversa que não seja intimidante.

PROCURADO

Nome:

Crimes:

Recompensa:

Fonte: Extraído de *Working With Groups to Enhance Relations*, de Marie-Nathalie Beaudoin e Sue Walden. Copyright, 1998, Whole Person Associates. Reimpresso com a permissão de Whole Person Associates.

PROCURADO

Esta comunidade de amparo emitiu um mandado de busca contra o seguinte problema. Qualquer informação que ajude a desmascarar esse criminoso perigoso será recompensada.

Nome: Hábito de Empurrar

Crimes:
Desencadear a frustração com a maior facilidade.
Impedir os alunos de enxergar as conseqüências.
Fazer você pensar que não se importa com o que os outros vão dizer.
Paralisar sua mente de modo que você se esqueça de todo o resto, concentrando-se apenas em sua raiva.
Colocar uma enorme quantidade de energia repentina em seus braços e em suas mãos.
Levar você a odiar os outros alunos e a imaginar que eles estão errados ou que merecem isso.
Fazer você se sentir injustiçado.
Levar você a pensar que os outros, alunos e professores, não gostam de você de modo algum.
Fazer você adquirir uma reputação de encrenqueiro, mesmo que não goste disso.
Fazer você se sentir envergonhado consigo mesmo.
Colocar você em muitas encrencas na escola e em casa.
Deixar os adultos no seu encalço e suspeitando de você o tempo inteiro.

Recompensa:
Menos encrencas.
Mais diversão, privilégios e liberdade.

Fonte: Extraído de *Working With Groups to Enhance Relations*, de Marie-Nathalie Beaudoin e Sue Walden. Copyright, 1998, Whole Person Associates. Reimpresso com a permissão de Whole Person Associates.

UMA REAÇÃO NARRATIVA

Gostaríamos de deixar claro que não acreditamos que os conflitos sejam agradáveis para ninguém, ou que haja quaisquer soluções mágicas. O que estamos propondo são simplesmente diferentes formas de pensar e de interagir que possam minimizar o desagrado e a freqüência desses acontecimentos e aumentar a habilidade dos jovens de resolverem esses problemas sozinhos.

Durante uma conversa voltada para a exteriorização, os indivíduos sentem-se ouvidos e compreendidos e passam a envolver-se menos com a autodefesa ou com a acusação, pois o foco incide naturalmente sobre uma experiência exteriorizada do conflito. Em outras palavras, a conversa é estruturada de tal forma que o problema se situa na própria interação do conflito, e não dentro de cada um dos protagonistas. Os indivíduos podem então relaxar mais, narrar sua experiência de um modo mais verdadeiro e adquirir uma perspectiva interessante da multiplicidade de pontos de vista e dos efeitos da situação, bem como dos inúmeros elementos que colaboram para o conflito. Esse tipo de conversa pode levar a uma gama muito mais ampla de possibilidades, não apenas em termos de uma solução, mas também em termos da experiência do eu e dos outros. O papel mais útil que os educadores podem assumir é o da criação de um contexto no qual os alunos possam refletir a respeito de sua experiência, examinar sua posição e ampliar o alcance de sua perspectiva.

O exemplo a seguir consiste em uma das muitas situações que podemos encontrar em um *playground* escolar. Com o intuito de dar visibilidade ao processo narrativo, tentou-se explicar as escolhas e o processo de pensamento do adulto. Temos consciência de que nem todas as interações fluiriam dessa forma. Além disso, a maioria dos educadores não disporia de tempo para envolver-se em toda essa discussão em sua primeira tentativa de empregar essas idéias. Essa conversa seria um resultado de um compromisso progressivo e sistemático com essas práticas ao longo do tempo (conforme ilustram o projeto em sala de aula e o exemplo de caso apresentados nos Capítulos 9 e 10). Simplesmente queremos dar um exemplo completo de um diálogo voltado para a exteriorização que ilustre a aplicação desses conceitos. Convidamos o leitor a ter em mente a filosofia e suas intenções, em vez dos termos específicos que aparecem nas questões. Esclarecido esse ponto, imagine que você está caminhando pelo *playground* na hora do recreio quando dois alunos visivelmente aborrecidos vêm correndo em sua direção.

Jonathan (correndo e aborrecido): O Tannor me xingou Ele sempre faz isso. Ele é tão mau.

Tannor (correndo e aborrecido): Foi ele que começou. Ele estragou meu desenho no chão.

Adulto (amável e calmamente): Vocês dois parecem mesmo muito aborrecidos. Por que vocês não vêm comigo até aquela mesa de piquenique logo ali e tomam fôlego?

Adulto (andando, com um tom de curiosidade compassiva): Vocês dois geralmente brigam desse jeito no recreio? Achei que vocês fossem bons amigos e até vizinhos.

- Afastando o conflito de uma conversa acusatória e individualizada, ao mesmo tempo em que ainda escuta e valida a experiência dos dois alunos.
- Estabelecendo um tom de compaixão e continuando a ouvir a experiência deles com atenção.
- Analisando o contexto e a história do relacionamento, o diferencial de poder e a possível história ou reputação problemáticas, tentando conceitualizar os fatores que contribuíram para o conflito.

(Continua...)

(Continuação)

	• Sem ficar tentando a descobrir quem começou a briga, pois isso representaria apenas um retrato momentâneo e incompleto da questão. • Fazendo perguntas que venham de uma curiosidade verdadeira e de um amplo alcance.
Jonathan: É, mas eu não quero mais ser amigo dele.	• Alunos ainda aborrecidos e presos a um padrão de mútua atribuição da culpa que se baseia no ataque e na defesa.
Tannor: Eu também não. Você sempre estraga minhas coisas. Outro dia, ele estragou minha bicicleta lá em casa. *Jonathan*: Eu não, você...	
Adulto (interrompendo): Espera aí. Posso interromper aqui? Realmente entendo que vocês estão com muita raiva um do outro por uma série de incidentes.	• Ficando mais evidente que os alunos têm uma história de amizade relativamente íntima, e que um problema acabou afastando-os. • Mantendo uma postura de colaboração.
Adulto: O que é isso que vem acontecendo ultimamente com vocês dois quando vocês brincam juntos? Será que é a frustração, a impaciência, a raiva ou algum tipo de ressentimento que toma conta de vocês? Gostaria que cada um de vocês pensasse nisso e me respondesse. O que acontece dentro de vocês?	• Tentando exteriorizar um problema que ocorre entre eles. (Nesta situação, a pergunta é estruturada na forma de múltiplas escolhas, em vez de ser feita aberta, a fim de garantir que os alunos deixem de se concentrar um no outro. Se o adulto estiver sozinho com uma criança, ou se essas duas crianças tivessem menos raiva uma da outra, seria preferível deixá-las usarem suas próprias palavras para uma exteriorização imediata.)
Tannor: Não sei (...) Acho que eu fico frustrado. *Jonathan*: Só fico é com raiva.	• Informando aos alunos que cada um deles terá uma oportunidade de responder.
Adulto: Então a frustração e o sentimento de raiva tomam conta da brincadeira de vocês? *Tannor e Jonathan*: Eu acho...	• Ancorando a conversa com exteriorizações específicas.
Adulto (junto às crianças que estão sentadas à mesa de piquenique): Quais são os efeitos do sentimento de raiva e das frustrações? Sabe, eu converso com um monte de alunos que perdem amigos realmente bons quando a frustração e o sentimento de raiva tomam conta, por que isso leva eles a fazerem coisas que na verdade não queriam, ou a dizer coisas que preferiam não dizer. O sentimento de raiva e a frustração na realidade levam um monte de gente, adultos e crianças, a fazer coisas das quais vão se arrepender mais tarde. Se deixarmos claro que não haverá nenhum tipo de punição aqui, eu gostaria que cada um de vocês me dissesse uma coisa que o sentimento de raiva ou a frustração leva vocês a fazer que prefeririam não fazer. *Jonathan*: Bom (...) Eu acho que o sentimento de raiva às vezes me leva mesmo a estragar as coisas dele de propósito. Não sei por que faço isso (...) é um pouco de maldade. *Tannor*: É (...) e o sentimento de raiva me leva a te xingar. Me desculpa.	• Delineando os efeitos até certo ponto (tempo e contexto limitados determinarão quanto poderá ser feito). • Mencionando um possível resultado dos problemas não resolvidos a fim de deixá-los mais conscientes da perspectiva mais ampla (ou seja, perder o amigo) • Convidando os alunos para uma conversa exteriorizada na qual podem assumir a responsabilidade por sua própria relação com os problemas. • Minimizando o risco vinculado à auto-investigação e à revelação pela desmarginalização de sua experiência (isso também acontece com outras crianças e com os adultos, e as pessoas dizem coisas que não pretendem dizer), afastando a ameaça da punição e deixando claro que cada deles estará envolvido nesse processo de colaboração
Adulto: Será que cada um de vocês pode me dizer qual é o primeiro aviso de que o sentimento de raiva ou a frustração podem estar entrando sorrateiramente em sua amizade? Como hoje, tentem se lembrar o que estava acontecendo dentro de vocês no início	• Continuando a delinear os efeitos dos problemas sobre os pensamentos, os sentimentos, comportamentos, os relacionamentos dos alunos em diferentes lugares e momentos. (Observe que é possível continuar essa conversa em outra ocasião

(Continua...)

(Continuação)

do recreio. Vocês sentiram algo no corpo, como um monte de energia, ou no que vocês estavam pensando?

ou com mais outra pessoa, como o orientador educacional. Os próximos passos devem simplesmente seguir um mapa narrativo – ampliar a consciência dos alunos no sentido de mostrar como os problemas entram lenta e sorrateiramente em suas mentes, de maneira que eles possam interromper o sentimento de raiva e a frustração mais cedo no decorrer das próximas interações.)
- Mais tarde, será importante criar suas identidades preferidas, para que mostrem como gostam de ser enquanto amigos, e expressar com clareza por que isso se encaixa melhor aos seus valores e às suas intenções (Depois de se utilizar com freqüência investigações como essa, os alunos precisam de menos ajuda para processar os conflitos decorrentes.)

OPÇÕES ADICIONAIS

- Permita que os jovens escolham o que seria mais útil no momento (por exemplo, conversar com uma terceira parte ou com o protagonista, ficar sozinho, escrever sobre o problema).
- Crie um contexto para que os jovens discutam a questão calmamente e sozinhos (sem um adulto, se possível) e veja se eles conseguem chegar a uma decisão.
- Ofereça a possibilidade de cada um deles trazer para a sala um melhor amigo para apoio.
- Se for preciso envolver um adulto, não perca de vista sua própria parcialidade e assegure-se de ouvir com cuidado a história de cada pessoa.
- Se houver um adulto ou um mediador de pares treinado presente, tente estruturar delicadamente a conversa exteriorizando-a, a fim de reduzir a posição de culpa e de defesa na sala.

De um modo geral, podemos dizer que a perspectiva é o oposto da maioria dos problemas. A perspectiva, portanto, pode ser útil no processo de solução. Os problemas tendem a restringir nossas opiniões. A compreensão e a aquisição da perspectiva tornam visíveis muitas opções que eram inicialmente obscuras.

RESUMO DA PRÁTICA DA EXTERIORIZAÇÃO

Exteriorizar	*Comentários*
Um problema que é vivido como um sentimento, um comportamento ou um pensamento pode ser descrito como uma entidade externa: • *Sentimentos.* O que a raiva gostaria que você fizesse? • *Comportamento.* Quando ocorreu a *acusação*, como você se sentiu por dentro? • *Pensamentos.* É maior a probabilidade de a *voz crítica* entrar sorrateiramente em sua mente na escola?	Certifique-se de que você está empregando o vocabulário dos alunos para descrever a própria experiência deles. Se o foco dos alunos está nos acontecimentos externos (por exemplo, professores berrando), em primeiro lugar reconheça completamente as dificuldades da experiência; então, quando os alunos já tiverem sido ouvidos o suficiente, conduza delicadamente a conversa, mostrando o efeito que esse acontecimento pode ter tido sobre eles e o que eles podem acabar fazendo que prefeririam não fazer.

(Continua...)

(Continuação)

Delineie os efeitos da exteriorização escolhida sobre todas as áreas da vida (por exemplo, sentimentos, pensamentos, comportamentos, identidade, esperanças, sonhos, atividades, desempenhos, sono, alimentação, relacionamentos com os pais, professores e amigos).	Certifique-se de que você está em contato com a experiência dos alunos e não está simplesmente bombardeando-os com uma questão de efeito formulada, desnecessária.
Faça com que os alunos manifestem uma posição. Convide-os a refletirem sobre os efeitos e a decidirem se desejam mudar a situação.	Mantenha-se aberto à curiosidade se, após refletirem, os alunos disserem que não querem tomar uma posição firme contra o problema. Investigue os custos e os benefícios (se houver algum) do problema, e se existem outras formas de obter os mesmos benefícios com menos custos.

DÚVIDAS COMUNS QUANTO AO PROCESSO DE EXTERIORIZAÇÃO

A exteriorização não faria com que os alunos se sentissem menos responsáveis pela mudança de seu comportamento?

A exteriorização promove a responsabilidade, pois cada indivíduo é responsável por sua relação com o desrespeito e o *bullying*. Ela auxilia os alunos a ganhar plena consciência dos efeitos desses problemas, de forma que possam assumir uma postura clara contra o desrespeito e o *bullying*. Após convidar os alunos a observar a multiplicidade de efeitos de um comportamento problemático, eles geralmente serão questionados em relação ao que pensam sobre todas essas implicações e se desejam ou não fazer algo a esse respeito (o processo e o ritmo desse procedimento são cruciais). Nesse processo, é comum os alunos dizerem claramente que essas condutas não condizem com o modo como desejam ser no mundo. Cria-se, então, um contexto no qual os alunos, após uma reflexão completa sobre suas vidas, decidem sozinhos mudar esse comportamento. As pessoas geralmente têm um compromisso muito maior com uma mudança quando expressaram claramente o problema para si mesmas e decidiram agir sem pressão.

Será que realmente vale a pena o esforço? As mudanças serão significativas?

Alguns professores gostam de ter uma reputação de severos e podem ter dificuldades para mudar suas reações em relação ao conflito dos alunos. No entanto, a mudança na reação do professor produzirá um profundo efeito sobre o comportamento do aluno. As mudanças serão significativas para muitos alunos – em termos específicos, eles adquirirão uma noção de capacitação e uma ligação maior com seu próprio senso de responsabilidade. Você irá desenvolver vínculos mais estreitos e mais ricos com seus alunos, que responderão às suas solicitações por estimarem você e não por o temerem. Também será menor o risco de ter um ou dois alunos rebelando-se e odiando você como professor. De um modo geral, à medida que você e sua turma passarem a integrar progressivamente essas idéias, o ano deverá ser mais agradável e exigirá menos de você enquanto professor.

"Um dos meus alunos teve uma grave experiência de abuso há dois anos atrás, que não mais se repetiu. Seria útil exteriorizar Esse abuso?

As experiências de abuso não podem ser exteriorizadas; elas já são ocorrências externas. Se fosse para exteriorizar o abuso sem novos passos, isso poderia ser prejudicial aos alunos, porque esse fato já aconteceu, e a pessoa é incapaz de mudá-lo. Todavia, um educador pode ter uma conversa sobre os efeitos do abuso, e o modo como alguns desses efeitos podem afetar a vida atual do jovem. Entre os exemplos desses efeitos estão o ódio de si mesmo, o medo e a raiva. Depois de um tempo reconhecendo e escutando o sofrimento, definitivamente é possível exteriorizar o ódio de si mesmo, o medo ou o sentimento de raiva, e minimizar significativamente sua presença na vida dos alunos. Por exemplo, você poderia fazer as seguintes perguntas: como o abuso afetou você? Você sente ódio de si mesmo? Como esse ódio afeta seu dia? O que esse ódio faz você pensar quando está na escola? Em outras palavras, você não consegue mudar um acontecimento do passado; porém, consegue mudar a influência que esse acontecimento ainda pode ter na experiência desse aluno no presente.

Quais são as exteriorizações que você prefere empregar com aqueles que praticam o *bullying* e que faltam com o respeito?

É perigoso desenvolver exteriorizações prediletas. Certos problemas e suas exteriorizações relevantes tendem a ocorrer com maior freqüência; exemplos destes são o sentimento de raiva e a frustração. Em cada cultura, existem alguns problemas (e seus efeitos) que os educadores observam com maior freqüência. Entretanto, é crucial que os educadores se assegurem de que as exteriorizações provenham da experiência que os alunos têm com os problemas, e não sejam aquelas impostas ou geradas pelos educadores. Embora os educadores possam se sentir confortáveis com uma certa exteriorização que pareça captar o modo como observam um problema, a experiência dos alunos com essa situação talvez seja totalmente diferente. A experiência de cada pessoa é única, e a exteriorização deve incorporar os matizes da experiência de cada aluno com o problema. Impor uma exteriorização predileta à experiência de alguém só pode levar a uma conversa incoerente e inintelígível que não será profícua. Em outras palavras, mesmo que alguns problemas possam ser comuns, a experiência que cada pessoa tem com estes é única.

Que tipos de coisas podemos exteriorizar?

Na exteriorização, há dois fatores principais que precisam ser levados em consideração:

1. A exteriorização mais útil geralmente consiste na experiência que a pessoa tem com o problema. Por experiência, entendemos um padrão de comportamento, um pensamento ou um sentimento. Ao final, todos esses aspectos da experiência são discutidos em relação ao problema. Ainda que os problemas as afetem nos níveis da cognição, da emoção e do comportamento, as pessoas concentram-se primeiramente em um nível. Por exemplo, as crianças e seus pais freqüentemente concentram-se em um comportamento que seja problemático. Um educador talvez queira exteriorizar em forma de brincadeira as "mãos grudentas" (para o ato de rou-

bar), o "cocô traiçoeiro" (para a defecação involuntária), ou a "Sra. Energia" (para a hiperatividade). No caso de alunos mais velhos, especialmente as meninas, a tendência é que o foco esteja mais sobre sua experiência emocional com o problema, como a depressão, o ódio de si mesmo, e as preocupações. Independentemente do que for exteriorizado, deverá ter sentido para os alunos. No fim das contas, a exteriorização e suas implicações devem ficar em um nítido contraste com os valores e a identidade preferida do indivíduo.

2. Como a exteriorização deve originar-se na experiência do aluno com o problema, é preciso que os educadores escolham uma palavra que tenha sido realmente empregada pelo aluno ao descrever o problema. Em um primeiro momento, podemos escolher uma palavra como uma exteriorização temporária, e, à medida que o problema passa a ser expresso com maior clareza, o educador e o aluno podem passar a uma exteriorização ainda mais relevante. Em termos ideais, a exteriorização deveria captar a maior parte da experiência da pessoa com o problema. Apesar de os problemas serem criados por um rede complexa de moldes sociocontextuais, a maioria das pessoas sente seus problemas como uma parte concreta de si mesmas. No caso do *bullying*, por exemplo, às vezes fica difícil para os meninos separarem o que eles verdadeiramente querem para si mesmos daquilo que aprenderam a ver como desejável, por exemplo, ser durão. No início, é claro que os problemas podem ser discutidos como se fossem parte de uma pessoa, se essa idéia parece captar mais de perto a experiência dos alunos. Os educadores, no entanto, devem agir assim com cuidado e lembrar que, no final das contas, a origem dos problemas está em uma noção limitada das opções de vida em um determinado contexto.

Independentemente do que for exteriorizado, deverá ter sentido para os alunos. As conversas exteriorizadas são úteis quando seguem a experiência das pessoas com as emoções, os pensamentos e os comportamentos. No próximo capítulo, exploraremos com maior profundidade esse importante conceito.

5

Demonstrar Respeito e Estar Aberto às Experiências dos Alunos

Estabelecer uma ligação com a experiência é, de fato, uma arte. É o elemento de união que garante uma integração útil e eficaz de todas as práticas discutidas neste livro. Duas conversas com conteúdos semelhantes podem produzir efeitos radicalmente diferentes, dependendo do cuidado que tiver sido dispensado ou não à experiência – um fato que se verifica particularmente no caso de alunos que lutam contra a raiva, o desrespeito e o *bullying*, pois esses jovens quase sempre sentem que não são escutados, que são mal compreendidos, desrespeitados e segregados.

Por exemplo, a palavra respeito em geral é muito empregada por educadores que tentam desesperadamente transmitir esse conceito para a mente dos alunos. Muitos alunos – especialmente aqueles que brigam – nos disseram, porém, que a palavra *respeito* é um conceito adulto que não lhe parece totalmente claro. Eles talvez tenham condições de repetir uma definição que aprenderam dessa palavra, mas habitualmente ela não encontra nenhum elo significativo e útil com suas vidas. Essa idéia assemelha-se à distinção entre os ensinamentos sobre os valores do Nepal em sala de aula *versus* a experiência de realmente morar lá. Um tipo de aprendizado é intelectual; o outro, experimental. Apresentamos uma ilustração dos detalhes de como estabelecer uma ligação entre a experiência e o aprendizado da palavra *respeito* no Projeto Bicho-que-Irrita. Por enquanto, nos estenderemos sobre o conceito geral de experiência, explorando sua aplicação na vida dos alunos e dos educadores. Compreender esse conceito permite aos educadores tornar mais relevantes e significativas para os alunos muitas outras lições da vida e reflexões. Neste capítulo, faremos o seguinte:

1. Definiremos a palavra *experiência*.

2. Investigaremos a experiência dos alunos e dos educadores com a escola como pano de fundo contextual do desrespeito e do *bullying* (o processo de ligação com as experiências dos alunos intensifica-se muito se os educadores puderem estar em contato com os desafios de sua própria sobrevivência pessoal na escola, no passado e no presente).

3. Discutiremos os efeitos específicos do desrespeito e do *bullying* sobre as experiências dos alunos e dos educadores.

4. Investigaremos as práticas para acessar e abordar essas experiências.

DEFININDO EXPERIÊNCIA

Essa foi a primeira vez que encontrei Teddy, um menino de 12 anos que havia sido humilhado por outras crianças em sua nova escola. Ele me contou, com tristeza, que não apenas recebia um tratamento melhor na escola onde estudava anteriormente, como também preferia a escola em si.

"É mesmo? Por quê?", eu perguntei.

"Porque ela ficava no topo de um grande morro."

"Ah! Devia ter uma vista linda. Eu pessoalmente também gosto muito de morros e de vistas", falei entusiasmada, quase que com cumplicidade. Ele não respondeu, e suspeitei que havia disparado para dentro da minha própria experiência. Depois de me dar conta, humildemente, perguntei a ele do que ele gostava nesse topo do morro. Seu rosto iluminou-se, e ele respondeu: "Era bem legal descer a escadaria com meu skate".

Mesmo que nós dois gostássemos muito de topos de morros, nossas experiências com morros e os motivos para apreciá-los eram completamente diferentes. Conforme mencionamos anteriormente, entrar na percepção de mundo de uma outra pessoa, de seus pensamentos e de seu processo de elaboração de significado é um dos procedimentos mais difíceis de se aprender, especialmente quando existem diferenças importantes, tais como a idade, a raça e o *status* socioeconômico. Isso também é particularmente difícil de se fazer nas escolas, devido à falta de tempo, às semelhanças entre os comportamentos dos alunos, ao ritmo muito agitado e a um diferencial de poder. É também mais fácil simplesmente fazer associações com nossas próprias memórias e idéias e presumirmos que sabemos. Os adultos geralmente acham que sabem o que uma criança está tramando, qual era a intenção, ou o que um determinado comportamento implicava. Todavia, as crianças dão um sentido ao mundo de uma maneira notavelmente criativa, que é distorcida pela sua própria vida. Mesmo o terapeuta ou o educador mais experiente jamais conseguirá prever o significado que uma criança atribuirá a um acontecimento. Analise os seguintes exemplos:

Meika (um bebê de 2 anos de idade) é fascinada pelo terreno de uma obra onde está sendo escavada uma piscina. Enquanto a mãe dela concentra-se no buraco que está ficando cada vez maior, Meika exclama com agitação: "Olha, mamãe, olha (...) que grandão o castelo de areia que o trator está fazendo".

Depois de passar um dia brincando com as ondas na praia, Amélia (2 anos e meio de idade) assiste ao lindo pôr-do-sol no oceano ao lado de sua mãe e de seu pai. Após alguns minutos, ela fica cada vez mais preocupada e finalmente fala: "Mamãe, será que o sol fica todo molhado mesmo?"

Marie-Nathalie estava falando a respeito do problema das mãos grudentas (o ato de roubar) com um aluno da 3ª série, quando, todo agitado, ele disse a ela que iria pegar um avião para o México no feriado que estava por vir. Notando o entusiasmo da criança, Marie-Nathalie ficou curiosa e perguntou-lhe se havia viajado de avião antes, o que ele já tinha feito. Então ela perguntou do que ele gostava em viajar de avião (dessa vez, sabiamente abstendo-se de dizer algo como "Eu sei! Decolar e pousar é muito emocionante, não é?"). Com um sorriso de orelha a orelha, ele respondeu: "Eu adoro os saquinhos de amendoim".

Exemplos como esses podem parecer óbvios, mas muitas vezes escondem-se em conversas complexas que falam sobre sofrimentos e histórias cheias de problemas, especialmente no caso das crianças mais velhas. Os erros dos adultos também nem sempre são visíveis e inofensivos. Para que os alunos aproveitem essa jornada, é necessário que os profissionais certifiquem-se de que estão demonstrando respeito e de que estão abertos às experiências dos alunos. Nelas encontram-se o relato pessoal dos acontecimentos feito pelos próprios alunos, como esses acontecimentos foram vividos diante do contexto da vida dos alunos, qual o ponto que se sobressaiu especificamente para eles, qual o significado disso, como eles o entenderam e o que isso implica, até onde lhes diz respeito. Em outras palavras, dar atenção à experiência dos alunos implica compreender o máximo possível como é estar na pele deles e viver o contexto de sua existência. A mudança e a investigação só podem ocorrer a partir desse ponto de partida.

A EXPERIÊNCIA DA ESCOLA

A experiência dos alunos que se envolvem com o *bullying* e o desrespeito

Como discutimos em muitas das seções deste livro, essa luta dos alunos para deixar de se envolver com o desrespeito e o *bullying* ocorre por eles estarem presos em jeitos inúteis de ser incentivados por uma variedade de pressões contextuais. Freqüentemente, esses alunos são muito infelizes, não gostam de si mesmos e ficam muito frustrados e ressentidos. Muitas vezes sentem que todo mundo está contra eles, e que os adultos são injustos e nunca compreendem seu ponto de vista. Para esses alunos, as práticas tradicionais da escola de se concentrar nas conquistas, na competição, na avaliação e nas regras criam um contexto que estimula mais frustração e afastamento. Além do mais, conforme discutimos anteriormente, educadores bem-intencionados podem tentar lidar com essas questões agindo com base em suposições comuns (por exemplo, os alunos tomam as decisões erradas, os alunos escolhem esse caminho porque querem, os alunos deveriam ter um melhor controle sobre si mesmos, os alunos merecem a punição). Essa atitude também pode involuntariamente aumentar a ocorrência de problemas. A encrenca na qual se meteram na escola geralmente intensifica-se em casa, com os pais acrescentando mais outro nível de punição (imagine voltar para casa depois de um dia ruim de conflitos no trabalho e encontrar um parceiro que também o critica pela mesma questão). Para esses alunos, a escola transforma-se em um contexto opressivo, no qual se sentem inadequados, constantemente criticados e pressionados a ser alguém que não conseguem ser. Ainda que preferissem mesmo ser um aluno-modelo, naquele momento simplesmente não conseguem ser tranqüilos, obedientes e calmos, em função de sua experiência com os bloqueios contextuais e a raiva. Nas piores situações, esses alunos sentem-se incrivelmente ressentidos e incapazes de se concentrar ou de prestar atenção, restando-lhes poucas esperanças de mudar a má idéia que os outros têm a seu respeito. Nenhum de seus esforços e sucessos mais sutis jamais foi notado, e, assim, eles não acreditam que algum dia as coisas possam melhorar. No final das contas, seu fracasso é mais freqüente em vista das pressões sempre crescentes que se colocam sobre eles em relação ao desempenho acadêmico, ao controle de problemas e a seu ajuste às expectativas da escola.

A experiência dos adultos na escola

É mais fácil entender essas experiências se os educadores puderem estabelecer uma relação pessoal com as experiências dos alunos – quer seja recordando parte de suas vidas como alunos, ou fazendo uma associação com a atual percepção que esses alunos têm da pressão que sofrem na escola (mesmo como adultos).

Os educadores como alunos: questões para revisitar o passado

Quando jovem, que experiência você teve com a escola? A maioria dos adultos consegue se lembrar de ter azucrinado alguém quando jovem, ou de ter tido um mau relacionamento com um determinado educador. Convidamos você a restabelecer uma ligação com algumas dessas experiências, se você conseguir, bem como com seu relacionamento com certos professores. Elaboramos várias perguntas na esperança de que você estabeleça uma ligação mais profunda com pelo menos quatro ou cinco experiências. Dedique alguns minutos para analisar as questões. As respostas para algumas dessas perguntas poderão surpreender você e proporcionar idéias valiosas para ajudar um de seus alunos.

Esperamos que tenha conseguido restabelecer uma ligação com algumas recordações, e que esta contribua para que você auxilie um aluno de sua aula. Caso não tenha conseguido estabelecer essa ligação com suas lembranças, o fato de reconhecer a sua experiência com as atuais brigas na escola, em si mesmo, também pode ser bastante elucidativo.

Os educadores enquanto adultos no sistema escolar

Ser educador é uma profissão exaustiva, que muitas vezes exige um volume impraticável de responsabilidades. Sempre se espera que os educadores saibam tudo, não tenham nenhuma necessidade pessoal e estejam prontos para lidar com qualquer aluno descontente. Como ao longo do dia os educadores têm tantas coisas a fazer, qualquer complicação que surja durante o dia pode ser muito frustrante. Não há nada como se sentir atrasado no currículo e ter que lidar constantemente com explosões de desrespeito e problemas aparentemente desnecessários. Esses tipos de comportamentos podem exasperar os educadores.

Ao deparar-se com o desrespeito, é comum os educadores sentirem-se instigados a tentar controlar as condutas dos alunos. Os educadores passam um tempo enorme analisando o motivo da ocorrência desse comportamento e o que podem fazer para contê-lo. Também têm em mente a idéia de que suas atitudes são modelos para outros alunos. Nesse processo, muitos educadores acabam questionando a si mesmos e tomando medidas que prefeririam evitar, tais como tirar o recreio tão necessário. Muitos educadores acabam sentindo-se ressentidos com a situação, impotentes para modificá-la, incapazes em suas repetidas tentativas frustradas de lidar com ela e infelizes em seu emprego. No final, têm a impressão de se sentirem cada vez mais fracassados para satisfazer as pressões a eles depositadas como educadores – pressões no sentido de se concentrar no currículo e de não desperdiçar seu tempo, de controlar as atitudes dos alunos e de moldar os comportamentos conforme prescrições.

Embora muitas das brigas sejam desencadeadas pelo problema do desrespeito, algumas também devem-se às pressões que o sistema escolar tradicional deposita sobre os alunos.

- Você consegue se lembrar de alguma ocasião específica em que você, quando jovem, maltratou outro aluno?
- Quem era esse aluno?
- Você se lembra por que você o maltratou (não por que a pessoa mereceu isso)?
- Essa atitude condizia com o tipo de pessoa que você imaginava ser?
- Em que aspectos suas ações foram incompatíveis com os aspectos de sua preferência?
- Você se lembra que problema ou pressão contextual pode ter influenciado você a agir dessa forma?
- Você se lembra de qualquer coisa em relação ao ambiente escolar que pudesse ter aumentado as chances desse tipo de comportamento? (Estamos cientes de que os contextos escolares são bastante diferentes hoje em dia.)
- Algum adulto o ajudou a refletir sobre esses comportamentos?
- O que foi especificamente que esse adulto fez de significativo? (Os adultos geralmente intervêm de muitas maneiras diferentes, algumas delas são úteis e outras não; mesmo que você se lembre da punição nessa situação, tome cuidado com o fato de que não tenha sido necessariamente a punição que promoveu a mudança, mas talvez simplesmente algumas das palavras que foram ditas).
- Quando você era aluno, quem era seu professor predileto?
- O que esse professor fez que permitiu essa ligação com ele?
- Você se lembra de algum momento específico em que sua vida estava difícil ou em que você teve um problema e esse professor ajudou você o tempo inteiro?
- Que aspecto da atitude desse professor combinava com o que então era importante para você?
- O que esse professor viu em você que talvez não estivesse visível aos outros?
- A opinião que esse professor tinha de você foi útil para promover o eu de sua preferência ou o que de melhor havia em você?
- Esse professor deu a você chances de superar problemas e de progredir?
- Como esse professor influenciou sua própria evolução como professor?
- Com qual educador você mais antipatizava?
- A probabilidade de você comportar-se de um jeito era maior quando você queria agradar um adulto que respeitava ou quando queria evitar a frustração do adulto?
- Quando você deixou de se comportar de um jeito a fim de evitar a frustração de um adulto, esteve mais inclinado a tentar agir sorrateiramente e ainda assim ter aquele comportamento de vez em quando?
- Quando você pensa no relacionamento que tem com um aluno que agora luta contra o desrespeito, em quais aspectos você está repetindo o que lhe foi útil? Ajuda a estabelecer uma ligação com seu professor predileto, ou isso o afasta ainda mais do aluno?
- Quais são os talentos especiais desse aluno e seus modos preferidos de ser?
- Você consegue enxergar as múltiplas facetas desse aluno, ou ao menos acreditar que nele estão escondidos lindos aspectos?

Pressão contextual	Professores	Alunos	Efeitos comuns
Desempenho, desempenho, desempenho	Ensinar o máximo possível do currículo, concentrar-se no meio acadêmico, não desperdiçar tempo, minimizar o espaço para se compartilhar e discutir experiências pessoais.	Aprender depressa uma grande quantidade do currículo, ignorar seus sentimentos ou lidar com eles rapidamente, estar sempre buscando aperfeiçoar-se.	Os adultos e os alunos não conseguem dedicar tempo para abordar o problema na íntegra e de uma maneira significativa. Os educadores e os alunos mostram um sentimento de inadequação e raramente têm a sensação de completude ou de realização, porque há sempre mais por fazer. Todos têm a impressão de que devem fazer melhor, independentemente do que esteja acontecendo em suas vidas.
Manter o controle	Controlar o que acontece em sua sala de aula e o comportamento de seus alunos. Você será avaliado quanto à qualidade de seu controle sobre o comportamento dos alunos.	Controlar suas necessidades, seus sentimentos e seus comportamentos em todas as ocasiões, de formas socialmente aceitáveis, ainda que esteja se consumindo por dentro.	As pessoas talvez sintam um desânimo, uma frustração, um ressentimento, uma falta de vínculos e, às vezes, um desejo de largar tudo.
Ajustar-se ao molde	Ser um bom exemplo a ser seguido. Compartilhar apenas os aspectos de sua vida que se ajustam à cultura dominante; ensinar apenas de um modo prescrito.	Assegurar-se de estar agradando a todos (adultos, pares e pais), mesmo que cada um deles tenha padrões e expectativas diferentes.	É difícil para alguém identificar o eu de sua preferência, ou desempenhar livremente a identidade preferida; muitas pessoas não se conhecem verdadeiramente. Percebe-se e valoriza-se um conjunto restrito de aspectos, e não há tempo para se compartilhar nada que seja pessoal.

O sistema isomórfico

Em última instância, parte das experiências escolares de educadores e de alunos podem apresentar, de certa forma, semelhanças entre si. A experiência do estresse e da impossibilidade às vezes relatada pelos educadores geralmente assemelha-se à insatisfação dos alunos com a escola. Conforme ilustra a figura a seguir, as escolas podem ser descritas como um sistema isomórfico, em que cada nível funciona de acordo com uma estrutura e um conjunto de pressões bastante similares. (As pressões que se depositam sobre os diretores e os professores, e as estratégias para lidar com estas, serão discutidas em nosso próximo livro.

O contexto e a pressão da escola exercem uma influência semelhante sobre a experiência de todo mundo, e o ritmo muito agitado de tudo isso muitas vezes faz com que seja difícil para as pessoas que estão em um nível perceberem que existe um desafio semelhante em outros níveis. As pessoas ficam tão ocupadas sobrevivendo às suas próprias pressões que talvez nem tenham consciência da experiência que têm em comum. Por fim, todas essas pressões são sentidas como bloqueios para uma variedade de formas possíveis de ser que talvez satisfaçam mais a diferentes indivíduos.

Ainda que os efeitos dessas pressões sejam bastante semelhantes de um nível para o outro, a percepção que as pessoas têm do poder de resistir e de lidar com esses efeitos pode ser diferente. Os alunos, que ocupam uma posição inferior na hierarquia, talvez sintam uma versão intensificada dos efeitos devido à sua liberdade limitada para escolher, para abandonar, para protestar contra ou para modificar as pressões. De um modo geral, não podem falar das pressões e presumir que serão ouvidos. Os educadores que se tornam muito dominados ou descontentes com o sistema sempre podem decidir mudar de vida ou de carreira e ir para outro lugar. Os alunos não podem partir, ao menos não de nenhum modo socialmente aceitável. Os alunos não têm nenhuma opção, a não ser a de rebelar-se ou a de sujeitar-se, mesmo que estejam descontentes.

Nossa intenção ao tornarmos visíveis esses aspectos do atual sistema educacional é aumentar a consciência e as perspectivas dos educadores de modo que possam decidir com sabedoria como desejam relacionar-se com seus alunos.

Nunca se esqueça de que você já foi um aluno, e lembre-se de como era ter sua vida constantemente bombardeada pelas solicitações e pelas expectativas dos adultos, mesmo se estas não correspondessem em nada com seus valores pessoais, suas intenções ou seus desejos, ou com o que você de fato pudesse se imaginar fazendo.

SOBREPONDO-SE AS EXPERIÊNCIAS DO PROBLEMA

Padrões de interação

Resumindo, então, tanto os educadores quanto os alunos acabam sentindo-se presos em uma armadilha de um sistema que obriga os indivíduos a ser de uma certa forma (escola) e frustrados por estar lidando com um problema que é exacerbado pela sua própria existência nesse sistema (o desrespeito ou o *bullying*). Todas as partes ficam presas em um padrão inútil de interação, no qual elas repetem as mesmas ações, sentem-se mais e mais atreladas a seus bloqueios contextuais, e reabastecem cada vez mais o ciclo de problemas, conforme ilustram a história a seguir e a Figura 5.1.

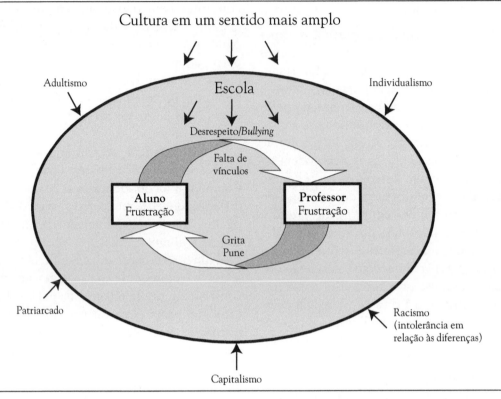

Figura 5.1 Os alunos e os educadores ficam presos em ciclos de interação problemáticos que são involuntariamente mantidos pelo contexto.

Ah, que ciclo vicioso podemos ver se desenrolando em nossas salas de aula às vezes! Sempre me lembro do Bruce, um aluno que tive há muitos anos atrás, que fazia cenas, imitava o som de animais nos momentos de silêncio e trazia objetos inapropriados para a escola. Os colegas dele tinham reações que iam de um certo divertimento até a total irritação, excluindo-o de qualquer atividade. Nos dias em que o Bruce estava ausente, a dinâmica da aula era tão calma e produtiva (...) o dia inteiro! Minhas reações oscilavam entre a compaixão pela sua luta e o aborrecimento com sua inabilidade de se comportar e de encontrar seu lugar. Por saber que ele precisava de consistência, eu sempre dava continuidade à disciplina. Minhas táticas disciplinares tanto tinham um tom mais ameno, um tom compreensivo (quando eu me compadecia mais), ou eram mais severas (quando eu me sentia zangada ou constrangida por nós dois estarmos fora de controle e irritados). Comecei a notar que os alunos ignoravam calmamente o Bruce nos dias em que eu controlava a disciplina de uma forma mais positiva, e, naqueles em que eu perdia a paciência, eles acabavam sendo mais sarcásticos com o Bruce e entre si. Percebi que, enquanto professora, o contexto da aula estava em minhas mãos. Notei que os alunos espelham-se no modo como um professor reage a um aluno que tem um problema.

(Joann Rosatelli)

A história dessa professora serve para ilustrar dois pontos: (1) o aumento da frustração de todos os envolvidos quando um aluno e um professor estão presos em um ciclo de desrespeito; e (2) a habilidade do professor de dar um tom mais positivo por ter consciência da existência de um ciclo vicioso.

LIDANDO COM ESSAS EXPERIÊNCIAS

Acessando as experiências dos jovens

Se é nosso objetivo promover a responsabilidade e mudanças capazes de alterar a vida, é crucial não fazermos de nossa mente uma armadilha e nos mantermos abertos e curiosos em relação à própria experiência que o aluno tem dos acontecimentos. Em termos específicos, é dever dos educadores tentar fazer o seguinte:

- Assumir uma postura de curiosidade respeitosa, conforme discutido anteriormente, e estabelecer uma ligação com uma compreensão compassiva do contexto que contribui para uma percepção limitada de opção.
- Exteriorizar os problemas.
- Pensar em questões que auxiliarão os alunos a expressar com clareza sua experiência pessoal única.
- Reagir com questões que pertençam ao mesmo cenário da experiência discutida (isto é, se os alunos falam sobre os sentimentos, fazer mais perguntas voltadas para os sentimentos; se os alunos falam sobre as intenções, reagir com perguntas sobre as intenções).
- Utilizar a linguagem e as perspectivas dos alunos na conversa. Certifique-se de empregar o menor número possível de palavras do vocabulário adulto (por exemplo, as palavras *responsabilidade*, *respeito*, *maturidade*), a menos que os alunos utilizem essas palavras (o que provavelmente implica que os alunos realmente saibam o que querem dizer com elas).

Por exemplo, o processo de corrigir um aluno cuja especialidade é xingar os outros pode eliminar esse comportamento indesejável em frente aos adultos, porém não mudaria o que o aluno realmente pensa a respeito de outro aluno, ou mesmo da conduta de xingar os outros. O aluno pode simplesmente registrar o seguinte, sem uma análise mais aprofundada: "Os adultos irão me corrigir se eu xingar os outros na frente deles". Para que haja uma mudança duradoura e significativa desse comportamento, é preciso entrar na experiência que o aluno tem com esse comportamento. É necessário criar um elo entre a vida, os pensamentos, os sentimentos, os valores do aluno e o comportamento deste: "De onde você tirou essas palavras?" "De onde você tirou a idéia de xingar alguém disso? Isso aconteceu com você?" "Por que as pessoas xingam umas às outras desse jeito na escola?" "O que você acha de se ver fazendo isso?" Se você começa uma conversa desse tipo e existe uma possibilidade de que no final haja conseqüências, a experiência dos alunos será de medo, e, nesse caso, não será dito nada extremamente pessoal, exceto o que possa reduzir a probabilidade de punição. A questão da disciplina deve ser eliminada; é preciso que os alunos se sintam seguros para se voltarem para dentro e fazerem investigações ou reflexões sobre sua verdadeira experiência.

Estabelecendo uma ligação com sua própria experiência enquanto educador

Como educador, você já fez algo contra sua vontade? O que contribuiu para essa decisão? Para os educadores, vale a pena tirar um tempo para refletir sobre as pressões sob as quais eles trabalham e também mencionar, ou exteriorizar, um problema para si mesmos. As questões listadas no exercício de exposição de problemas do Capítulo 3 podem ser utilizadas com esse propósito. Além do mais, traçar um esboço do possível ciclo vicioso entre o eu e o aluno que luta contra o desrespeito ou entre os alunos que lutam contra os conflitos pode render algumas novas perspectivas do problema. Após esclarecido o padrão, torna-se possível a investigação dos primeiros sinais de sua ocorrência e o desenvolvimento de um código com o aluno de modo a possibilitar a implementação de estratégias de prevenção. Por exemplo, uma professora que colaborava em nossa agência desenvolveu uma excelente compreensão da luta de um aluno (desestímulo) e do ciclo vicioso no qual os educadores anteriores haviam caído. Após uma conversa em formato de narrativa, ela desenvolveu uma compreensão tão extraordinária do problema exteriorizado que, na verdade, acabou conseguindo prever os momentos desafiadores. Com essa nova consciência, adquiriu o hábito de entregar discretamente aos alunos pequenas anotações com comentários do tipo "Está quase!", ou "Você vai conseguir", que tinham o efeito de impedir o desestímulo e capacitar o aluno a perseverar em seu trabalho. O aluno ficou tão comovido com esse gesto de carinho que, em segredo, começou a montar um álbum de recortes com as anotações, que deixava sempre em sua mesa. Dentro de algumas semanas, esse aluno, que com os professores anteriores tinha uma história de brigas por poder e de tarefas incompletas, mudou completamente de atitude e progressivamente obteve resultados melhores.

Lidando com o ciclo vicioso

Para romper aos poucos com o ciclo vicioso, cada parte deve examinar sua própria contribuição involuntária para o padrão e fazer algo diferente que tenha mais chances de reduzir o problema exteriorizado. É necessário que abandonem essa postura de culpar uma à outra e caminhem em direção a uma compreensão mais profunda do problema que há entre elas. Em outras palavras, um problema similar (como a frustração) pode ser exteriorizado para ambas as partes, e cada uma delas pode tomar consciência dos efeitos inúteis da frustração sobre os seus próprios comportamentos e pensamentos. O inimigo passa a ser então a frustração, e não os alunos. A meta nesse caso é reduzir a frustração, e não conter os alunos (os alunos irão conter-se sozinhos assim que a frustração diminuir).

Com esse processo, nossa intenção não é romper com o regulamento da escola e eliminar completamente as conseqüências desses tipos de comportamento, mas sugerimos, sim, que você pense com cuidado em como suas decisões afetam a frustração e veja se é possível manobrar a situação de forma a reduzir, quando você puder, a adição constante de mais ressentimento à vida do aluno. Por exemplo, às vezes, pode ser útil permitir que alguns pequenos incidentes não sejam registrados, se você puder, e fazer com que o aluno saiba que você não gosta de vê-lo em encrenca o tempo inteiro. Os jovens podem sentir-se muito gratos por você apoiá-los nessas situações; eles irão estimá-lo e se dedicar mais à tentativa de afastar o comportamento problemático com uma noção de possibilidade que talvez tenham diante de seus bloqueios contextuais. Outras vezes, a idéia talvez seja fazer com que o aluno saiba que você realmente não quer chamar os pais para relatar o comportamento problemático, mas que precisa (mas apenas se você sinceramente sente-se assim). Esse processo também pode incluir um reconhecimento de que vocês dois estão presos em um sistema que não permite que façam exatamente o que prefeririam. Às vezes é até mesmo interessante perguntar aos alunos, com sinceridade, o que eles fariam se fossem educadores e tivessem um aluno que lutasse contra o desrespeito e o *bullying*.

Aplicação

De vez em quando, Marie-Nathalie recebe um pedido para trabalhar com alunos que se recusam a conversar com qualquer adulto a respeito de seu envolvimento com o *bullying*. Às vezes, esses alunos chegam sob coação e simplesmente sentam-se de costas para Marie-Nathalie, ou avisam furiosamente que não irão falar nem escutar. Essa situação antagônica pode assemelhar-se às interações entre os professores e alunos que afirmam furiosos que odeiam a escola e todos os que nela se encontram. Estabelecer uma ligação com a experiência é um procedimento importante em todas as interações significativas, mas, nesse caso, passa a ser a única maneira de se começar qualquer conversa com esses jovens, que obviamente sofreram um profundo afastamento. Aplicando-se as idéias discutidas nos capítulos anteriores deste livro, uma conversa com esses jovens muitas vezes prossegue da seguinte forma.

Assim que os adultos tiverem entrado nas experiências dos alunos, estabelecido uma ligação com eles, examinado o contexto e exteriorizado um problema como um jeito de ser indesejável, a mudança está finalmente a caminho.

Aluno (irritado): Eu não quero ficar aqui e não vou responder nenhuma das suas perguntas.

Adulto (com delicadeza e devagar): Parece que você já passou por isso muitas vezes e está cheio disso. Acho que eu também estaria realmente cheia disso se um bando de adultos estivesse tentando me obrigar a mudar.

Aluno: É, eu estou mesmo.

Adulto: O que você preferiria estar fazendo se não tivesse que estar aqui?

Aluno (hesitante): Provavelmente estar andando de *skate* com meus amigos.

Adulto: Há quanto tempo você anda de *skate*? Você faz manobras e esse tipo de coisa?

Aluno (entrando mais na conversa): É, meus amigos me mostraram um monte de manobras de meio tubo.

Adulto: Legal! Você tem muitos amigos que fazem isso com você?

Aluno: É, somos em três.

A experiência do aluno é de raiva dos adultos, um desejo de não estar ali e um sentimento de exasperação com esse processo. O adulto tenta estabelecer uma ligação com a experiência do aluno, colocando-se em seu lugar e reconhecendo como deve ser irritante ser posto na armadilha de conversar mais uma vez (sobre algo do qual ele sente vergonha) com um adulto estranho, que provavelmente irá querer ensinar-lhe algo. Dependendo da reação do aluno, podemos também tentar continuar nesse caminho perguntando quantos adultos tentaram moralizá-lo, ou o que ele mais odeia em relação a conversar com um adulto.

O adulto tem consciência de que, quando não quer estar em algum lugar, sabe exatamente o que poderia fazer com seu tempo. É mais fácil falar sobre as paixões de alguém do que sobre os conflitos.

O adulto expressa sua curiosidade em relação ao *hobby* do aluno e a ele mesmo enquanto pessoa, separando-o do problema. Esse aluno tem mais a oferecer do que os problemas, e o adulto tem interesse em introduzir isso. Essa atitude também faz com que ele se sinta respeitado e visto como uma pessoa em sua totalidade, e não simplesmente como um brigão. O adulto também percebe que ele tem amigos, tendo, portanto, habilidade para fazer boas amizades às vezes (ao contrário de alunos que não têm nenhum amigo e isolam-se com seu problema).

(Continua...)

(Continuação)

Adulto: Eles estudam aqui nesta escola?

Aluno: Não (...) Eu gostaria...

Adulto: Faria uma grande diferença se eles viessem para cá?

Aluno: Claro que sim.

Adulto: Eles enxergam você de um jeito diferente do que o que pessoal pensa de você aqui?

Aluno: É, eles acham que está tudo certo comigo.

Adulto (delicadamente): O que é que as pessoas daqui não compreendem em você?

O adulto deixa ele saber que os problemas não são necessariamente uma representação de quem ele é e de quem deseja ser. Reconhece que o contexto contribui para o que ele faz e para o modo como as pessoas o vêem. Neste ponto, o adulto também quer manter a maior distância possível de qualquer conversa que trate de suas transgressões, pois tem certeza que ele já foi oprimido antes por esse assunto, e isso obviamente não funcionou. É preciso que se relacione a experiência dele de ter sido mal-compreendido e segregado, antes que qualquer outra coisa seja investigada. O adulto está curioso em saber se o aluno está envolvido o suficiente na conversa a ponto de correr o risco de falar mais a respeito desses conflitos (é um risco diante de sua experiência).

Aluno: Eu simplesmente odeio esta escola. Os professores estão sempre me perseguindo, gritando comigo e me acusando de tudo, e os outros se aproveitam disso no recreio e jogam a culpa de tudo em cima de mim. É tão injusto. Me dá raiva, e eu não consigo pensar em mais nada pelo resto do dia.

Adulto: Isso parece terrível. Como isso afeta você? Dificulta na hora de prestar atenção na aula e de fazer as tarefas?

Aluno: É. Eu estou sempre perdido e atrasado.

O adulto estabeleceu uma ligação entre a compaixão e a experiência que o aluno tem com o ciclo vicioso dentro do contexto da escola. Está relacionando esse fato com suas próprias experiências de ter estado preso em salas de aula e ser obrigado a prestar atenção, mesmo quando seus sentimentos ferviam-lhe por dentro. Observe que essa ligação com sua própria experiência ocupa o segundo plano e não é discutida, pois ele não quer que esse ponto afaste o foco da experiência e do sofrimento exclusivos do aluno.

Se a experiência do aluno tivesse voltado para a relutância e o medo (para concentrar-se em seus conflitos), o adulto poderia falar em termos genéricos sobre alunos que estão muito zangados, em vez de falar diretamente desse aluno, para tornar a conversa mais segura. Por exemplo, "Quando os alunos lutam contra o sentimento de raiva, como eles são tratados pelos outros? Quand os alunos sentem raiva, é difícil para eles prestar atenção na aula?".

Adulto: A maioria das pessoas provavelmente ficaria perdida e atrasada. O que você já tentou fazer para melhorar as coisas?

Aluno: Eu tentei ignorar os outros no recreio e não ficar com raiva, mas por que é que eu vou me incomodar se, de qualquer maneira, quando tem um problema, a professora sempre pensa que sou eu o culpado.

A experiência dele parece de desestímulo (presumindo boas intenções e confiando no fato de que a maioria das pessoas que lutam contra os problemas já tentaram encontrar uma solução, e fizeram experiências com as poucas opções que de fato lhes vieram à mente apesar dos bloqueios contextuais).

O aluno está começando a exteriorizar um problema

(Continua...)

(Continuação)

Adulto: Então esse problema fez com que a professora desconfiasse ou suspeitasse de você?

Aluno: Eu acho...

Adulto: Você acha que o sentimento de raiva começou a dar uma má reputação a você?

Aluno: É. Todos pensam que eu sou esse brigão mau, e eu não sou.

Adulto: O que o sentimento de raiva faz você fazer que na verdade você não gostaria de fazer e que te levou a ganhar essa reputação?

e a delinear seus efeitos. Agora que o aluno está envolvido e estabeleceu uma ligação com a própria experiência, a conversa prosseguirá de acordo com o mapa, discutido nos capítulos anteriores, da investigação dos efeitos sobre os comportamentos, os pensamentos, os sentimentos, os diversos relacionamentos, a identidade, o futuro, e assim por diante.

Como os educadores poderão assegurar-se de que continue havendo progressos e de que os jeitos de ser preferidos sobrevivam aos múltiplos desafios que os jovens enfrentam?

6

Fazendo com Que as Mudanças Durem Mais de Uma Semana

*A mudança é uma seqüência de momentos no tempo,
e não um único acontecimento.*

O PROBLEMA DO DENTE-DE-LEÃO

Quando éramos crianças, todos nós apreciávamos aquelas flores de um amarelo vivo que víamos no jardim. Talvez até tenhamos colhido algumas, e as oferecido em um buquê para nossas mães, nossos pais ou avós – até um dia fatídico em que alguém disse: "Ui, isso é mato!". Nesse dia, aprendemos a categorizar as flores como boas e más – e é bem provável que nunca mais tenhamos pego de novo um buquê de dentes-de-leão.

Como adulto, você talvez perceba que essa é uma construção social (na verdade, os dentes-de-leão têm propriedades medicinais reconhecidas) e deseje referir-se de um modo diferente a essas flores. Contudo, é possível desenvolver uma paixão por sua beleza? Seria muito difícil apagar o treinamento social. Na melhor das hipóteses, você poderia minimizar sua influência sobre seus pensamentos e sobre seus sentimentos, mas sempre lembraria que o dente-de-leão é uma erva daninha dentro da flora da sociedade.

Podemos dizer o mesmo sobre muitas outras experiências. Para nós adultos, não seria nada fácil mudarmos nossa percepção do que é atraente em cada gênero. Seria difícil, por exemplo, para as pessoas da nossa cultura, achar atraentes os pezinhos de lótus das chinesas (que medem cerca de 10 centímetros), mesmo em nossa cultura de 50 anos atrás. Muitos cidadãos de outros países acham difícil entender a idéia de que mulheres jovens que não aparentam saúde, e que às vezes estão perto da morte por inanição, sejam o símbolo ocidental de beleza. Em suma, é um desafio mudar um jeito de ser que está presente há muitos anos e que é mantido por um poderoso contexto. Esse também é o caso de jovens que, por muitos anos, aprenderam e viveram o desrespeito e a agressão e a eles sobreviveram.

VENDO AS COISAS POR OUTRO ÂNGULO

Outro exemplo que serve para ilustrar a complexidade de se pensar fora de um determinado molde é o desse quebra-cabeça comum que aparece abaixo, na Figura 6.1. Nesse problema de difícil solução, somos instruídos a ligarmos todos os Xs, utilizando apenas quatro linhas, sem erguermos o lápis do papel.

A maioria das pessoas olha para este quebra-cabeça e luta para resolvê-lo. É difícil solucioná-lo, porque nossa mente está de certa forma encerrada em um determinado modo de pensar que tem muito a ver com o que aprendemos na infância e com a influência da sociedade. Ensinam-nos a não sairmos das linhas quando colorimos, a ligar os pontos para formar uma figura e, de um modo geral, a limitarmos nossa maneira de enxergar as coisas. Para alguns, o fato de não conseguirem descobrir com rapidez a solução pode fazer com que não se considerem à altura, sentindo-se ignorantes e simplesmente incapazes, especialmente se estiverem trabalhando dentro de um grupo. Algumas pessoas talvez nem cheguem a gastar muito tempo pensando no problema. Outras talvez não se prendam aos métodos convencionais de resolução de problemas e encontrem a resposta, que está relacionada à idéia de sair das linhas pontilhadas. Todavia, mesmo com essa dica, a maioria das pessoas fica perdida sem saber como agir fora de uma linha pontilhada.

O truque, como muitos o sabem, é que, para ligar todos os pontos, as linhas devem sair do quadro. Isso implica então que devemos enxergar a imagem do retângulo e até mesmo imaginar a possibilidade de sair dele para encontrar a solução (ver Figura 6.2).

Nesse contexto, o quebra-cabeça é apenas um jogo simples que não traz nenhuma implicação para nossas vidas. As notas, as punições e os relacionamentos íntimos não dependem de deixarmos esse retângulo. Não existem emoções atravancando nossa mente, e ninguém esperando que mudemos nosso pensamento, mesmo assim, é difícil escaparmos dos limites e mudarmos nosso modo limitado de pensar (modo especificado de pensar).

Da próxima vez que você ficar impaciente diante da mudança lenta de uma pessoa, tente se lembrar de sua luta para sair do retângulo do quebra-cabeça, ou tente colocar um buquê de dentes-de-leão sobre sua mesa e apreciá-lo. A mudança consiste

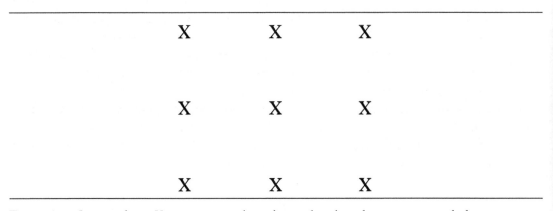

Figura 6.1 Ligue todos os Xs, sem erguer o lápis do papel, utilizando apenas quatro linhas retas.

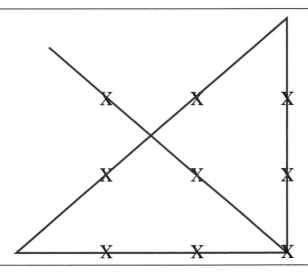

Figura 6.2 A solução exige que abandonemos os limites do retângulo.

em um processo, pois, em primeiro lugar, é difícil notar que nosso pensamento é limitado. Uma vez que sabemos de sua limitação, talvez tenhamos dificuldade em encontrar outra forma de pensar ou de agir, e, por fim, mesmo quando encontramos o novo jeito de ser ou aquele que preferimos, pode ser um desafio agarrar-se a ele. A única maneira de a mudança acontecer é através de uma investigação delicada dos diferentes jeitos de ser do indivíduo; com amparo, tempo, testemunhas e revisão da história; revisitando constantemente as justificativas para o eu de sua preferência. Mas como podemos identificar esse eu preferido e manter o progresso?

MÚLTIPLOS EUS: QUEM É A PESSOA REAL?

Se analisadas a partir de um ponto de vista construcionista social e narrativo, as pessoas possuem muitos eus. Nenhum eu é mais real do que o outro. Essa afirmação é contraditória para muitos manuais de psicologia populares e para as filosofias ocidentais tradicionais, que presumem uma personalidade central.

As experiências que as pessoas têm consigo mesmas constróem-se nos relacionamentos e evoluem com o tempo (Gergen, 1985; Hoffman, 1990). Os relacionamentos, particularmente se forem com pessoas influentes, representam a tela sobre a qual se extrai o sentido das experiências. Em outras palavras, poderíamos argumentar que as pessoas que vivem isoladas teriam uma percepção bastante limitada do eu, se é que teriam alguma, porque ninguém seria afetado pela presença delas, e não haveria ninguém disponível para refletir uma de suas experiências. Essas pessoas não teriam nenhuma base para sentir-se inteligentes ou engraçadas, por exemplo, sem interagir com outro ser que lhes permitisse atribuir essa interpretação a esses modos específicos de ser.

Se o eu é construído nos relacionamentos, então cada indivíduo possui múltiplos eus que refletem diferentes experiências do eu inserido nos relacionamentos (Gergen, 1985, 1991; Hoffman, 1990). Esses diferentes eus existem no passado, no presente e no futuro. Versões específicas desses eus recebem um lugar de destaque na experiência pelo contexto e pela presença de certas pessoas em um determinado espaço. Entre a multiplicidade de eus possíveis, alguns são preferidos a outros, em termos de seus efeitos sobre os relacionamentos e de sua congruência com as intenções do indivíduo (e outros são menos preferidos). Por exemplo, muitas pessoas sentem-se tímidas em certas relações, e muito sociáveis em outras.

De um modo semelhante, é possível sentir muita amabilidade e ternura nas crianças em certas relações, e muita irritabilidade ou agressividade em outras. De fato, vários educadores e terapeutas encontram pais que ficam perplexos quando são informados sobre o mau comportamento de seus filhos na escola. Como o relacionamento entre pais e educadores é tradicionalmente hostil, muitas vezes presumimos que esses pais não conhecem muito bem seus filhos. Na realidade, essa diferença de experiências é em geral resultado das múltiplas facetas que as crianças têm de si mesmas. É bastante comum para alguém ter comportamentos que aparentemente possam contradizer suas intenções. Na verdade, esses tipos de comportamento são simplesmente diferentes versões dos eus que são geradas pelo contexto. A única influência que os outros podem ter é fazer os alunos refletir e auxiliá-los a compreender, a expressar com clareza e, por fim, a escolher o eu que esteja mais de acordo com seus modos preferidos de ser. Isso torna-se ainda mais complicado quando alguém está tentando mudar. De fato, quando um adulto e, especialmente, uma criança estão tentando se comportar de um jeito que se aproxime mais de sua preferência, aqueles que testemunham esse comportamento muitas vezes terão dúvidas em relação a esse esforço e confundirão esse novo comportamento com um fingimento ou uma manipulação. O protagonista, tentando mudar, talvez também se sinta pouco à vontade nesse novo jeito de ser, ainda que o prefira.

Para todos os que se envolvem nessa questão, é difícil acreditar que a pessoa, mesmo que demonstre intenções sinceras ou êxito em resistir ao problema, tenha desenvolvido uma identidade nova e preferida. Na verdade, é quase impossível acreditar. A mudança só pode se tornar significativa quando estiver integrada a uma história.

AS HISTÓRIAS

Uma história consiste em uma seqüência de acontecimentos no tempo, e não em um acontecimento isolado. Todos têm histórias sobre suas identidades. Você pode se imaginar tímido e relacionar uma lista de momentos que fizeram com que se enxergasse dessa maneira. Você também pode ter uma história que mostre que é uma pessoa determinada e contar uma série de acontecimentos que lhe permitiram tirar essa conclusão. Esses dois exemplos são histórias de identidades, mesmo que não tenhamos o hábito de pensar nesses relatos desse modo específico. Quando lidamos com pessoas que se sentem descontentes consigo mesmas ou com o modo como são vistas, torna-se importante ver as histórias pelo que elas são. As histórias são, por definição, compostas pelos seguintes elementos:

- um ou mais protagonistas;
- um propósito;

- uma série de ações (no mínimo dois acontecimentos, que são a presença ou a ausência de um comportamento, de um pensamento ou de um sentimento, como a presença de pontapés ou a ausência de desrespeito);
- ligação entre os acontecimentos ao longo do tempo;

Exercício para a elaboração de uma história

Para ajudar a esclarecer esse conceito, considere um exemplo que tenha ocorrido em sua própria vida. Pense em um problema que você tenha superado e complete as frases a seguir:

Eu tinha um problema com _____

Acho que começou quando _____

Na verdade, o que aconteceu foi que _____

Então _____

Eu fiquei mais _____

O pior momento provavelmente foi quando _____

Se eu tivesse que mencionar uma pessoa que, sem querer, pode ter contribuído para isso, eu diria _____

Sem o perceber, essa pessoa contribuiu para esse problema ao _____

Naquele contexto específico de minha vida, eu não conseguia enxergar nenhuma outra opção, porque _____

Você consegue reconhecer o protagonista, o propósito, as ações e o tempo? Esses elementos estão em questão, assim como as histórias preferidas. Sem que você perceba, seu modo de apresentar um problema automaticamente assume a forma literária de uma história. Tente apresentar uma versão do problema sem contar uma história – é difícil e talvez impossível.

Historiando uma identidade preferida

Já que os problemas sempre se inserem nas histórias, as identidades preferidas também devem ser historiadas. É necessário contrastar a influência dos problemas com a identidade preferida. Em outras palavras, em primeiro lugar, exterioriza-se o problema, e completa-se cuidadosamente um mapa do efeito que este produz sobre os pensamentos, os sentimentos, os comportamentos, os relacionamentos e a identidade. O aluno passa então a ser estimulado a declarar sua posição. Aos poucos, os alunos são convidados a expressar com clareza seu modo preferido de ser e a estabelecer um contraste com esses efeitos da mesma maneira (ilustrada na Figura 6.3). Ao fazer isso, no entanto, é necessário que se preste muita atenção no uso da linguagem e na tendência natural que nossa mente tem de preencher as lacunas.

CRIANDO HISTÓRIAS POR MEIO DA LINGUAGEM

Nossa linguagem e nosso processo de comunicação são estruturados por sujeitos, verbos, protagonistas e ações. A linguagem não é simplesmente um instrumento para comunicar uma experiência; a linguagem na verdade constitui a experiência. Você consegue pensar em uma experiência fora da linguagem? Se não tivéssemos uma palavra para *barbeado*, não perceberíamos os barbeados *versus* os não-bar-

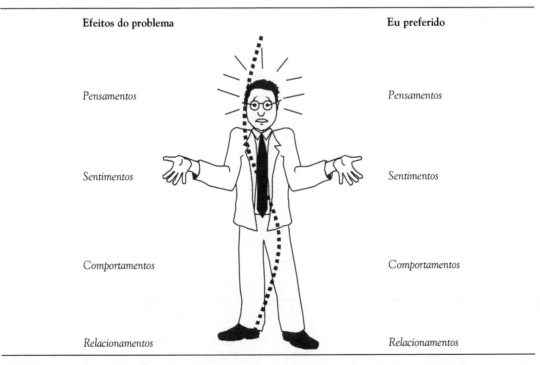

Figura 6.3 A história-problema é contrastada com a história preferida. Em primeiro lugar, os alunos devem ser convidados a expressar com clareza os efeitos do *bullying* e do desrespeito sobre diversos aspectos de suas vidas, devendo ser então auxiliados a identificar experiências alternativas que se ajustem mais a sua preferência e que estejam em maior harmonia com seus valores.

beados. De um modo semelhante, o povo Ilongot, das Filipinas, têm uma emoção chamada *liget*, que consiste em raiva, energia, paixão, um possível estado de lacrimejamento, canto, distração e a disposição de "partir ao meio a cabeça de um membro da tribo vizinha" (Rosaldo, citado em Gergen, 1991). Não temos nenhuma palavra para esse tipo de emoção; assim, essa emoção não existe, ou melhor, não é reconhecida em nossa cultura. Temos as palavras *tomboy* e *misogynist**; porém, não existem no inglês palavras que tenham significados exatamente opostos. Conseqüentemente, essas características não se distinguem como identidades. Enxergamos as pessoas e criamos histórias sobre o eu e os outros que são fortemente estruturadas pela linguagem e pelas conotações de nossa cultura. A linguagem é um instrumento cultural que nos obriga a limitarmos nossa maneira de enxergar as coisas.

PREENCHENDO MENTALMENTE AS LACUNAS

Todos sabem que as testemunhas de acidentes ou de crimes contam diferentes versões do mesmo acontecimento. Existe uma explicação científica para isso: as pessoas sempre têm uma visão incompleta de um acontecimento e, sem o perceber, preenchem mentalmente as lacunas em sua mente de uma maneira que lhes pareça coerente. Esse processo é extremamente distorcido pela compreensão que as pessoas têm da situação – pelos discursos culturais que as influenciaram e pelo significado que elas atribuem à situação.

Tomemos como exemplo o caso a seguir:

Dani levou a lata de lixo para fora, deixando-a ao lado da entrada para carros.

Sozinho, esse fato não significa nada; é simplesmente algo que aconteceu. Agora, temos aqui o acontecimento e algumas outras ações:

Dani levou a lata de lixo para fora, deixando-a ao lado da entrada para carros. A qualquer minuto, a mãe poderia chegar do trabalho. Não demorou nada, e as luzes mais brilhantes da varanda foram acesas, e o cachorro foi solto. Dani então correu para a janela da sala de estar e lá ficou na expectativa de vê-la chegar.

Essa série de fatos agora mais parece uma história. Nela estabelece-se uma ligação entre muitos acontecimentos. Você talvez perceba que passou a sentir algo em relação ao protagonista. Esses sentimentos seriam provavelmente mais claros se fossem dados mais detalhes sobre o personagem. Contudo, mesmo que tenham sido limitados os detalhes sobre o protagonista, sua mente provavelmente criou uma imagem visual da cena. O que você imaginou: adulto ou jovem, do sexo masculino ou feminino? A caracterização que você fez do protagonista depende dos roteiros culturais que você integrou em relação a que gênero e faixa etária levaria o lixo para fora. É provável que você também esteja atribuindo intenções. Por que você acha que ele ou ela está fazendo isso? Essa história não especifica o *status* socioeconômico, o gênero, a idade, a raça ou as intenções. A mãe está chegando a pé, de carro, de ônibus ou de bicicleta? A imagem mental que você produz é influenciada pela sua própria vida, e talvez

---

* N. de T. *Tomboy* é uma palavra utilizada em inglês para designar uma menina que age e se veste como um menino. *Misogynist* significa misógino, pessoa que apresenta aversão a mulheres.

nem venha a ocorrer a você que isso pudesse ser diferente. Sua mente provavelmente preencheu essas lacunas, e também inúmeras outras.

Se a história terminasse aqui, você provavelmente atribuiria uma identidade a Dani, mesmo com tão poucas informações (apenas quatro frases). É esse o poder dos acontecimentos que se ligam formando uma história. Até este ponto, apenas descrevemos ações. Continuaremos a história acrescentando metas e intenções:

Dani levou a lata de lixo para fora, deixando-a ao lado da entrada para carros. A qualquer minuto a mãe poderia chegar do trabalho. Não demorou nada, e as luzes mais brilhantes da varanda foram acesas, e o cachorro foi solto. Dani então correu para a janela da sala de estar e lá ficou na expectativa de vê-la chegar. Ele sabia que todos esses gestos a deixariam furiosa.

O conhecimento das metas e das intenções muitas vezes afeta profundamente a percepção que as pessoas têm de outra pessoa. Subitamente, a situação ganha um sentido poderoso. Observe que, em um primeiro momento, o mais provável é que você tenha atribuído uma conotação positiva às condutas, para então mudar repentinamente para uma conotação negativa após descobrir seu significado. O curioso, entretanto, é que os comportamentos problemáticos e seus efeitos negativos na verdade nunca refletem os verdadeiros valores de uma pessoa e a identidade preferida desta. Em geral, apenas refletem a idéia de que um padrão problemático de interação desenvolveu-se em um determinado contexto. Na maioria das vezes, o contexto é invisível para nós, a menos que busquemos compreendê-lo investigando questões relevantes e presumindo que, dada uma experiência de escolha, esse jovem na verdade poderá não apresentar esse tipo de comportamento. O final da história nos permite entrever a variedade de fatores que podem contribuir para a complexidade de um comportamento problemático:

Dani levou a lata de lixo para fora, deixando-a ao lado da entrada para carros. A qualquer minuto a mãe poderia chegar do trabalho. Não demorou nada, e as luzes mais brilhantes da varanda foram acesas, e o cachorro foi solto. Dani então correu para a janela da sala de estar e lá ficou na expectativa de vê-la chegar. Ele sabia que todos esses gestos a deixariam furiosa, e, quando ela ficava furiosa, mandava-o comer no quarto. Assim, ele poderia evitar as conversas inflamadas com aquela pessoa que estava namorando sua mãe e apenas escutar calmamente sua música predileta.

Você atribuiu mentalmente um gênero para a pessoa que estava namorando a mãe de Dani? Mais uma vez, mesmo que muitos indivíduos se imaginem imparciais e abertos a vários estilos de vida, as suposições que estão presentes em sua mente ainda podem ser distorcidas pela cultura heterossexual dominante.

AS PERSPECTIVAS GERAM HISTÓRIAS

Um mesmo fato abre a possibilidade para muitas histórias, dependendo, mais uma vez, da subcultura e da perspectiva. Os acontecimentos infelizes na vida de Leslie, paciente de Marie-Nathalie, são uma demonstração impressionante desse ponto. Leslie tinha 12 anos quando foi encaminhada para a terapia. Ela amava demais seu pai, apesar da tendência que ele tinha de manifestar intensamente sua raiva, e ficara completamente arrasada quando ele morreu, dois anos antes de iniciar esse tratamento. Desde então, ela ficou um tanto deprimida, não apenas por ter perdido seu pai, mas também por ter perdido sua mãe para o mercado de trabalho, no qual ela teve que ingressar a fim de sustentar a família. Sua dor e sua tristeza a tornaram mais vulnerável ao *bullying* constante na escola, e suas notas despencaram. Certo dia, acabou tomando a decisão de tirar a própria vida, e tentou suicidar-se. Após a liberação do hospital, foi encaminhada a Marie-Nathalie para terapia narrativa. Duas semanas após Leslie começar a realizar um trabalho voltado à tristeza, um menino popular na escola a estuprou. Leslie passou da tristeza para um intenso sentimento de raiva e começou a ter conflitos na escola com os professores e os alunos. Como ela denunciou o estupro, os alunos a atormentaram ainda mais na escola, e ela foi submetida a um interrogatório policial tradicional: uma entrevista com um policial gentil e outra com outro policial que questionou sua história, acusando-a de estar mentindo.

Leslie enfureceu-se, e, incapaz de controlar tanta raiva, começou a fazer cortes superficiais na pele dos braços várias vezes ao dia (a exemplo do que havia visto um amigo fazer). Os professores da escola ficaram preocupados e a hospitalizaram à força, o que fez com que se multiplicasse o volume de raiva e de impotência que ela vinha sentindo em sua vida. Alguém havia tomado seu corpo à força, outros a haviam interrogado por horas com o auxílio da força, as fofocas na escola sobre ela fugiam do controle, seus sentimentos pareciam fugir do controle, e agora ela não poderia nem mesmo ir para casa, pois havia sido forçada a uma hospitalização. Se os professores da escola houvessem considerado a hipótese de que a experiência de ter sido violentamente desrespeitada e deixada impotente era o que provocava os cortes, poderiam ter tomado decisões diferentes. Todos esses acontecimentos terríveis vieram como uma sucessão de horror, que, infelizmente, culminou com a morte do seu avô no mês seguinte. Leslie passou a se envolver em mais encrencas e a ser vigiada de perto por muitas pessoas diferentes de campos distintos, sendo que cada uma delas tinha uma história diferente dos acontecimentos, incluindo a própria Leslie, como mostra a descrição a seguir:

- *Leslie*. Leslie considerava-se uma perdedora e uma pessoa má. Em sua visão de menina de 12 anos, se todos a enxergavam como perdedora, e se todas essas coisas ruins haviam acontecido com ela, então havia algo profundamente errado com ela. Além do mais, sentia-se detestável em relação a si mesma e ao mundo e culpada pelas reações destrutivas que tivera em muitas situações. Sua mente estava cheia de confusões e de sentimentos intensos difíceis demais de conter ou de compreender. (A causalidade situava-se dentro dela devido às suposições individualistas e também ao contexto patriarcal no qual é comum as mulheres se sentirem responsáveis por tudo de errado que aconteça à sua volta.)
- *A escola*. A escola tinha aquela suposição comum de que, se um aluno apresenta problemas, seus pais, ou mais especificamente, sua mãe, devem estar fazendo algo de errado. Os professores da escola eram muito hostis em relação à mãe de Leslie e se apressavam em culpá-la pela maioria dos incidentes (por exemplo: quanto

ao estupro, achavam que a mãe de Leslie não havia lhe assegurado segurança; quanto aos cortes, eles achavam que a mãe de Leslie era negligente por ter deixado de eliminar as lâminas; quanto à raiva de Leslie, achavam que sua mãe não auxiliava sua filha o suficiente). Eles solicitaram uma avaliação psiquiátrica e medicação.

- *O psiquiatra.* O psiquiatra abordou a situação com sua própria tendência biológica: Uma pessoa com alterações de humor que passa da raiva para a depressão deve ser bipolar. Em decorrência disso, prescreveu altas doses de um medicamento caro. Essa atitude simplesmente enfureceu ainda mais Leslie, que, mais uma vez, sentiu-se impotente, mal compreendida e incapaz de controlar sua vida, suas experiências ou seu corpo. Serviu também para reforçar a idéia de que havia algo profundamente errado com ela. Mais uma vez, desconsiderou-se completamente o contexto da vida de Leslie.

- *A terapeuta.* Como uma terapeuta que segue a linha da terapia narrativa, Marie-Nathalie abordou a situação a partir de uma análise contextual, acreditando que a raiva e a depressão de Leslie eram completamente normais diante do que aconteceu em sua vida. Na verdade, Marie-Nathalie teria ficado mais preocupada se Leslie tivesse encarado tudo isso com calma e impassibilidade. A terapia concentrou-se nas quatro áreas a seguir: (1) ouvir o sofrimento agudo de Leslie e sua perspectiva, o que, conforme seu relato, poucos o fizeram; (2) levantar questões para auxiliar Leslie a enxergar o retrato contextual dos acontecimentos em um sentido mais amplo, em contraposição à auto-acusação; (3) exteriorizar o sentimento de raiva de forma que Leslie pudesse controlá-lo de uma maneira mais construtiva; (4) tentar, sempre que possível e relevante, expor outra história sobre si mesma, a história de uma Leslie que é gentil (por exemplo, ela passava horas tomando conta de seu avô nos finais de semana), corajosa (por exemplo, ela sempre se preocupou com o que fosse justo e razoável para os outros e defendia isso) e generosa (por exemplo, com sua família e com seus amigos) (ver Figura 6.4).

Todas as descrições apresentadas na Figura 6.4 são simplesmente diferentes perspectivas e histórias sobre a mesma situação. Nenhuma delas pode ser vista como uma verdade objetiva *per se* a respeito da identidade de Leslie.

DÚVIDA DE UM EDUCADOR: SE AS VERDADES NÃO EXISTEM, COMO SABER EM QUE HISTÓRIA CONFIAR?

Partindo de uma perspectiva narrativa, o que realmente importa é de que jeito as pessoas preferem ser, os efeitos que cada uma dessas histórias têm sobre a vida dos protagonistas e sobre as pessoas que estão à sua volta, bem como uma consciência das suposições culturais que distorcem as perspectivas.

As histórias têm um sistema de reabastecimento automático

Alguma vez você já reparou como é duro se convencer a parar de pensar que alguém não gosta de você? Já que, para

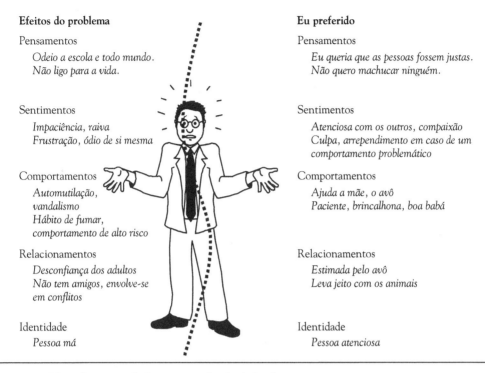

Figura 6.4 Uma ilustração da história preferida de Leslie.

muitos ocidentais, é difícil tolerar a incerteza, passamos a nos concentrar naturalmente em provar ou refutar uma crença. Dessa forma, se você presume que alguém não gosta de você, nota qualquer fato que possa sustentar sua suposição, utilizando-o, involuntariamente, para estender essa história problemática. Sendo esse seu foco, então outros acontecimentos neutros ou mesmo positivos podem passar despercebidos. Aplique esse processo à escola. Se os professores têm uma história problemática, enxergando-se como incompetentes ou incapazes de controlar uma turma, é mais provável que, para eles, esses momentos se destaquem mais do que os outros. Se os alunos acreditam que seus professores não gostam deles, então cada comentário será tomado por crítica. É necessário consciência e esforço para sair do sistema de reabastecimento automático e perceber outros acontecimentos.

As histórias têm um passado e um futuro

A maioria das pessoas têm uma explicação para o desdobramento de um problema e percebe um futuro que evolui também de um modo problemático. Alguns pais dizem: "Esse problema da rebeldia era evidente desde que meu filho nasceu". É claro que, tomando qualquer criança como exemplo, você pode dizer que logo após o nascimento ela teve que lutar. A diferença está no significado que se atribui a essa luta e no fato de esta estar ou não relacionada a uma série de acontecimentos que lhe dão a forma de uma história problemática cheia de importância.

Dado o poder do tempo, para que haja alguma probabilidade de sobreviverem, é imperativo que as novas histórias sejam revisitadas no passado e estendidas para o futuro.

A intensidade dos acontecimentos

Um acontecimento que contenha alguma intensidade experimental tem bem mais chances de ser historiado do que um acontecimento neutro. Ou seja, se você teve um dia de um modo geral bom e calmo, exceto pelos 15 minutos em que entrou em um conflito intenso com alguém, o mais provável é que a experiência mais intensa – e nesse caso negativa – venha a dominar sua memória. Você irá lutar para entender e extrair um sentido desse incidente. Irá enquadrar os acontecimentos em alguma estrutura narrativa que provavelmente transforme você em vítima ou em agressor. A maioria das pessoas, especialmente as crianças, se coloca na história como vítimas, pois sabem que não têm a intenção de fazer mal. Esse processo também se deve às estruturas narrativas tradicionais das histórias (isto é, a pessoa má e a pobre vítima) e a uma visão individualista da interação humana, que reduz a complexidade das relações a um dicotomia e atribui a causalidade a um indivíduo. Todavia, a intensidade dos acontecimentos traz implicações importantes. Nas escolas, a intensidade experimental dos problemas raramente se equipara a uma intensidade equivalente de apreciação. Para as crianças que estão sempre metidas em encrencas, isso significa que elas só conseguem desenvolver uma história muito negativa de si mesmas e da escola, a menos que intervenções eficientes redirecionem a situação. Para os educadores, isso significa que eles podem chegar rapidamente ao esgotamento se continuarem a enfrentar problemas freqüentes e intensos de desrespeito e de *bullying*. Em pouco tempo, estabelece-se um ciclo vicioso entre um professor exasperado e um aluno ressentido, ambos com histórias problemáticas muito minuciosas sobre o outro.

As múltiplas arenas da vida

Quando uma história problemática infiltra-se em diferentes esferas da vida, ela pode rapidamente assumir uma identidade dominante. Considere a história a seguir:

Russ era professor e tinha um fascínio pela natureza, a qual respeitava e protegia zelosamente. Após trabalhar por alguns anos, ele e sua parceira decidiram mudar-se definitivamente para uma área rural. Encontrou outro lugar para lecionar, e compraram uma casa. Ainda que ele adorasse esse novo local, logo deu-se conta dos diferentes valores que eram mantidos nesse seu novo ambiente de trabalho. A tensão aumentou especificamente com um determinado colega e com alguns alunos. Não demorou, e eles o apelidaram de Russ Garoto da Cidade e passaram a importuná-lo em relação a diversas questões. Russ permaneceu calmo e firme a seus valores.

Em um fim de semana, Russ limpou o campo e sua propriedade queimando uma pequena pilha de madeira. Depois de terminar uma quantidade, apagou o fogo e foi para dentro de sua casa descansar. Nesse meio tempo, o vento recomeçou, reavivou as brasas e deu início a um pequeno incêndio na propriedade. O rótulo de garoto da cidade se tornou dolorosamente presente em sua mente. Subitamente, os dois contextos mais importantes de sua vida foram unidos por um rótulo de identidade potencialmente negativo cheio de significado. Cada um desses fatos, separadamente, teria sido incômodo, porém sua proximidade no tempo e a associação direta desses a uma identidade poderia ter desencadeado uma excessiva falta de autoconfiança. Felizmente, Russ conseguiu agarrar-se às questões contextuais que estavam ao seu alcance e, o mais importante, manter-se firme à sua identidade preferida, criando em sua vida vínculos com pessoas que não acreditavam no rótulo de garoto da cidade. Russ sabia que as pessoas são como os outros as vêem. Se sua parceira, seus amigos, seus colegas de trabalho e os membros de sua família tivessem todos desenvolvido a história problemática do garoto da cidade, teria sido praticamente impossível para Russ escapar dessa identidade problemática. Nessa situação, Russ conseguiu se manter ligado a seu eu preferido ao interagir com pessoas que viram, validaram e reconheceram esse eu. Conseguiu escolher estar entre amigos e pessoas queridas e visitar contextos que anteciparam seu senso de ação e de confiança. A história do garoto da cidade foi logo abandonada assim que ele se mudou para outros ambientes de trabalho, tendo o apoio dos outros em sua própria percepção do eu.

As arenas da infância

As crianças não têm o mesmo privilégio dos adultos quando o assunto é escapar de identidades problemáticas. De um lado, têm menos poder de determinar sua própria identidade em função de sua idade e de sua dependência. Por outro lado, elas também contam com menos contextos; a escola e a casa geralmente dominam suas vidas, e esses contextos são extremamente interligados. Se uma identidade problemática se manifesta na escola, logo invade os relacionamentos com os pais. Se um professor acusa um jovem de manipulação, os pais muitas vezes ficam alertas a esses sintomas (e é claro que muitas situações podem facilmente ser interpretadas dessa forma). Esse tipo de situação restringe muito a possibilidade de o jovem agarrar-se a seu eu preferido.

Os efeitos das histórias problemáticas na escola

Nas escolas, as histórias problemáticas são particularmente arrasadoras, pois é grande o número de pessoas que podem acreditar nelas ao longo de muitos anos, tornando-se um obstáculo bastante sério para qualquer pessoa que deseje mudar. Considere, por exemplo, a seguinte situação:

O pequeno Johnny (da 3ª série) pega o lápis maneiro do aluno ao seu lado. Você testemunha o gesto. O que você diz ou faz?
_____
_____
_____

Agora, avance mais um passo:

O pequeno Johnny (da 3ª série) pega o lápis maneiro do aluno ao seu lado. Você testemunha o gesto, e se lembra que, no ano passado, o então professor dele passou o tempo inteiro reclamando de sua conduta de roubar. O que você diz ou faz?
_____
_____

Em que sentido suas respostas diferenciam?
_____
_____

Para muitas pessoas, a reação que ocorre no contexto de uma história problemática é muito mais severa e, em geral, mais punitiva.

Supondo que o aluno tivesse mudado e estivesse simplesmente olhando para o lápis, é provável que ele não consiga entender uma postura tão severa e interprete essa reação do professor como uma antipatia injusta. Quando um aluno se sente assim, rapidamente surgem outros problemas, como o desestímulo, a tristeza, a ansiedade, a falta de vontade de ir à escola, a oposição à autoridade, e assim por diante. Desse modo, uma história problemática muitas vezes conduz a um número crescente de problemas.

Se a criança não tiver mudado e ainda estiver lutando contra a conduta de roubar, imediatamente passará a antipatizar com o professor, e seu ressentimento diminuirá sua motivação para essa mudança. Sabe-se que os alunos conseguem realizar muitas coisas para agradar um adulto que amam e admiram quando são capacitados para agir de tal forma. A história problemática pode simplesmente eliminar essa nova possibilidade de mudança.

Ao trocarem informações sobre os alunos, os educadores devem ficar bastante cientes do tipo de informação que está sendo compartilhada e das implicações para o novo relacionamento. É preciso considerar uma análise de custo-benefício, bem como de que forma o problema é representado. Freqüentemente, a história problemática, a frustração e o desestímulo de um professor vão passando aos poucos para o próximo professor, restando pouquíssimo espaço para a inovação e a esperança.

Resumo das características das histórias significativas

- O significado pode ser independente dos efetivos comportamentos que o geram. A história de Johnny serviu para ilustrar esse processo. Na escola, por exemplo, dois alunos podem fazer exatamente o mesmo comentário ou a mesma piada, que será interpretada de formas diversas por diferentes professores. Um comportamento pode ter um significado específico com uma pessoa e outro completamente distinto com outra.

- Nenhum acontecimento é lembrado fora do processo de elaboração de significado: o que se vive durante um dia será contado a uma outra pessoa somente se tiver tido significado ou caso se esteja procurando esse significado. Atividades normais, simples, da vida, como ir ao banheiro, coçar ou espirrar, por exemplo, não são discutidas, a menos que passem a representar uma preocupação ou um aborrecimento e comecem a ter significado. Na escola, o comportamento de um aluno pode passar despercebido e não ter nenhum significado para um professor, enquanto que para outro pode ser completamente irritante e patológico.

- Sempre atribui-se significado aos acontecimentos vividos com intenso afeto (o que não significa que os acontecimentos sem afeto não sejam significativos). Quando a experiência que as pessoas têm com uma situação envolve um intenso afeto, encontram uma explicação para ela, seja esta explicação realista ou não. Por exemplo, na escola, quando um aluno torna-se retraído ou negativo, todos, alunos e professores, propõem sua teoria ou explicação pessoal para a situação.

- Uma vez atribuído o significado, é muito difícil modificá-lo, a menos que observações contrárias convincentes sejam articuladas em uma rica história alternativa. Por exemplo, se você revelar a história de um aluno encrenqueiro, então, passar a confiar nesse aluno será um processo muito lento e difícil.

- É mais forte o significado quando se extraem conclusões similares em diferentes contextos da vida. Se um aluno de sua turma luta para deixar de ter condutas desrespeitosas, e você descobre que um dos seus professores anteriores (ou os pais desse aluno) também tiveram que lidar com essas mesmas questões que você está enfrentando, é maior o risco de que acabe se enredando em uma história problemática bastante convincente sobre esse aluno.

- O significado distorce o que é observado e o que não está no decurso da vida. Quando você percebe que os alunos estão tendo problemas com o *bullying*, é menos provável que note seus gestos mais sutis de bondade.

- O significado é maior se for construído sobre uma base histórica e se tiver uma trajetória estimada no futuro. Quando os educadores passam alguns anos ouvindo falar a respeito de um aluno envolvido em problemas de *bullying*, é mais provável que atribuam significado ao que ocorreu de modo a conferir uma caráter patológico à identidade do aluno e até mesmo a projetar essa história no futuro. Por exemplo, Marie-Nathalie trabalhou com uma diretora que ficava exasperada com o hábito que um garoto tinha de procurar encrencas, e que, em conversas pessoais, expunha sua convicção de que ele iria se tornar "um desses assassinos que a gente vê no jornal" (veja a história de Geoffrey em um dos próximos capítulos). Esse triste comentário indica a profunda falta de esperança da diretora em auxiliar esse aluno, a extensão dos efeitos dessa história problemática sobre ela e o imenso desafio que esse aluno tinha diante de si, tentando desesperadamente mudar, apesar de sua inabilidade para conseguir isso logo.

PÚBLICO: VOCÊ É QUEM OS OUTROS ENXERGAM EM VOCÊ

Você se lembra da última vez em que fez um discurso ou apresentou-se em frente a um grande público de adultos, talvez durante a graduação ou em algum outro contexto. Você pode ter treinado em casa. Imagine que em casa seu desempenho tenha sido notável, mas que, durante a apresentação em público, tenha percebido um desapontamento ou mesmo críticas por parte de seu público. Você conseguiria agarrar-se à sua identidade de excelente orador com base no desempenho que teve em casa? Talvez essa pergunta soe tola ou simples, mas, na verdade, não o é. É claro que a resposta é não; o desempenho em frente às pessoas teria muito mais peso em sua auto-avaliação do que a experiência privada que teve consigo mesmo. Esse aspecto é particularmente verdadeiro se o público consiste em um grupo de pessoas que tenha *status* ou que exerça alguma forma de poder em sua vida. Outro exemplo seria lembrar de alguma vez em que você tenha sido alvo de admiração ou de apreciação por algum aspecto próprio; uma vez notada por outra pessoa, de uma maneira significativa, a existência desse aspecto próprio tem mais chances de se tornar real e tangível (a menos que você lute contra uma voz crítica que rejeite esse elogio). Se ninguém nunca disser aos alunos que eles estão sendo gentis, engraçados ou inteligentes, a opção de eles pensarem isso de si mesmos nem sequer existirá (para ler exemplos significativos desse processo, veja o Projeto Bicho-que-Irrita).

Você é quem os outros enxergam em você. Se todas as pessoas que fazem parte de sua vida o enxergassem como um indivíduo mau, seria muito difícil para você acreditar que é uma pessoa gentil. Para que essa percepção a seu respeito tivesse alguma substância real, um grupo de pessoas de algum lugar, teria que refleti-la de alguma forma. Essa observação é muito importante e traz muitas implicações na escola, a qual constitui um público significativo da vida das crianças. Lamentavelmente, a organização das escolas ocorre de tal forma que freqüentemente elas transformam-se em um público para histórias problemáticas de identidades infantis. No recreio ou na sala do diretor, os alunos são mais visados pelos problemas que provocam do que reconhecidos significativa e publicamente por condutas prestimosas. Quando um aluno é diversas vezes citado publicamente por um mau comportamento, não apenas desenvolve uma história problemática sobre si mesmo, como também inúmeros outros alunos passam a fazer fofocas sobre o problema desse aluno. Como é possível um aluno mudar quando os esforços e as intenções na maioria das vezes permanecem invisíveis, ao passo que os problemas são difundidos para os grandes grupos? Como educador, talvez você pense que faz grandes esforços para reconhecer os progressos. Todavia, diga com honestidade, quantas vezes você se acorda de manhã apreciando a falta de uma gripe ou de uma infecção de ouvido? Nesse ritmo muito agitado da vida, nos concentramos nos problemas quando eles estão presentes, mas logo esquecemos de agradecer quando eles terminaram. Conseqüentemente, o mais triste nisso tudo é que, antes que um progresso seja sequer visível ao observador de fora, um indivíduo motivado terá sutilmente feito diversas tentativas de mudar sua vida, obtendo sucesso e reconhecimento limitados. São muitos os que desistem antes que aqueles que estiverem observando notem e apreciem seus esforços. Esse é um aspecto que se verifica particularmente no caso de observadores que tenham sofrido com um problema, que estejam de certa forma frustrados e presos em sua própria versão da história problemática. Histórias contadas por públicos escolares podem se transformar no principal obstáculo a atrapalhar o esforço de mudança de um indivíduo, especialmente em se tratando de um aluno que tenha pouquíssimo poder no sistema. Essa questão será abordada em mais detalhes no Capítulo 10.

O FIO DAS NOVAS HISTÓRIAS: RECAPITULAÇÃO

Exteriorização

Como discutimos anteriormente, a exteriorização dos problemas permite ao indivíduo adotar uma postura crítica contra os problemas e criar espaço para uma nova história. Capacita os jovens a assumir uma postura contra o problema, e não contra si mesmos.

Mapeando os efeitos

O mapeamento inclui uma exploração profunda dos diversos efeitos do problema na vida dos alunos. Perguntas bem-formuladas podem auxiliar rapidamente os protagonistas a enxergar os efeitos do problema, a notar como este infiltra-se em suas vidas e a tomar a decisão de explorar outras formas de ser.

Manifestando uma posição

A manifestação da posição inclui o ato de expressar com clareza as razões que o indivíduo tinha para mudar, a tomada de decisão para essa atitude e o desenvolvimento da confiança e da esperança na habilidade de o indivíduo assumir os caminhos de sua preferência.

Estabelecendo uma ligação com os valores

Para criar uma história preferida, é vital que o indivíduo se expresse com clareza e estabeleça uma ligação com os valores em circunstâncias desafiadoras. Sarah, por exemplo, costumava lutar contra a raiva e a negatividade e envolver-se em brigas por poder com adultos. À medida que passou a ter um contato mais claro e cada vez maior com os valores da compaixão, da perspectiva e do respeito, transformou-se no que chamou de uma *pessoa flexível* – uma pessoa que é afetada pelas lutas da vida, mas que consegue retornar rapidamente aos seus valores e ter uma conduta harmônica.

Trabalhar muito para chegar às escolhas e às atitudes de sucesso

A vida é rica em acontecimentos que são esquecidos e que não são registrados. Imagine se você tivesse que se recordar conscientemente de tudo o que você viu, de todas as escolhas que fez e de todos os passos que deu. Seria um fardo bastante grande. Todavia, tão difícil quanto isso talvez seja acreditar que, todo mundo, até mesmo aquela pessoa cuja vida está mais cheia de problemas, tem momentos em que seu jeito preferido de ser vem à tona. Conversas compassivas que permitam recuperar e compreender esses momentos (resultado único) podem representar poderosos alicerces para se construir uma mudança.

Desenvolvendo um público

Testemunhas dos novos progressos são primordiais para que a nova história passe a existir. É somente através das relações com os outros que uma pessoa verá refletido seu eu preferido e o efeito deste (para saber mais a respeito dos públicos, veja Andersen, 1987; Dickerson, 1998; Freedman e Combs, 1996; Friedman, 1995; White, 2000; White e Epston, 1990; Zimmerman e Dickerson, 1996).

RECOMPONDO A JORNADA DE DANI

Revisitemos agora a história de Dani. Uma discussão narrativa com ele revelou que valorizava extremamente o relacionamento que tinha com sua mãe. De fato, ele apreciava sua franqueza, sua solicitude e sua presença. Sentia-se bastante desconfortável com a tensão gerada em seu relacionamento com seu padrasto e descobriu que os conflitos entre eles quase sempre levavam a longas discussões entre sua mãe e seu padrasto. Ainda que tivesse tentado agradá-lo em diversas ocasiões, sempre fracassou. Dani passou então a recorrer a condutas que, na sua opinião, provocavam o mínimo de tensão em casa, sendo, portanto, o melhor resultado para ele e sua mãe. (Tome cuidado com as mudanças que estão ocorrendo em sua mente – você agora passou a culpar o padrasto? A história poderia continuar com as perspectivas dele também.)

A exteriorização das conversas tornou visíveis os comportamentos de todos e os efeitos desses comportamentos. Esses resultados foram então contrastados com as intenções de todos, e desenvolveu-se uma trama reunindo momentos familiares bem-sucedidos. Os avós, que viam Dani como uma pessoa gentil, foram convidados a traçar a história de sua bondade e como haviam testemunhado esse aspecto de sua personalidade em muitas outras circunstâncias.

DÚVIDAS COMUNS DOS PROFESSORES: NOVAS FORMAS DE PENSAR

Sempre fico nervoso quando um aluno apresenta mudanças após a terapia, e então a terapia acaba. O que fará com que o aluno mantenha seu progresso?

Geralmente, a terapia é encerrada quando os alunos já se ancoram bem em seus modos preferidos de ser, quando já estabelecem uma ligação profunda com seus valores, e quando as outras pessoas os enxergam como exemplos de sucesso. A meta de um terapeuta é capacitar os jovens, suas famílias e seus professores a conseguir o melhor de si mesmos sem o terapeuta. Por fim, os terapeutas querem que as pessoas se transformem em terapeutas de si mesmas, e desenvolvam seus próprios truques para resolver os problemas da vida. Eles preferem evitar demorar-se em cada um dos pequenos exemplos da vida e concentrar-se mais sobre o grande retrato da experiência que as pessoas têm consigo mesmas e com seus bloqueios contextuais. Dessa forma, os terapeutas em geral concluem a terapia com comemorações, convidados e testemunhas, além de uma documentação que servirá para lembrar os jovens de suas possibilidades, dos seus sucessos e das suas escolhas.

Os terapeutas podem entregar um certificado do progresso, que delineia as estratégias desenvolvidas e empregadas pelos alunos, resume sua história de sucesso e que fica disponível para outros indivíduos que estejam enfrentando dificuldades. Também podem pedir aos alunos que ajam como peritos para os outros alunos que estejam lutando contra questões semelhantes, que façam um vídeo, que talvez atuem como co-autores em um livreto de aconselhamento, ou, no caso de crianças pequenas, que façam um desenho em quadrinhos de sua história de forma a recordarem sua jornada e seu resultado preferido.

O que eu posso fazer com uma turma que já passou por programas, mas não mudou?

Às vezes, ouvimos os professores dizerem: "Não sei mais o que fazer com essa turma. Eles já passaram por três programas conceituados sobre o respeito e tiveram lições sobre a resolução de problemas e as manifestações em primeira pessoa, mas nenhuma mudança jamais é duradoura".

Para um professor, pode ser desanimador enfrentar um ano escolar inteiro com uma turma que parece não reagir às intervenções. Após muitas tentativas, o próprio grupo de alunos pode passar a ser visto como se não estivesse disposto a cooperar, ou como se fosse incorrigivelmente desrespeitoso. Todavia, é comum obtermos resultados limitados nesses programas, porque o processo geral através do qual a maioria deles é implementado é o mesmo: ensinar um currículo de reações às situações da vida. Esse sucesso limitado deve-se a três razões principais:

1. Embora o ensino didático de matérias como ciências ou matemática possa ser,

até certo ponto, bem-sucedido, ensinar reações às situações da vida é automaticamente limitado, pois um sujeito pode estar em um estado emocional diferente quando surgir a necessidade desse material. No mundo científico, essa noção é conhecida como as leis fisiológicas da codificação dependente do estado. Como mostram inúmeros estudos, o acesso mental ao material aprendido depende do estado. Em outras palavras, se o material didático for aprendido em um ambiente tranqüilo, é bem mais provável que este seja recuperado em um ambiente tranqüilo. Você já reparou como é difícil se lembrar de certos acontecimentos em meio à grande tristeza ou frustração? Em termos específicos, é bem mais provável que você se lembre dos acontecimentos tristes se estiver triste, e dos aborrecimentos se você estiver aborrecido. Há menos chances de você se lembrar dos momentos alegres ou das lições intelectuais se estiver aborrecido.

2. Um segundo fator que limita o sucesso desses programas é a falta de relevância destes em relação à experiência de vida exclusiva de cada aluno. É grande o número de crianças que deixam essas turmas com muita capacidade para recitar uma definição intelectual da palavra respeito da mesma forma que você definiria o termo *galáxia*. Entretanto, quando pedimos a elas que expliquem o conceito com suas próprias palavras, ou que dêem um exemplo pessoal, normalmente ficam mudas. Como afirmou claramente Olsen Edwards (em Fleming et al., 1997):

A linguagem é uma aproximação, e é bem mais aproximada para as crianças do que para os adultos. Acho que um dos maiores erros dos adultos é pensar que, se uma criança consegue dizer uma palavra, é porque entende seu significado, e ao contrário, se uma criança não consegue dizer algo, não o entende. A experiência que tiveram e as palavras que são capazes de empregar não se casam muito bem. (p. 37)

3. Por fim, um terceiro fator que limita alguns desses programas é o processo de apresentar soluções previstas como se fossem um *script* para situações comuns. Esses *scripts* são úteis para certos alunos (geralmente os alunos-modelos), mas invariavelmente não têm utilidade para os alunos que mais precisam de auxílio. Isso se deve principalmente ao fato de esses *scripts* muitas vezes simplificarem a complexidade das situações, das relações entre colegas e das implicações de certas reações ao longo do tempo. De um modo semelhante, é possível que você já tenha tido a experiência de conversar brevemente com um colega de trabalho ou com um amigo a respeito de alguma situação e ter recebido conselhos, e que nenhum desses conselhos tenha servido de forma realista para sua vida.

Como discutiremos mais adiante neste livro, o único caminho confiável e duradouro para qualquer pessoa, seja um aluno, seja um adulto, modificar um comportamento problemático sério é descobrindo suas próprias soluções relevantes e significativas ao discutir sua experiência com o problema.

Parte II

Aplicações e Exemplos

Histórias de Sucesso na Superação do Bullying e do Desrespeito

Escutando as Vozes dos Alunos

Ao escrevermos este livro, tivemos um grande interesse em investigar as idéias dos alunos e suas experiências. Tantos livros são publicados sobre alunos, sem que suas verdadeiras vozes ou experiências sejam representadas. Gostaríamos de dar voz aos alunos a fim de evitar que se repita esse processo de adultos analisando ou avaliando a experiência de jovens, em vez de questioná-los diretamente a respeito de suas perspectivas. Se realmente queremos melhorar as escolas e reduzir a ocorrência do desrespeito, então devemos entender como os receptores da educação escolar são afetados pelo grande número de práticas e de procedimentos realizados nesse local em nome de seu benefício. Com base nessas idéias, realizamos um levantamento reunindo 160 estudantes do ensino fundamental sobre as questões do desrespeito e do *bullying*. Fizemos também longas entrevistas com muitos outros, abordando uma variedade de questões – desde o desrespeito e o *bullying* até os aspectos que eles apreciavam em relação a seus professores e diretores, o controle da turma e as áreas que necessitam de melhorias nos sistemas escolares.

Em primeiro lugar, fornecemos os resultados desse levantamento, para então apresentarmos as entrevistas pessoais com os alunos.

LEVANTAMENTO SOBRE O *BULLYING* E O DESRESPEITO

Nesse levantamento, enfocamos duas áreas: (1) as questões envolvendo o *bullying* e (2) as relações entre aluno e educador. Foram feitas perguntas abertas, a fim de extrair os temas e obter um alcance mais amplo das experiências dos alunos. Veremos, a seguir, um resumo das perguntas e das respostas mais significativas.

Quando indagados se haviam sido importunados, xingados ou humilhados na escola, 111 dos 182 alunos da 5ª à 8ª séries (61%) responderam que "sim".

Diversos alunos nos deram exemplos de incidentes que ocorreram nas duas semanas que antecederam esse levantamento.

"Passaram um abaixo-assinado contra mim."

"Me deram um empurrão no banheiro."

"Fui chamado de nenê porque precisei da ajuda do fiscal do pátio."

"Ficaram me provocando porque os adultos me ajudaram."

"Só fui xingado, excluído e recebi um empurrãozinho. Nada de mais." (A partir

dessa informação, é de se perguntar o que seria "algo de mais")

Pedimos aos alunos que comparassem o *bullying* entre os alunos da 1ª à 4ª séries *versus* aquele que ocorre entre os alunos da 5ª à 8ª séries:

"A partir da 5ª série, o bullying é duro e mais brutal."

"É escondido; tem menos gente que conta para o professor."

"É mais persistente e mais violento. As pessoas estão mais prontas para brigar."

"Tem mais críticas raciais e palavrões."

"Da 5ª série em diante, o bullying está mais relacionado à aparência, à personalidade e à popularidade. Há uma pressão no sentido de se acompanhar a música que está tocando e as tendências da moda."

Tínhamos curiosidade em saber como os alunos lidavam com a tensão e o sofrimento do *bullying*. Entre as três principais respostas recebidas estavam as seguintes:

- Ignoram e mantêm a calma (42% dos alunos pesquisados)
- Contam com o apoio dos verdadeiros amigos (13% dos alunos pesquisados)
- Utilizam a música como forma de se acalmar (11% dos alunos pesquisados)

Entre as outras estratégias mencionadas, estavam as seguintes:

- Utilizam o humor como tática de distração.
- Enfrentam os agressores e os espancam.
- Resolvem o problema discutindo com a pessoa má.
- Rezam.

- Lembram-se de certas idéias para conseguir superar a situação, tais como: "É só ciúmes de criança", "Eu sei que o que eles dizem sobre mim não é verdade" e "Tudo que vem tem volta".

Ao responderem a pergunta aberta "Com que adulto você gosta de conversar quando você está com raiva da escola ou triste com ela?", 53% dos alunos pesquisados informou "com o meu professor". Outros funcionários lembrados nos quais os alunos confiariam foram os orientadores educacionais, os diretores e os bibliotecários, e eles também relataram que conversariam com os pais. Como somos proponentes do envolvimento da comunidade, a nós interessou o grande número de alunos que relatou que gostaria que os pais que estão ausentes estivessem presentes para apoiá-los no caso de alguma angústia. Também merece ser mencionado o fato de que 12% dos alunos pesquisados tenham escrito "com ninguém", uma resposta que demonstra ou uma necessidade de privacidade e de reflexão, ou um uma falta de vínculos em relação aos adultos e/ou aos colegas.

Como mais de 50% dos alunos relataram sentir uma inclinação a conversar com o professor em momentos de dificuldade, ficamos curiosos em saber por quê. O que leva um aluno a aproximar-se mais de um professor? Duas das principais respostas foram:

- Dos entrevistados, 54% relataram sentir uma aproximação maior com um professor que esteja disponível em termos emocionais e que se esforce para relacionar-se com os jovens e para discutir tópicos relevantes nos quais ambos acreditem. Os jovens que fizeram parte de nosso levantamento apegam-se mais àqueles professores que são gentis, têm muito senso de humor e ajudam os alunos a se compreender melhor.

- Trinta e oito por cento dos alunos pesquisados relataram que se sentiam próximos a um professor quando recebem ajuda em termos acadêmicos, quando são parabenizados e elogiados.

Perguntamos o que os alunos gostariam que os adultos fizessem quando os alunos estão aborrecidos com um problema. Desse questionamento, surgiram quatro respostas:

- Permaneçam calmos e com uma postura tranqüilizadora e reconheçam o estado de humor desse jovem (25% dos alunos pesquisados)
- Dêem ao jovem espaço e tempo para pensar (25% dos alunos pesquisados)
- Estabeleçam uma comunicação honesta; compreendam o jovem e acreditem nele (25% dos alunos pesquisados)
- Intervenham e dêem um fim à "maldade das crianças" (25% dos alunos pesquisados)

Muitos alunos relataram que tanto as atitudes quanto a falta de atitudes dos professores geralmente deixavam os alunos mais aborrecidos quando sentiam que os professores eram insensíveis, não queriam escutar, não pareciam se importar, ou os ignoravam. Entre os exemplos dos alunos, estavam momentos em que os professores declaravam coisas como: "Vai se acostumando", "Não me incomode" e "Resolva isso sozinho". Outros disseram que alguns professores ficavam sondando e não paravam de tocar no assunto dos problemas, mesmo quando o aluno expressava uma necessidade de espaço e de tempo para pensar.

Os jovens também fizeram comentários sobre professores que pioravam a situação, agindo especificamente desse jeito:

- Constrangendo os alunos
- Fazendo suposições
- Sendo injustos
- Dando mais poder à outra pessoa
- Obrigando os alunos a ser amigos
- Fazendo comentários mordazes e maldosos
- Fazendo perguntas inúteis
- Não acreditando neles

ENTREVISTAS: COLOCANDO-SE NO LUGAR DOS ALUNOS

Apresentamos, a seguir, uma conversa entre a segunda autora, Maureen Taylor, e 10 alunos de diferentes escolas e grupos etários. Apesar de as citações dos alunos serem autênticas, o texto foi reorganizado e estruturado de modo a facilitar sua leitura.

Maureen: *Do que vocês gostam em seus relacionamentos com os professores? O que os professores fazem para mostrar que realmente respeitam vocês?*

Meg: Quando são gentis com você e estabelecem um vínculo com que não se limite ao aprendizado.

Alex: Quanto a mim, eu não me sinto à vontade de sempre ter que estar em uma posição menor diante de um professor. Gosto de conversar com eles. Acho que ter esse tipo de relacionamento fora do trabalho facilita as coisas. E gosto quando os professores têm grandeza suficiente para pedirem desculpas pelos seus erros.

Roberto: Professores que tratam você de igual para igual, e não como uma criancinha.

Kate: Quando eles confiam em você, como quando você diz que trouxe seu dever de casa e eles acreditam em você [sem olhar a tarefa]. É isto que constrói os relacionamentos: se as pessoas conseguem confiar umas nas outras. Você vai conseguir demonstrar simpatia por alguém porque sabe quem é essa pessoa. Não é apenas mais um rosto na multidão.

Alex: Todo ano eu tenho pelo menos um professor aqui que eu realmente respeito um monte, que fala com a gente como uma pessoa de verdade, e não como: "Eu sou professor, você é aluno".

Meg: Minha professora da 5ª série era muito ligada aos alunos. Ela era muito verdadeira, em tudo o que fazia. A gente se divertia, mas sabia quando o assunto era importante.

Maureen: *Qual a diferença entre um professor de quem os alunos gostam muito e um professor que os jovens não gostam tanto e que talvez desrespeitem?*

Alex: Com aqueles que eles gostam e respeitam, eles podem conversar. Para aqueles que eles não gostam, eles dizem um monte de desaforos, têm uma postura arrogante e causam problemas.

Gabriel: Eles não ficam só lendo coisas do livro, eles sabem a matéria. Eles também tentam conhecer melhor os alunos.

Trang: Gosto de professores que olham para você como uma pessoa, não tratam você como uma criancinha que não sabe de nada.

Meg: Os professores de quem os alunos gostam tentam criar um vínculo com a gente enquanto estão ensinando, por meio do ensino, e baseiam o aprendizado no que os alunos estão realmente interessados e no modo como aprendem. Os que os alunos não gostam tanto são aqueles que querem que isso seja feito do jeito deles e que se guiam apenas por seu plano de ensino.

Maureen: *Alguns professores nos disseram que acreditam que realmente precisam manter o controle e a disciplina em sala de aula para que ocorram o respeito e o aprendizado? Vocês acham que isso funciona?*

Kate: Às vezes, um professor que é severo consegue manter o controle de sua turma, e os alunos vão respeitar esse professor, mas esse não é um bom tipo de respeito. Se o professor mantiver o controle da turma e ainda assim for amigável, será melhor para os alunos. Eles vão ter a impressão de que estão em um ambiente melhor e vão melhorar.

Gabriel: Gosto de professores que permitem escolher quando executar as tarefas. Daí a gente aprende como controlar o tempo e tem mais flexibilidade.

Meg: Os professores têm que manter a ordem, mas, quando eu tenho um professor que é mais [flexível], eu posso aprender mais com ele. Na 7ª série, eu tive uma professora que era assim. Ela nos deixava comer e conversar em sala de aula, desde que terminássemos nosso trabalho. A gente podia pedir a ajuda dela ou de nossos colegas. Todos a respeitavam, porque gostavam dela e também sabiam que se ficassem enrolando ela acabaria com esse privilégio. Eu aprendi bem mais com essa professora do que com quem era severo. Eu não estava acostumada com essa liberdade de conversar daquela maneira, mas eu aprendi um monte naquele ano, e as notas das minhas provas foram realmente altas em função do que eu aprendi lá.

Maureen: *O que acontece em sala de aula quando os professores têm muitas regras e são severos demais?*

Lori: Se eles não tratam os alunos com respeito e são ruins, então os alunos deixam de se esforçar.

Gabriel: As pessoas prestam mais atenção aos professores que elas gostam e respeitam.

Meg: As pessoas ficam desanimadas, e daí elas podem acabar deixando de fazer seu trabalho. Se elas não souberem uma coisa, ficam com medo de perguntar ao professor. Se elas não souberem algo e quiserem perguntar a um amigo, talvez entrem em encrenca. As notas de suas tarefas em sala de aula diminuem, e então elas não conseguem fazer o dever de casa porque não entendem a tarefa dada em aula e têm medo de perguntar.

Alex: Daí os professores ganham apelidos – é bem assim.

David: Se eles forem motivadores e legais com você, você vai querer trabalhar mais para eles.

Maureen: *E quando vocês têm um professor que não respeita vocês? Como vocês e os outros alunos lidam com essa situação?*

Denea: Tem um professor que só é amigo de alguns alunos da turma. A gente se sente estranho com isso. Ele fica conversando com o grupo dele, e a gente fica aqui sentado se perguntando: "Por que ele passa o tempo inteiro conversando com eles e não com a gente?"

Meg: Tinha uma professora que era de uma outra raça, e ela achava que a maioria dos comentários que a gente fazia eram racistas. Ela chamava a nossa turma de "burra" e colocava coisas ao acaso nos nossos testes para nos sacanear. A gente tentava falar com os outros professores sobre esse problema, mas eles só nos diziam que a gente conseguiria resolver essa questão. Tinha uma outra professora que contava um monte de piadas. Depois ela ficou muito severa com a gente e favorecia as turmas que tinham alunos mais "espertos". Ela punia as turmas que tivessem menos alunos "espertos". Com esses dois professores, os alunos pararam de fazer suas tarefas. É como se eles imaginassem: "Vão gritar comigo de qualquer forma, do que adianta?"

Denea: Tem também um professor que chama os alunos de "meninas" e de "machões". Não quero que me chamem de "menina". Eu tenho meu próprio nome. Não quero ser conhecida como "menina". Quero que me conheçam como "Denea"! Eu realmente odeio quando ele faz isso.

Maureen: *Conversamos com vários diretores que tentam ficar no pátio da escola, jogando e conversando com as crianças de modo a não serem vistos apenas como disciplinadores. Vocês acham que essa é uma atitude que funciona na hora de construir relacionamentos?*

David: Sim, eu acho que é melhor ter um relacionamento melhor com o diretor de sua escola, ser seu amigo, em vez de ter medo dele.

Kate: Conheci uma diretora que organizou um tipo de clube de geografia depois das aulas, assim ela acabava conhecendo vários alunos. Era bem legal. Acho que, se o diretor interagisse mais com os alunos, seriam maiores as chances de ele se aproximar deles.

Maureen: *Como os diretores poderiam melhorar a escola?*

Meg: Os diretores deveriam escutar as vozes dos alunos. Se os alunos têm uma opinião sobre um professor ou sobre outra coisa, os diretores ou uma autoridade superior deveriam escutar e tentar tornar a escola melhor para os alunos. Deveriam levar em consideração o que os alunos dizem e satisfazer suas vontades. Deveriam também tentar conhecer mais pessoas. Em uma escola grande, eles conhecem os alunos que representam a escola, como os atletas, por exemplo, mas não conhecem muitos dos outros.

Roberto: Se eu fosse diretor de uma escola, compreenderia os pontos de vista dos alunos, e não necessariamente os da comunidade [pais e professores]. Eles pertencem a uma outra geração, e não sabem o que a gente quer.

Maureen: *Que tipo de dever de casa é útil?*

Kate: Eu li um artigo do jornal de nossa escola que informava o que dizem os especialistas quanto à quantidade de tempo que deveríamos dedicar aos deveres de casa. Multiplica-se o número da série por 10: assim, a 2ª série deveria ter 20 minutos, a 8ª série teria 80 minutos. Mas não é isso que a gente tem. Além disso, o dever de casa deveria servir para o aluno reforçar o que se fez em sala de aula. Não deveria ser: "Ah, para hoje não tenho nada, então vou dar essa folha de exercícios para ocupar o tempo de vocês".

Lori: Os professores não entendem que passamos 6 ou 7 horas na escola. Não temos vontade de fazer dever de casa. Às vezes, tem um monte de coisas acontecendo em casa também.

Meg: Fazer coisas que me façam pensar. Um professor pediu para que anotássemos coisas do livro, e isso não tem utilidade. Na verdade, é uma perda de tempo.

Maureen: *Será que as notas representam com exatidão o trabalho de vocês? Vocês têm outras idéias sobre como os professores podem conseguir um* feedback *do que o aluno está aprendendo?*

Lori: Uma vez, eu tive bastante trabalho para fazer uma tarefa de história. A única coisa que o professor encontrou para me dizer foi que eu não receberia nenhum ponto porque não estava escrito à caneta. Nunca mais me esforcei, porque minha nota não refletiu meu esforço.

Meg: Da 5ª à 8ª séries, se eu cumprisse as exigências, eu tirava 10. Agora, no ensino médio, se você cumpre as exigências, você tira 7. Você precisa ir muito além da tarefa para tirar um 10. Isso me deixa com menos preguiça; em vez de simplesmente fazer as coisas "direito", você têm que ter certeza de que o trabalho tem um ótimo conteúdo. Se um professor circula um erro e não tira pontos pela gramática ou por outro motivo, é legal. Se eu repito o erro, perco os pontos. Isso me faz dar mais duro na escola. Ajudaria se você pudesse ter a opinião de outros alunos sobre o que você poderia melhorar. Seria ótimo ver o cérebro de alguém de sua idade explicar as coisas.

Aly: Este ano, tudo tem a ver com pontos. Vários de meus professores estão dando pontos por participação. Eu entendo que eles queiram que as pessoas participem, mas parece injusto. Os pontos não refletem como é o aluno. Não acho que mostrem como você é enquanto pessoa. Minha aula favorita é a de espanhol, e se eu tiro uma nota mais baixa do que eu acho que deveria, é só porque eu não alcancei pontos suficientes por participação. Para ter um *feedback* sobre as notas, os relatórios que mostram o progresso do aluno ajudam muito, assim você sabe como está se saindo. Alguns professores também informam as notas de vez em quando. Isso pode ser útil para saber se você precisa se esforçar mais do que já está se esforçando.

Maureen: *Por que a maioria dos alunos responde "recreio" quando alguém lhes pergunta sobre a parte favorita do dia?*

Kate: Até a 4ª série, as crianças têm muita energia. Se passam o dia sentadas em sala de aula, elas precisam gastar alguma energia. Os professores dizem que você não pode bater nas paredes da sala, então o recreio é a hora de soltar essa energia.

Lori: É muito difícil ficar o dia sentado. Seria legal se você pudesse levantar, porque você fica impaciente e entediado e não consegue mais escutar.

Meg: É porque eles se livram dos professores e do aprendizado. É divertido sair lá para fora e estar livre para praticar esportes e conversar com os amigos. Se os professores tivessem mais maneiras de tornar o aprendizado divertido, os alunos pensariam duas vezes antes de responderem recreio.

Maureen: *O que vocês acham das atividades escolares que têm uma natureza competitiva?*

Alex: Até a 4ª série, eu nunca me sentia à vontade. Nos jogos de formar palavras, quando todo mundo olhava para mim, eu não queria participar.

Meg: A competição é divertida se ninguém sai magoado. Trabalhar em equipes, com uma equipe contra a outra, não afeta os alunos de um modo tão negativo [como a derrota afeta um indivíduo], e é um bom instrumento para o estudo. Não acho que deveria haver competições para descobrir quem é melhor do que o outro.

Kate: Tem muita competição – como quem consegue ter o melhor desempenho nas aulas. Algumas fazem com que os alunos se esforcem mais, mas, na maioria das vezes, não [são motivadoras]. Acaba sendo um exagero quando eles fazem qualquer coisa para serem os melhores, até mesmo sacrificar os sentimentos das outras pessoas para serem os melhores. Seria melhor se os professores pudessem regular mais isso. Mesmo que fizessem algum tipo de competição, seria melhor se eles pudessem deixar de transformar isso em uma ocasião tão especial.

Maureen: *A obtenção de recompensas na escola motiva você? Como elas afetam você?*

Alex: Para mim, nem era o fato de ganhar uma barra de chocolate ou o que quer que fosse; era uma tentativa de impressionar as pessoas que estavam à minha volta, assim, eu poderia mostrar a elas que não sou tudo aquilo que dizem a meu respeito.

Meg: Acho que esses avisos de que você pode sair para o recreio antes dos outros se estiver mais quieto ou mais limpo quase que pioram a situação. Os alunos ficam agitados e mais barulhentos. Se, de um modo geral, a turma é boa, não tem por que fazer isso. Não acho que vá fazer uma diferença no modo como as pessoas vão reagir; se elas quiserem escutar, elas vão escutar.

Maureen: *Há tempo para a auto-reflexão na escola? Na vida de vocês, há tanto crescimento que parece que vocês poderiam aproveitar o fato de terem um tempo e um espaço para poderem refletir e então planejarem o que vem a seguir.*

Meg: Nós temos tempo para reflexão na aula de francês e temos tempo para reflexão nos nossos diários na aula de inglês, mesmo que as pessoas acabem não refletindo sobre o que realmente gostariam, exceto na minha aula de inglês da 7ª série. Confiávamos nela e tínhamos confidencialidade. Podíamos dizer a ela o que queríamos que ela lesse, e ela respondia e nunca contava para ninguém sobre o que tínhamos escrito.

Kate: Às vezes, você realmente não tem tempo para pensar naquilo que aprendeu, porque sempre está preocupado com a próxima prova. Acho que ficamos tão ocupados olhando para a frente, que não temos uma chance de olharmos para trás. [A auto-reflexão] ajudaria as pessoas a perceberem que avançaram um caminho maior do que imaginam e que podem realizar as coisas.

Meg: Além disso, depois da 5ª série, fiquei encarregada de ajudar meus colegas. Durante o treinamento para essa tarefa, nós nos reuníamos em grupos de três pessoas, ou seja, nós íamos para uma sala com mais dois alunos e tínhamos 90 minutos para deixar o tempo passar, ficar à vontade e conversar sobre os amigos e os sentimentos. Era ótimo ter esse tempo para refletir e falar sobre coisas com pessoas de sua própria idade.

Maureen: *É possível falar de colaboração na escola?*

Aly: Quando as pessoas dizem [colaboração], elas pensam em pessoas de sua própria idade, mas eu acho que ela precisa acontecer com pessoas mais velhas e com pessoas mais novas. É útil conhecer pessoas de todas as idades e deixar de pensar: "Ah, eu não posso fazer amizade com ela; ela é nova demais". Quando nós esculpimos abóboras com as crianças da pré-escola, elas nos acharam prestativos; elas aprenderam que nós não éramos aqueles grandalhões assustadores da 5ª série. Deveria ter mais desse tipo de atividade por toda a escola.

Meg: Eu e meus colegas fazemos tarefas juntos fora da aula. Eu realmente acho que a gente aprende um monte desse jeito, porque é muito mais interessante escutar um dos nossos amigos do que escutar um professor.

Acho que os alunos colaboram de muitas maneiras. Uma delas é ao estar em sala de aula. Meu professor de matemática nos coloca em grupos de discussão, para que a gente interaja com outros alunos se temos problemas em matemática. Outros exemplos de colaborações dos alunos ocorrem durante o recreio e o almoço, ao telefone, nas anotações, por meio dos gestos e uma enorme colaboração acontece *on-line*. Eu acho que nós também nos socializamos muito enquanto falamos sobre nossas tarefas, e isso nos ajuda porque podemos trabalhar e aprender e ainda nos socializarmos ao mesmo tempo.

Aly: É, e na educação física também, nós estamos todos do mesmo lado. Não queremos corridas! (*risos*)

Maureen: *Quais são as três principais coisas que fazem da escola um ambiente satisfatório?*

Kate: Professores compreensivos que compreendam o equilíbrio, colegas que aceitem você pelo que você é e uma quantidade de deveres de casa que não seja exagerada.

Maureen: *Como seria a escola ideal?*

David: Com menos provocações.

Meg: Seria um lugar onde as crianças pudessem fazer o que quisessem, porque teriam amizades [confiáveis] com outras crianças e com os professores. Os diretores conheceriam a maioria dos alunos e estabeleceriam vínculos com eles. As pessoas teriam bons relacionamentos, porque a escola seria menor e as pessoas realmente conheceriam umas às outras.

Denea: Se tivéssemos um ambiente onde pudéssemos ser nós mesmos. Temos a impressão de que os olhos dos adultos estão sempre nos vigiando. Parece que nosso grupo está sendo observado, ou que o grupo dos nossos amigos está sendo observado. Não que a gente esteja fazendo alguma coisa de errado. Precisamos de uma bolha espacial.

O comentário desta última aluna na verdade está cheio de significado. Nesta seção, procuramos tornar evidentes as pressões que são depositadas sobre os alunos, o que os alunos apreciam no relacionamento entre aluno e professor e por que os jovens desejam tanto essa bolha espacial. De um modo geral, os alunos têm sucesso em ambientes onde são escutados e respeitados, onde mantenham um vínculo com adultos e colegas, onde possam colaborar entre si e não estejam sob uma pressão excessiva no sentido de obterem um bom desempenho, de competir ou de controlar cada aspecto de suas experiências.

Estimulamos os leitores a ter diálogos semelhantes com os alunos. Os jovens podem oferecer uma nova perspectiva, sentimentos sinceros e idéias inovadoras para melhorar a escola em que você trabalha. Incluímos exemplos de questões na seção Material de Apoio. No Capítulo 8, esclarecemos melhor a idéia de criar em conjunto um clima escolar que promova o respeito, a apreciação e a tolerância. Também são discutidas outras maneiras de você estabelecer um vínculo com seus alunos e de reduzir a tensão e o desrespeito entre os alunos e os educadores.

8

Cultivando o Respeito, a Apreciação e a Tolerância na Escola

Nossa proposta é um foco sobre diferentes aspectos da educação: a curiosidade, a autoconsciência, a cooperação, os vínculos e o respeito pelas perspectivas de todas as idades. Diferente de outras filosofias que possam oferecer metas semelhantes, a abordagem narrativa presta uma atenção especial ao processo e à experiência do aprendizado, e não simplesmente ao resultado. Esse método implica uma análise do contexto, do poder e dos discursos culturais e reconhece a subjetividade e a relatividade das idéias. A flexibilidade e a perspectiva tornam-se ingredientes necessários em todas as interações que demonstram respeito, entre alunos e entre o educador e o aluno.

Neste capítulo, apresentaremos valores a serem promovidos em sala de aula (a apreciação, a colaboração, etc.) para combater os problemas, bem como inúmeros exemplos de práticas que favorecem um clima de pertencimento e de respeito. Muitas dessas idéias tiveram sucesso em outras escolas, sendo provenientes da generosa contribuição de 230 educadores e 180 alunos. Convidamos você a organizar todas essas idéias, a aproveitar algumas e a apropriar-se delas, deixando outras para trás. Enfim, essas idéias não deveriam ser tomadas como exercícios a ser implementados, mas sim como inspirações a ser discutidas com sua própria comunidade escolar, onde um compromisso claro será capaz de gerar muito mais idéias para revelar o que há de melhor nessa comunidade.

O VÍNCULO

As escolas muitas vezes são apresentadas como o último berço da socialização para as crianças, e o ensino é considerado uma das profissões mais sociais para os adultos. Todavia, o interessante é que as conversas com adultos e crianças geralmente revelam uma profunda sensação de afastamento, de isolamento e de falta de vínculos, que se intensifica ainda mais pelas inúmeras possibilidades de relacionamentos. Em outras palavras, não há nada pior do que se sentir sozinho na multidão, e isso é verdade tanto no caso dos adultos quanto dos alunos, particularmente daqueles alunos que lutam contra questões sociais, como o desrespeito e o *bullying*.

Dadas as estruturas desse sistema, como então é possível aumentar os vínculos entre as pessoas nas escolas?

Entendemos por *vínculo* um processo de abertura e aceitação a outra pessoa como um todo, com suas múltiplas versões do eu. Nesse processo compassivo de respeito mútuo, ressalta-se o melhor de cada indivíduo. O vínculo refere-se ao *estar* junto e também à realização de atividades conjuntas.

O vínculo impede o surgimento de sérios problemas entre os alunos, como as brigas, a competição, o desrespeito e o *bullying*, além de evitar o tédio. Os alunos precisam manter um vínculo significativo, com seus colegas e com os professores, que revele seus eus preferidos. O vínculo os ajuda a ser tolerantes uns com os outros, a aceitar a diversidade em sala de aula e a aproveitar o longo tempo que passam na escola.

Um educador expôs suas idéias:

> *Não se trata apenas dos estudos acadêmicos. Ainda que você ignore o aspecto social, as crianças irão captá-lo. A agenda definirá se você prefere ou não abordar essa questão. Caso você venha a abordá-la, elas irão aprender algo que você deseja que elas aprendam, ao contrário de deixar apenas ao acaso. O modo como você decide conduzir sua sala de aula faz parte do currículo; o quanto você é democrático, o volume de sugestões você recebe das crianças, a quem recorre. Elas notam tudo isso; elas estão aprendendo ideais do tipo: "as crianças não devem ser ouvidas", ou "as vozes das crianças são importantes". As crianças são criaturas sociais, e é preciso que você incorpore esse conceito à sala de aula. Elas aprendem socialmente e interessam-se muito umas pelas outras. Por que não nos baseamos nisso? Elas querem fazer isso de qualquer maneira. Acredito que reagirão melhor se você fizer isso.*

Essa visão também foi relatada várias vezes pelos quase 200 alunos que pesquisamos ou entrevistamos: sua recordação mais importante da escola era dos vínculos que eles haviam estabelecido, em geral com alunos, às vezes com professores. Quando indagados sobre o melhor momento que eles haviam tido na escola, 72% o atribuíram aos relacionamentos que tiveram com os professores e os amigos, envolvendo brincadeiras, espírito escolar e tempo social. Seu pior momento na escola envolvia relacionamentos em 54% das vezes, fato que, segundo os relatos, devia-se a brigas, a encrencas com os amigos ou com os professores e ao *bullying*. Os vínculos são apresentados como o único aspecto mais importante da experiência da educação escolar para os alunos, mas é provável que sejam o aspecto menos discutido do currículo.

Promover os vínculos entre alunos e professores traz várias vantagens:

- Capacita os alunos a tentar dar o melhor de si mesmos

> *Eu me esforço o máximo quando sinto que tenho um vínculo com a minha professora, e quando ela se preocupa comigo enquanto pessoa.* (Aluno de ensino fundamental, séries finais)

- Constrói a auto-estima e permite a eles fazer tentativas e cometer erros

> *... a escola deve ser um cenário onde nosso desempenho traga menos conseqüências que ameacem a estima do que no mundo real, em benefício de estimular o aprendiz a fazer experiências.*
> (Bruner, 1996, p. 37)

- Proporciona uma sala de aula segura, na qual as crianças podem ser espontâneas

> *Eu realmente adoro a Sra. X. Sei que sempre posso levantar a mão e fazer uma pergunta.* (Aluno de ensino fundamental, séries iniciais)

- Encoraja os alunos a assumir o seu eu preferido, a parar de tentar agradar ou de se encaixar nos moldes

> *Para mim, faz uma diferença, porque posso parar de me preocupar e me concentrar no meu trabalho.* (Aluno de ensino fundamental, séries iniciais)

- Estimula um clima de satisfação com a escola, torna o trabalho significativo e aumenta o desempenho

> *Do que adianta fazer todas essas tarefas irrelevantes se eu nem mesmo gosto do meu professor?* (Aluno de ensino fundamental, séries finais)

- Promove um compromisso maior em termos de freqüência, de participação e de retribuição

> *Os jovens querem retribuir, especialmente quando foram magoados e receberam ajuda. Querem se tornar [professores], orientadores educacionais e policiais. E sabe por quê? Foi nessas profissões que eles encontraram ajuda.* (Diretor de escola de ensino fundamental, séries iniciais)

- Inspira os alunos, que passam a se enxergar como adultos

> *Quando meu professor é legal comigo, isso me ajuda a perceber que um dia eu também posso ser alguém.* (Aluno de ensino fundamental, séries iniciais)

Em suma, os vínculos significativos diminuem o desrespeito, as comparações, o isolamento, a marginalização e a competição que há entre os alunos para atrair a atenção do professor. Como é possível os educadores estabelecerem um vínculo tão significativo com seus alunos? Esse vínculo só pode ser obtido se os educadores estiverem dispostos a ser sinceros e a crescer como seres humanos. Como discute o quadro a seguir, os alunos são bastante claros quanto à sua preferência pelos vínculos, que ocorrem principalmente quando os educadores são sinceros.

Estabelecer vínculos não é algo a ser feito como um exercício; é uma experiência que leva a um nível mais profundo do que realmente se tem a intenção de chegar, de viver e de acreditar, e não a algo que segue um roteiro politicamente correto. É essencial saber mais sobre a pessoa do que apenas o que está na superfície, ou a imagem mental que se faz dela. Por exemplo, Maureen conheceu um aluno que era famoso em todo a escola como uma pessoa extremamente competitiva e que gostava de discussões. Tinha a reputação de provocar problemas nos intervalos e de perturbar a sala de aula. Certo dia, um dos professores testemunhou esse aluno ajudando uma menininha que havia caído da bicicleta. Todos ficaram surpresos, e Maureen muitas vezes se perguntou se esse seu lado prestativo teria sido mais valorizado na escola caso se tivesse estabelecido um vínculo mais profundo com esse aluno.

O vínculo pode ajudar um aluno a superar uma história problemática e a ter uma visão positiva e uma maior possibilidade de realizar seus sonhos. Os educadores podem criar oportunidades de os alunos tornarem visíveis o eu de sua preferência e sua determinação, mesmo quando todas as pessoas têm uma história problemática a respeito desses alunos – casos de fracasso, de *bullying* ou de falta de respeito. Um dos diretores

> **Utilizando suas próprias palavras, os alunos falam de sua preferência por professores sinceros**
>
> - "Sei que os professores nem sempre estão contentes. Estar animado o tempo inteiro não é real."
> - "Prefiro professores que me mostram como estão se sentindo."
> - "Se uma professora nos mostra como está se sentindo, então a gente se comporta melhor."
> - "Quando um professor divide suas experiências pessoais, cria-se um interesse entre o educador e os alunos em um nível pessoal. Isso nos estimula a fazer nossas tarefas."
> - "Se um professor é aberto, então os alunos também serão abertos e terão menos medo de pedir ajuda."
> - "Gosto dos professores quando eles são eles mesmos."
> - "Prefiro professores que conversam comigo como uma pessoa de verdade."
> - "Acho bem legal quando os professores conversam freqüentemente com você sobre coisas básicas, e não só sobre o conteúdo acadêmico."
> - "Quando os professores contam o que está acontecendo na vida deles, fica menos difícil entendê-los, e a gente consegue pegar mais leve com eles."

que entrevistamos, Gary Stebbins, nos contou um exemplo de um poderoso vínculo que ele desenvolveu com um aluno que estava lutando para superar um problema e de como ele ofereceu uma oportunidade para que esse jovem fizesse um discurso em frente à sua turma de formatura, ainda que não estivesse se formando:

Nick disse à turma que não estava se formando com eles e explicou por quê, mas informou também que tinha planos para o futuro. Suas palavras foram fortes e poderosas. Disse a eles como iria dar uma volta por cima. Eu estava lá, ao seu lado, com a minha mão em seu ombro. Os alunos olhavam para Nick e para mim no palco; assistiam o perdão e o poder que ele nos dá. Acho que essa cena pode ter ajudado outras pessoas a voltar atrás, a encarar seus próprios problemas e a ajudar mais a outra pessoa. Tudo isso faz parte do processo de cura.

Para que ocorra um vínculo sincero, os educadores também podem simplesmente expor qual a contribuição que cada criança pode estar dando para suas vidas pessoal e profissional. Poderia se dizer que, através de cada encontro com um aluno, é possível transformar o professor enquanto ser humano. Essa exposição recíproca, o processo de retorno foi originalmente pensado por Michael White (2000).

É necessário que o leitor compreenda que o processo de retorno é muito diferente da prática tradicional de elogiar os alunos pelo modo como estão melhorando, contribuindo com a aula, ou sendo bons. Esse processo está realmente relacionado a uma conduta transparente do professor sobre si mesmo como uma presença ativa na interação, como alguém que é tocado humanamente e que se comove pelas interações. Além do mais, essa exposição deve ser feita com simplicidade e integridade, a fim de evitar que se crie um contexto desconfortável no qual um aluno se sentiria compelido a cuidar de seu professor ou a consolá-lo. O processo de retorno não afasta o foco da experiência da criança, mas é, em vez disso, expresso em um momento oportuno simplesmente para reconhecer as contribuições do aluno.

Nesse processo, os professores poderiam expor suas idéias a um jovem:

- Os professores deixam o trabalho levando consigo o mesmo entusiasmo do aluno, o que os motiva a ter mais energia para brincar com seus próprios filhos em casa à noite.
- Uma conversa com um aluno sobre a perda de um animal de estimação da família faz o professor lembrar que seus próprios animais de estimação são preciosos.
- Assistir a um aluno resolvendo seu conflito com outro faz o professor lembrar de confiar mais em todos os alunos.
- O aluno ensinou ao professor algo sobre sua família e sobre sua cultura, o que fez com que o professor percebesse que seus valores são bastante semelhantes.

Todas essas idéias são reflexões pessoais que, com freqüência, podem fazer parte da experiência dos professores sem que eles jamais a dividam abertamente com os alunos.

O processo de retorno oferece diversas vantagens:

- Dignifica a criança como um ser respeitável e valioso, independentemente de suas notas; afirma que a criança enriquece a vida de uma outra pessoa.
- Minimiza o desequilíbrio de poder existente entre o professor e a criança de um modo a proporcionar um vínculo mais significativo.
- Lembra os professores de se manterem imparciais em relação a seus alunos e também de não perderem o contato consigo mesmos. Coloca os professores em uma posição de auto-reflexão e de humildade no que diz respeito aos alunos, que são vistos como pessoas que têm muito a oferecer.

Outra forma de os professores falarem mais sobre si mesmos é realizando uma entrevista. Em diversas ocasiões, Marie-Nathalie experimentou entrevistar professores em frente aos seus alunos. Essas entrevistas foram elaboradas com muito cuidado, dependendo das histórias problemáticas do professor ou da escola (caso houvesse alguma), e, de um modo geral, concentraram-se em dar visibilidade às intenções, aos valores, aos sonhos e aos dilemas invisíveis do educador de uma forma bastante comovente. Quando for oportuno e relevante, o entrevistado pode ser convidado a fazer uma breve exposição de uma luta pessoal se houver chances de esta produzir um bom efeito sobre os alunos. A intenção é auxiliar os alunos a enxergar de uma forma mais humana, bem-intencionada e compassiva a pessoa que existe por trás do papel de professor. Pela experiência de Marie-Nathalie, esse procedimento conseguiu reduzir significativamente a hierarquia e aumentar o compromisso, a apreciação e um senso de comunidade.

Inúmeros alunos de todas as idades nos disseram que sua ligação com um educador, que tenham tido a chance de conhecer como pessoa, aumentou sua motivação para concluir tarefas e levou-os a nutrir uma atitude mais positiva. Melissa, uma estudante da 8ª série bastante segura de si, mostra sua opinião:

> Ano passado, descobri que minha professora estava enfrentando problemas em sua vida pessoal. Como senti pena dela, me esforcei bastante para fazer meu dever de casa e para ser educada em sala de aula.

Certas escolas que visitamos promoviam vínculos, especialmente no caso de crianças que foram marginalizadas ou que vinham de um meio desprivilegiado. A equipe de professores e funcionários da Baker Elementary School de San Jose, na Califórnia, faz uma reunião no início do ano letivo na qual discutem a situação de algumas crianças que tenham necessidades e problemas mais sérios. Alguns desses profissionais oferecem-se como voluntários para adotar uma criança que não esteja em sua sala de aula, servindo como mentores dessa criança. Esse professor ou esse funcionário não tem a função de disciplinar o aluno, mas de envolver-se simplesmente em um relacionamento significativo ao longo do ano.

Em outras escolas, durante as reuniões de professores e funcionários, os educadores decidem discutir abertamente os efeitos de participarem de conversas cujo tema dominante seja a discussão de problemas com alunos. Em uma determinada escola, os professores aprenderam que as histórias problemáticas sobre os alunos não tinham utilidade e decidiram prestar muita atenção em como eles retratavam e retransmitiam certos "fatos". O diretor explicou:

> Estamos nos dando conta de que aquilo sobre o que você fala cria uma história; cria uma realidade. Quando falamos sobre os alunos, como fazemos isso? O que fazemos com nossas frustrações? Estamos agora procurando fatos observáveis e enxergando as conclusões que tiramos desses itens. Estamos construindo a linguagem sobre o modo como queremos que sejam nossas histórias. É um processo de mudança lento.

Gostaríamos de deixar claro que, ao pensarmos seriamente nos vínculos, estaremos eliminando inúmeros problemas, entre eles, o desrespeito e o *bullying*. Uma sugestão para aumentarmos essa noção de vínculos nos alunos é ter nas escolas uma área onde as crianças que talvez tenham menos amigos poderiam participar de jogos estruturados, jogos em tabuleiros ou de atividades de arte e de música durante o tempo livre, como no recreio. Na função de orientadora educacional e de defensora dos alunos, Marie-Nathalie organizou atividades estruturadas durante o período do recreio e no intervalo do almoço para todos os alunos que corriam o risco de se envolver em encrencas. Foi um grande sucesso, e deu aos alunos a oportunidade de correr, de se divertir, de tomar um pouco de ar fresco e de se manter longe da sala do diretor. É preciso criar contextos de forma que todos os alunos, sem exceção, sintam a existência de um vínculo entre eles.

Por fim, os educadores também podem promover o estabelecimento de vínculos agindo da seguinte maneira:

- Enxergando os alunos como pessoas ao lembrarem de seus nomes e conversando sobre assuntos não-acadêmicos que tratem de outros aspectos da vida.

- Tornando-se amigáveis, disponíveis e acessíveis para prestar ajuda.

- Mantendo um senso de humor (não-humilhante) e de confiança.

- Reconhecendo que os jovens são bem-informados e têm algo a dizer, mesmo quando, em um primeiro momento, a contribuição não é óbvia.
- Expressando apreciação em relação aos alunos.

A APRECIAÇÃO

A apreciação, da maneira como a definimos, significa expressar reconhecimento. A intenção é sermos transparentes em relação a nossa experiência pessoal de gratidão ou de admiração. Manifestar a apreciação é um processo de expressar honestamente a gratidão, sem a intenção de alterar o comportamento do receptor de nenhuma forma. Nas escolas, é raro esse tipo de apreciação. Todos reconhecem seu valor e por ela anseiam; porém, falta às pessoas o contexto e os meios de expressá-la de formas significativas. Os educadores podem ser surpreendidos por seu dever de motivar os alunos e adquirir o hábito de simplesmente elogiar na esperança de reforçar certos tipos de comportamento. Quanto aos alunos, desenvolvem o hábito de escutar e de fazer o que lhes é pedido, e talvez nem sequer imaginem que sua opinião ou seu *feedback* tenha tanto valor para um educador. Na maioria das vezes, o sistema não é estruturado de forma a dar voz ou espaço para que os alunos ofereçam um *feedback*.

O interessante é que há tantos adultos organizando a vida das crianças, e, mesmo assim, há tantos alunos que continuam tão sedentos de qualquer tipo de apreciação. Poucos minutos da atenção significativa de um adulto podem transformar a vida. Recentemente, um dos nossos residentes que trabalham na Bay Area Family Therapy Training Associates reconheceu o esforço de um aluno enquanto este se empenhava em um desenho. O aluno parou, virou-se para ele e disse: "Você realmente pensa assim? Ninguém nunca falou comigo desse jeito antes". É mesmo triste ver alunos marginalizados ficarem relegados ao esquecimento apesar das intenções dos educadores.

Para remediar esse problema, Marie-Nathalie costumava dirigir-se até a sala do diretor levando alunos que tivessem lhe contado como haviam conseguido resistir à tentação de apresentar um comportamento problemático. Marie-Nathalie pedia aos alunos que expusessem ao diretor como haviam sido bem-sucedidos e por que estavam orgulhosos. Os diretores e os alunos adoravam esse procedimento. A maioria dos diretores não se transformou em educador para ter uma relação punitiva com os alunos, mas para enxergar o crescimento dos alunos. Todavia, seu papel e suas responsabilidades geralmente restringem seu contato com os alunos a uma interação disciplinar.

Dois diretores nos expuseram algumas de suas estratégias pessoais:

Provavelmente, o que mais me diverte é ver professores me contando sobre alunos que fizeram algo de bom em sala de aula. Eu peço a essa criança para descer aqui [para a minha sala] para ler para mim ou para me contar alguma realização. Elas realmente vêm para minha sala por bons motivos.

Estabeleci uma meta de chamar de cinco a dez pais por semana para fazer comentários sobre o comportamento positivo de seus filhos. Isso me obriga a realizar uma busca consciente por aspectos positivos. A professora de meu filho costumava fazer isso, e essa atitude produziu tamanho efeito sobre mim enquanto mãe (...) quando meu filho voltava para casa da escola, eu só queria dar-lhe um grande abraço.

Há duas áreas principais nas quais os alunos geralmente são apreciados: no desempenho escolar e na cidadania. Todavia, da maneira como a definimos, a apreciação também é vista como algo que ultrapassa em muito o reconhecimento de uma atitude do aluno que o educador queira reforçar como sendo positiva. A apreciação em um nível mais pessoal é cheia de significados e pode expandir-se a um conjunto mais amplo de modos de ser.

É interessante notar que os professores geralmente expressam a apreciação por seus alunos aos pais em reuniões entre pais e professores. Se os alunos estão presentes, como no caso das reuniões dirigidas por alunos, essas interações podem ser bastante poderosas, pois envolvem o ato de contar as histórias preferidas em frente a um público composto por pais. Vários comentários bonitos e experiências de apreciação que dizem respeito aos alunos ocorrem quando estes não estão na sala. Se o aluno não está presente para ouvir os comentários, perde-se o efeito pessoal sobre ele.

A apreciação também pode ser não-hierárquica, como no caso das comemorações conjuntas. Em uma comemoração conjunta, uma turma reconhece que um dia de sucesso é conseqüência de um resultado em comum; a responsabilidade por esse resultado de sucesso é vista de um modo bidirecional. Nesse tipo de contexto, o professor compartilha do esforço e do resultado, envolvendo-se como um igual benfeitor do que foi realizado. Um professor expôs um exemplo disso:

> Pouco antes de encerrar o dia, terminamos espontaneamente nossas atividades mais cedo para comemorar. Eu disse à turma: "Tivemos um dia lindo. Eu não estava impaciente. Todos nós trabalhamos bastante. Vamos comer pipoca e aproveitar o fato de estarmos juntos". E foi isso que fizemos. Foi tranqüilo e reanimador. (Kathleen Ryan)

A apreciação entre as crianças é abordada em maiores detalhes no Projeto Bicho-que-Irrita, exposto no próximo capítulo, no qual os alunos são observadores de sucesso,* distribuem notas secretas e planejam um dia de comemoração.

A auto-apreciação

Outra forma importante de reconhecimento é a auto-apreciação. A auto-apreciação desenvolve-se naturalmente em ambientes propícios e oferece diversas formas de aprovação. As escolas exigem dos alunos um nível tão alto de conquistas e de desempenho que não deveria ser nenhum desafio assegurar-se de que esses alunos sintam orgulho de si mesmos. Em um contexto em que os alunos têm orgulho de si mesmos e envolvem-se naturalmente na auto-apreciação, existe menor necessidade da opinião dos adultos. Uma professora mostra um exemplo disso:

> Tento encontrar algo para as crianças ao qual elas já tenham incorporado um interesse, por exemplo, esse vilarejo aqui que nós construímos. Não tive que dizer para elas que foi um trabalho bem feito. Elas olharam para o lugar e realmente tiveram orgulho dele. Tento chegar ao ponto em que as crianças fiquem orgulhosas do que fazem, e não a sentir orgulho simplesmente porque eu estou orgulhosa. (Professora de 1ª série)

Métodos indiretos de expressar a apreciação também podem ser valiosos. Por exemplo, alguns professores pedem aos alunos para exprimirem qual a memória ou a idéia positiva que estão extraindo do dia ao

---

* N. de T. Estratégia explicada nos Capítulos 9 e 10.

deixarem a sala. Em geral, esse momento pode ser uma maneira muito doce de trocar apreciações. Enquanto Maureen aguardava fora da sala de aula de uma colega, esperando conversar com ela por alguns instantes, ela foi testemunha dessa linda troca. A professora pediu à turma para que refletissem sobre o que tiveram orgulho de fazer naquele dia. Ela se abaixou de forma a que os olhos dos alunos ficassem na mesma altura dos dela, e, à medida que a fila ia caminhando para fora da sala de aula, as crianças falavam com ela sobre isso. As crianças saíram da aula sendo lembradas de suas realizações, e essa professora saiu repleta de histórias sobre crianças que se sentiam orgulhosas, muitas vezes expondo a ela histórias de apreciação ou histórias das quais ela poderia se sentir orgulhosa de ter possibilitado durante o dia. Maureen ficou ali observando a cena calma e humildemente, percebendo o poder de uma atitude tão simples e também compreendendo que, quando se pede aos alunos que façam uma auto-apreciação verbal, esta produz um efeito apreciativo externo sobre o professor.

A apreciação em relação aos professores e aos funcionários da escola

Sistemas ideais permitem que todos sejam apreciados, incluindo os professores. Dada a grande população estudantil, existe um enorme *pool* de apreciação em relação aos educadores que ainda não foi explorado pela maioria das escolas. Quando os educadores sentem-se apreciados, eles abastecem-se de energia e também demonstram paciência e bondade em relação aos alunos. Diminui assim a probabilidade de se exasperarem e caírem em um ciclo problemático de desrespeito com os alunos.

Os funcionários e os professores da Campbell Middle School exemplificam esse processo maravilhosamente. Duas vezes por ano, alunos que desejam escrever uma carta têm a oportunidade de expressar sua apreciação em relação a qualquer funcionário ou professor da escola que possa ter feito a diferença em suas vidas. Um desses funcionários da Campbell Middle School nos expôs as seguintes idéias sobre essa expressão da apreciação:

Temos uma tradição aqui na escola de pedir aos alunos que selecionem pessoas que realmente tenham feito a diferença a eles e que escrevam a essas pessoas uma carta. Os alunos são estimulados a sentar e escrever cartas para diferentes pessoas da escola. Podem ser para a secretária, o zelador, os professores, etc. O aluno pode enviá-las a quem quiser, e se um aluno não quiser participar dessa atividade, não precisa.

Acabo recebendo cartas de alunos que eu nem sei mesmo quem são. Eles me revelam: "Você parou e me disse uma coisa que realmente significou muito para mim". Para mim, foi apenas uma ação; para eles, foi uma experiência que ainda não tinham tido.

Os professores aguardam ansiosamente essas cartas. Eles as guardam; ficam com elas para ler depois. Freqüentemente, recebem uma carta de alguém que os deixa completamente surpresos. Raramente ouço falar de alguém que não tenha recebido uma. Todo mundo recebe uma carta.

A beleza dessa prática é que ela também cria uma oportunidade de reconhecer o trabalho da equipe de apoio, como os funcionários encarregados de controlar a segurança e a organização dos alunos no pátio e nos corredores da escola, os zeladores, os empregados da cafeteria, os terapeutas, os tutores, os motoristas de ônibus e os assistentes de instrução, que muitas vezes sentem-se invisíveis no sistema e que raramente beneficiam-se de alguma inclusão. Esse tipo de prática de reconhecimento pode trazer a vantagem de criar um senso de comunidade para muitas pessoas.

Outra prática criativa da Campbell Middle School é o envio de telegramas cantados no dia de São Valentim[*]. Esses telegramas são cantados por grupos de alunos como forma de apreciar os esforços de professores e de diretores. Os telegramas são solicitados por qualquer pessoa da escola e demonstram um gesto muito gentil de apreciação. Um funcionário disse o seguinte a respeito da prática do dia de São Valentim:

> *No dia de São Valentim, os alunos podem mandar telegramas cantados para outras pessoas na escola. Alunos voluntários [cantores] são coordenados por um professor. Eles recebem um pedido para cantar e se dirigem até aquela sala de aula. São quatro ou cinco equipes de alunos cantando em lugares diferentes. Há alunos que mandam telegramas cantados para seus professores. Certo dia, fui interrompido em minha sala por três meninas, que me entregaram um cartão enviado por alguém e começaram a cantar à capela. Foi maravilhoso, lindo e enriquecedor.*

Mesmo sabendo que a apreciação pode ser expressa espontaneamente, em vez de ser estruturada, acreditamos que um sistema mais formatado seja capaz de gerar um clima no qual as pessoas desenvolvam o hábito de demonstrar seu reconhecimento. A lista a seguir expõe algumas formas de os educadores obterem um *feedback* positivo e uma apreciação por parte dos alunos e dos pais:

- Conduza um levantamento sobre os aspectos positivos dos procedimentos e dos projetos realizados em sala de aula e na escola.
- Facilite as discussões em sala de aula sobre aspectos envolvendo o professor e as relações da turma que sejam apreciados (as discussões podem ser facilitadas pelo diretor, por um professor ou por um pai ou uma mãe).
- Crie um boletim escolar divertido, porém sincero, para professores, diretores ou para ambos.
- Tenha um formulário de comentários ou sugestões, na forma de anotações, para ser levado para casa, no qual os pais possam fazer perguntas e expressar sua gratidão.
- Desenvolva uma equipe de *feedback* estudantil que se responsabilize em passar 10 minutos em cada aula, no meio do ano letivo, coletando um *feedback* honesto e confidencial dos alunos em relação a suas experiências em sala de aula (o que pode então ser resumido e integrado para ser lido pelo educador.)
- Tenha em sala de aula uma caixa na qual os alunos possam deixar bilhetes para o diretor mostrar aos professores nas reuniões ou para colocar nas caixas de correspondência dos funcionários.

A COLABORAÇÃO

Para que a colaboração se desenvolva genuinamente entre os alunos, em primeiro lugar, é necessário que os professores observem com honestidade as formas sutis pelas

---

[*] N. de T. O dia de São Valentim (14 de fevereiro) é a data em que se comemora o Dia dos Namorados nos Estados Unidos. É comum que amigos, pais e filhos troquem cartões e presentes nessa data, diferentemente do que ocorre no Brasil.

quais se promove a competição e façam uma escolha consciente no sentido de reduzir os fatores competitivos em suas salas de aula. Os educadores devem compreender que métodos extremos e sutis de competição não irão coexistir com um espírito integrado de colaboração.

Como os alunos têm sido amplamente socializados para serem competitivos na escola, é necessário que se estimulem com paciência e persistência novos jeitos de ser. O Projeto Bicho-que-Irrita, detalhado no próximo capítulo deste livro, é planejado com o intuito de promover a colaboração. Todavia, nem mesmo o Projeto Bicho-que-Irrita consegue prosperar em um ambiente no qual o professor mantenha um clima muito competitivo.

Nem todas as culturas valorizam a competitividade. Na realidade, muitas culturas coletivistas chegam ao ponto de rebaixar um indivíduo que, na esperança de ganhar fama, possa ter trabalhado sozinho em uma nova criação. Por exemplo, a cultura japonesa tem um ditado que diz o seguinte: "O prego que ergue a cabeça para cima será martelado." Na cultura havaiana tradicional, as crianças sentem-se humilhadas e envergonhadas quando professores estrangeiros as elogiam individualmente em frente aos colegas de aula, porque isso lhes soa como se não estivessem trabalhando em harmonia e colaboração com seus colegas. Outras culturas, como a aborígene da Austrália, têm jogos, como as corridas de revezamento, nos quais o objetivo é todas as equipes cruzarem a linha de chegada ao mesmo tempo.

Muitos educadores conseguem motivar seus alunos e favorecer o aprendizado sem a competitividade, empregando outros métodos para gerar entusiasmo. O quadro a seguir apresenta uma lista de práticas comuns que promovem a competição entre os alunos e as turmas, além de algumas alternativas simples a serem consideradas.

Essas práticas que visam à energização das atividades sem a competição criam um contexto no qual todos pertencem a uma comunidade e são vencedores. O divertimento não está em rebaixar alguém, mas em compartilhar e construir. Fazemos um convite ao leitor para que explore as inúmeras atividades não-competitivas promovidas em outros livros a respeito desse assunto (Beaudoin e Walden, 1997; Hill, 2001; Luvmour e Luvmour, 2002).

A AUTO-REFLEXÃO

Ninguém consegue pensar da melhor maneira em ritmo acelerado (...) a velocidade acaba com as boas idéias. Quanto mais aceleramos, menos tempo temos para pensar, para incubar, para ponderar, para sonhar... nas escolas, a resposta sempre foi mais importante do que o processo do pensamento. (Reiman, 1998)

Nas escolas, as crianças também têm que ficar concentradas em algo externo durante 100% de seu tempo. Elas devem se concentrar nos comentários de seu professor e de seus colegas, nas avaliações que os adultos fazem de seu desempenho, nos movimentos das outras crianças e no ambiente em sala de aula.

O pior de tudo é que, quando os alunos estão metidos em encrencas, os adultos constantemente pedem a eles para pensar antes de agir. Todavia, aos alunos raramente dá-se tempo para pensar, para processar suas metas e suas intenções, exceto quando estão com problemas, caso em que normalmente apenas vão ficar mais tempo frustrados por terem sido punidos. A reflexividade deveria ser promovida na ausência do conflito, e então, além de seu valor

Enunciado competitivo Usual	Enunciado colaborativo Alternativo	Estratégia colaborativa Subjacente
"Quero ver qual equipe consegue terminar primeiro a limpeza. Ela pode sair antes para o recreio."	"Estou curiosa para ver se vocês conseguem quebrar o recorde de limpeza da nossa turma."	A turma está competindo enquanto equipe com um objeto inanimado (por exemplo: um relógio).
"A Equipe 3 têm a maioria dos pontos este mês. Mês que vem, vocês terão novos colegas para trabalhar com vocês."	"Vamos mudar de colegas de equipe, assim vocês vão conseguir conhecer todo mundo. Um colega da Equipe 3, por favor, troque de lugar com um membro da Equipe 4."	A mudança constante dos membros das equipes elimina o significado da vitória e da derrota.
"Pessoal, agora vamos brincar de volta ao mundo. Kris e Joe, comecem, por favor,... 3 mais 16 é igual a... "	"Kris e Joe, vamos ver se vocês conseguem combinar suas respostas ao mesmo tempo: 3 mais 16 é igual a... "	Os alunos devem dizer a resposta, ou concluir o problema fisicamente, exatamente na mesma velocidade de fala ou de execução.
"Cada um vai trabalhar em sua própria redação, e, no final, teremos uma disputa para ver quem tem mais termos descritivos em sua história."	"O parceiro A vai começar criando a história e vai parar após 30 segundos. O parceiro B vai dar continuidade à criação da história por 30 segundos; depois, o contrário. No final, vamos ver a quantos termos descritivos nossa turma consegue chegar!"	Os alunos irão construir em conjunto uma redação, a turma inteira trabalhando para chegar a um objetivo.
"Pessoal, vamos dar uma olhada neste quadro para ver quantos alunos leram 10 livros no mês passado. Cada adesivo equivale a cinco livros."	"Dêem uma olhada em seu próprio livro de adesivos. Tapinhas nas costas para aqueles que tiverem alcançado a meta de leitura", ou "Ao todo, quantos livros a turma inteira leu?"	O professor estimula maneiras não-competitivas e mais privadas de manter registros para alcançar as metas do grupo.
"Gostaria de anunciar os prêmios da turma para este mês."	"Vamos conversar sobre como vocês vêm trabalhando para atingir os objetivos pessoais que estabeleceram no mês passado."	Os alunos são estimulados a estabelecer seus próprios objetivos e a fazer uma auto-reflexão sobre suas próprias realizações.

intrínseco, teria o benefício adicional de representar uma medida preventiva.

Quando as crianças decidem por conta própria ter algum momento de paz sozinhas, essa situação é muitas vezes encarada como uma patologia. Mesmo quando ocorre em um horário em que supostamente tenham a liberdade de agir de acordo com sua própria vontade, como no período do recreio, muitos adultos, preocupados com a idéia de que a criança esteja deprimida e solitária, podem chegar até mesmo a perguntar: "Está tudo bem com você hoje?" Se a reflexividade ocorre durante a aula, a criança pode acabar sendo rotulada de "sonhadora", de "tímida", de "alguém que não presta atenção", de "alguém que tem dificuldades de se concentrar". Nossa cultura tem uma visão distorcida dos jovens: não se espera que eles façam reflexões interiores na ausência de problemas; eles devem ser turbulentos e sociáveis. Se não se encaixam nesse modelo, os adultos se preocupam.

Também esperamos que a energia das crianças funcione de acordo com os horários dos adultos: que tenham energia durante o período do recreio, e que fiquem quietas durante a aula. Se a criança tiver o azar de ser entusiástica durante a aula e mais quieta no recreio, estará mais uma vez correndo o risco de ver seu comportamento analisado como se fosse uma patologia. Em outras palavras, é permitido que as crianças sejam crianças apenas em certos momentos do dia. Os adultos têm padrões normalizados do que é aceitável, e as crianças permanecem sob o olhar do adulto.

Todo mundo precisa de tempo para a reflexão. Esse tempo é importante, pois nos permite recarregar as baterias, estabelecer um propósito, revisar as realizações, lidar com os erros, examinar o que é condizente com os valores do indivíduo e, por fim, melhorar o eu.

Em outras palavras, entre as principais vantagens da auto-reflexão estão:

- Oferecer tempo para que você explore os jeitos de ser que se ajustem com quem você realmente quer ser.
- Permitir ao indivíduo basear-se em seus próprios valores.
- Esclarecer as metas e as intenções.
- Ajudar o indivíduo a aprender com os erros e a planejar diferentes reações aos desafios.
- Desacelerar uma pessoa, deixando-a em um estado de relaxamento.
- Ampliar a habilidade de ser atencioso e de se relacionar com os outros.
- Criar um espaço do dia para integrar as lições da vida.

A auto-reflexão pode ser estimulada de diversas maneiras e integrada às práticas escolares, para os professores e para os alunos, sem se transformar em uma atividade demorada demais.

Os momentos de auto-reflexão discutidos neste livro são diferentes das redações estruturadas e avaliadas que são impostas aos alunos, o que não significa, de forma alguma, que esses tipos de trabalhos escritos não tenham seu valor. Estamos apenas encorajando os educadores a inventarem uma prática adicional de auto-reflexão que possa ter um tempo e um formato mais livres.

Nossas inúmeras visitas a uma ampla variedade de escolas públicas fizeram com que abríssemos os olhos para as diversas maneiras de se promover a auto-reflexão. A seguir, expomos alguns exemplos destas:

- Cultivar um jardim para um momento reflexivo tranqüilo.
- Assegurar a abertura da biblioteca nos períodos de recreio.
- Proporcionar um tempo para os alunos escreverem seus diários e dar-lhes a oportunidade de escolher se eles querem ou não que o professor leia suas reflexões.
- Formar pares de professores de forma que alunos que expressem necessidade de um momento de tranqüilidade possam simplesmente ir para outra aula combinada previamente.
- Ter um espaço na sala de aula para o qual uma criança possa ir exclusivamente para ficar um tempo sozinha, para desenhar, para escrever seu diário e para sonhar acordada.
- Oferecer uma sala pequena com música calma no qual os alunos possam ir para relaxar e para aproveitar o intervalo.

COMUNIDADE E DIVERSIDADE

A maioria das escolas públicas, entre diversas instituições, não tem um envolvimento com sua comunidade. Nos Estados Unidos, os idosos ficam segregados em asilos, e as crianças, em creches de turno integral. Essa situação produz dois efeitos negativos significativos:

- Os pais e os professores acabam ficando isolados, privados de seus direitos e esgotados por terem que carregar sozinhos a responsabilidade de educar mentes jovens.

- Com o efeito adicional dessa segregação e desse individualismo, as crianças aprendem a ser impulsionadas por seus próprios sucessos pessoais e desenvolvem pouquíssimo senso de pertencer a uma comunidade e de ser responsável por essa comunidade.

Entretanto, esse quadro não precisa ser assim, e não são todas as escolas que o aceitam. Há inúmeras vantagens e formas muito simples de incentivarmos os educadores ao mesmo tempo em que auxiliamos os alunos a compreenderem os valores da comunidade e a beleza do dar pelo prazer de dar.

O incentivo aos educadores

O incentivo aos educadores, quer financeiramente, quer por meio de esforços voluntários de pessoas que estejam dispostas a ajudar, normalmente é o benefício mais óbvio das relações dentro da comunidade. Quanto ao auxílio financeiro, os diretores e as instituições envolvidas com sua comunidade geralmente recebem doações e presentes generosos de diversos doadores. Às vezes, algum doador rico, que esteja informado sobre a missão da escola, manifesta seu desejo de apoiar um determinado programa. Os esforços voluntários podem envolver a ajuda de aposentados ou de pais que se disponham a contribuir com parte de sua energia e de seu tempo preciosos para uma variedade de atividades relacionadas à escola.

O compromisso dos alunos com algo que seja maior do que eles mesmos

É possível lidar com o sentido de pertencimento dos alunos quando estes se envolvem um dia por semana ou por mês em um tipo de trabalho comunitário. É importante que o projeto seja escolhido pelos alunos ou selecionado entre diversas possibilidades apresentadas pelos professores. Entre os exemplos de ação comunitária, poderíamos citar atividades como trabalhar em um abrigo para animais, servir sopa em um abrigo, ser um guia turístico em um museu, escrever cartas para vítimas de desastres, trabalhar em creches de turno integral ou em clínicas de repouso, participar de atividades de embelezamento do bairro, escrever para jornais locais, arrecadar dinheiro para salvar a floresta tropical, ajudar o zelador, pintar murais nas paredes da escola, ou plantar um jardim no bairro.

A participação em projetos de serviços como atividades para angariar fundos pode ser mais significativa do que vender doces ou papel de presente. Por exemplo, os alunos podem escolher voluntariamente participar de uma equipe que corta a grama de vizinhos ou que ajuda idosos em troca de recompensas intrínsecas ou de uma pequena doação para a escola.

Muitas vezes, os alunos também se interessam em saber mais sobre a vida de outras crianças. A turma de Maureen participou de um programa de troca de cartas entre amigos com turmas de outros Estados. Para os alunos, é emocionante saber mais sobre alunos de outras regiões do país. Alguns educadores correspondem-se com alunos de outros países, ou escrevem para alunos de escolas próximas e se reúnem em um parque no mês de junho. Um diretor nos disse que os alunos de sua escola estão aprendendo a falar espanhol. Depois de aprenderem o suficiente para ler em espanhol, vão visitar outra escola do outro lado da cidade afim de fazer leituras de livros infantis para crianças da pré-escola. Outro diretor explicou como turmas companheiras poderiam envolver-se em encontros voltados a projetos de aulas e ao aprendizado, uma visitando a escola da outra. Esse sistema traria ainda outras vantagens, como dar aos adultos um senso de comunidade, diminuir sua sensação de isolamento e aumentar o respeito pelos alunos que são diferentes.

Aumentar o envolvimento da comunidade é um esforço que requer tempo dos alunos, incluindo o tempo gasto fora do horário escolar. Os educadores precisam estar cientes de que os benefícios do envolvimento da comunidade são enormes e de que talvez seja necessário reavaliar a distribuição de tempo e as políticas referentes aos deveres de casa para permitir a realização de atividades mais diversas.

Envolvendo os pais

O caminho mais óbvio e benéfico de aumentar o senso de comunidade é através do envolvimento dos pais e dos avós. O levantamento e as discussões que realizamos com 60 estudantes da 5ª série nos programas de participação dos pais mostraram como os alunos se sentem gratos pela presença dos pais em suas aulas.

Além dessas observações, os alunos também se beneficiam de um senso de comunidade criado pela relação entre seus pais e o professor. Esse relacionamento ajuda a entrelaçar aspectos significativos da vida dos alunos que, de outra forma, não estariam vinculados; permite a eles enxergar seus pais através dos olhos do professor e dos outros alunos, dando-lhes um espaço livre para refletir a respeito do valor dos cuidados que recebem de seus pais; transforma a jornada educacional em um esforço em família, no qual todos estão interessados e envolvidos no aprendizado.

Quando meus pais estão na escola, eu...
- "Posso mostrar a eles meu trabalho."
- "Acho que eles me compreendem melhor."
- "Sei que eles se importam."
- "Sei que eles podem me acalmar melhor."
- "Sei que ninguém vai me machucar, porque eles estão lá vigiando."
- "Me sinto em um ambiente de maior inclusão"
- "Consigo vê-los e falar mais com eles."
- "Deixo eles me ajudarem."
- "Me sinto mais em casa e à vontade."
- "Me divirto."
- "Gosto que eles sejam legais comigo.

Os jovens aproveitam uma variedade maior de exemplos a ser seguidos. Esse aspecto é particularmente importante no caso de alunos que pertençam a minorias, já que 90% dos educadores dos Estados Unidos são brancos (Kivel, 2002). Para os alunos desprivilegiados, a oportunidade de testemunhar e de trabalhar com pessoas de sua própria comunidade e também de comunidades mais privilegiadas pode servir para ampliar os horizontes de seus próprios sonhos. Para os alunos da classe média alta, os benefícios surgem do fato de serem expostos a um contato com pessoas que pertençam a uma cultura mais ampla, munindo-se de uma visão mais realista da vida e de suas lutas. Esses alunos conseguem desenvolver vínculos que lhes permitem enxergar os outros como pessoas, apesar das barreiras étnicas ou de classe, uma prática que também reduz a insensibilidade cultural.

Valorizando as diferenças

Ser culturalmente sensível não é apenas conhecer diferentes grupos. Um indivíduo nunca conseguirá acumular conhecimento suficiente sobre todos os grupos, e, mesmo que conseguisse, isso continuaria sendo um esforço intelectual sem qualquer ligação com um percentual significativo de suas condutas. O conceito da sensibilidade cultural refere-se a uma experiência do indivíduo consigo mesmo – uma experiência de sentir-se aberto e receptivo às diferenças, ao mesmo tempo em que se permanece consciente do preconceito promovido em sua subcultura. Quer goste ou não, desde muito pequeno você foi programado a acreditar em certas idéias, e é bem provável que não tenha tido uma chance de revisar todo o conteúdo de seu cérebro. Por exemplo, a maioria das pessoas sofre uma lavagem cerebral pela indústria da publicidade, pelos filmes, pelas revistas, pelos noticiários da TV e pelos jornais disponíveis à sociedade, e introjetam certos estereótipos. O que vem espontaneamente a sua mente quando pedimos para você visualizar um presidente, um médico, um advogado, o diretor-geral de uma empresa, o ganhador de um Nobel, um medalhista olímpico? Para a maioria das pessoas é a imagem de um homem branco (ver Material de Apoio D). Sua mente é limitada pelo que você já viu. Quais poderiam ser os benefícios de se viver em um ambiente diverso? Para muitos, entre os benefícios estão uma variedade maior de soluções e de costumes, mais flexibilidade e segurança, uma gama mais ampla de inovações, um senso maior de comunidade e uma vida mais rica em termos de possibilidades de jeitos de ser. Para que todos integrem essa parte importante da vida, é necessário que isso se reflita nas escolas.

Valorizar a diversidade é ensinar com a intenção de valorizar a diversidade e prestar atenção àqueles aspectos que refletem a diversidade em sua sala de aula. (…) Quando você é um instrutor culturalmente proficiente, você trata os aprendizes de um modo que eles reconheçam como respeitoso, o que talvez consista na utilização de um critério diferente para o respeito do que você empregaria para você mesmo.
(Robins et al., 2002)

O currículo dos Estados Unidos está repleto de histórias que mostram a dominação dos homens brancos. É incongruente dizer às crianças que valorizamos a paz, e depois pedir-lhes que memorizem todas as datas relacionadas às guerras (Riesler, 2001). É importante acrescentar uma variedade de perspectivas no currículo e tornar visíveis as realizações invisíveis daqueles que não são homens brancos. Por exemplo, é importante apresentar mulheres que contribuíram com grandes descobertas na área da matemática ou da ciência, e as mulheres de fibra da nossa história que ganharam prêmios Nobeis (para obter materiais escolares, veja o National Women's History Project). As pessoas não-brancas precisam aprender a se orgulhar de sua etnicidade e a honrar seus ancestrais, o que não acontece se elas são constante e limitadamente apresentadas como perdedoras na história (veja Zinn, 2001). Os alunos e seus pais precisam saber que os nativo-americanos prestaram inúmeras contribuições ao nosso mundo, até mesmo ao nosso sistema político (Bernal, 1987; Weatherford, 1988). O currículo deveria reconhecer que nosso sistema numérico, a álgebra e a trigonometria tiveram sua origem nas culturas árabes (Kivel, 2002). Essa é apenas uma breve lista do grande número de exemplos que deveriam ser incorporados ao nosso sistema educacional. Algumas organizações notáveis estão à disposição para troca de informações com professores e diretores, a fim de promover o enriquecimento cultural, tanto em termos de currículo quanto da comunidade escolar. Também estimulamos os leitores a contatar o Southern Poverty Law Center em Montgomery, no Alabama, uma organização que participa ativamente da distribuição de material gratuito de qualidade a escolas e a educadores interessados em promover a tolerância e a diversidade em sua comunidade. As nuanças, as perspectivas e a riqueza de informações oferecidas pela consciência cultural são realmente impressionantes e gratificantes para aqueles que dedicam um tempo para buscá-las e para vivê-las.

> *As pessoas passam a compreender melhor umas às outras e a ter mais paciência quando as diferenças são vistas como presentes a ser trocados, em vez de problemas a ser eliminados.* (Hill, 2001)

O RESPEITO E OS CAMINHOS PARA NOS LIVRARMOS DO ADULTISMO

Para livrar-se do adultismo, os educadores devem reavaliar suas formas de se relacionar com os alunos e se conscientizar do equilíbrio delicado que há entre a autoridade e o papel de mentor. Os adultos comprometidos com essa reavaliação devem ter a disposição de indagar-se constantemente se a situação exige o uso do poder e do direcionamento, ou se é possível dar espaço aos jovens para pensarem, explorarem e se autodirecionarem.

Falsos conceitos sobre a reversão do adultismo

Lidar com o adultismo não significa reverter a estrutura de poder. Às vezes, os adultos enfrentam problemas para imaginar formas de se relacionar de uma maneira diferente com as crianças e só conseguem imaginar a situação inversa: crianças dominando a situação, o que, para muitos, normalmente é uma idéia aterrorizante. O processo de se livrar do adultismo envolve uma negociação das decisões, com base no que é melhor para todas as partes. Reduz o desequilíbrio de poder entre os jovens e os adultos, sem erradicá-lo completamente. É um processo mais profundo do que a implementação ocasional de um exercício escolar de capacitação. É uma filosofia de relacionamento com os jovens que está implantada em diversas interações sutis e mais profundas que ocorrem a cada minuto do dia.

A decisão consciente de reduzirmos as práticas adultistas que distorcem nossos relacionamentos com os jovens é verdadeiramente valiosa. Os jovens passam a ser vistos em todas as suas múltiplas facetas de eus, e não como se tivessem papéis definidos.

Uma professora nos descreveu uma experiência esclarecedora que teve:

> *Esses dias, eu estava participando de um jogo de matemática com meus alunos, e parecia que eu tinha uma sala de aula com crianças totalmente diferentes. Eles estavam tão entusiasmados e tão estimulados. Então seus comportamentos começaram a se modificar em função disso. Foi interessante, porque eu jamais tinha visto nenhuma dessas condutas na aula normal, em que eles são bastante controlados. Eles não conseguiam se conter. Tem uma menina recatada na turma que, de uma hora para outra, saiu com uma voz completamente diferente. Ela fazia "Aarrwwk!". Dizia para os outros que iria pegá-los. Eu fiquei espantada e pensei: "Meu Deus, eu realmente preciso diversificar as coisas, para poder ver tudo".*

Quando os adultos mantêm uma relação hierárquica e por vezes opressiva com os jovens, abrem mão de momentos preciosos de um vínculo verdadeiro e, acreditem ou não, também abrem mão de oportunidades de aprender.

As crianças e os adolescentes têm visões incríveis do mundo. Muitas vezes enxergam o que os olhos dos adultos foram treinados para ignorar e, nesse sentido, podem oferecer perspectivas bastante esclarecedoras. Os jovens questionam os discursos, as crenças incontestadas que os adultos têm tanta dificuldade de reconhecer e de desconstruir. Por exemplo, os jovens talvez perguntem: "Por que as mulheres têm que depilar as pernas, e os homens não?"; "Por que todos os jardineiros falam espanhol?"; "Por que os adultos podem gritar, e nós não?". Perguntas como estas em geral são irritantes para os adultos, mas falam de estruturas subjacentes de nosso sistema de idéias, as quais geralmente não questionamos o suficiente. Os jovens também lembram os adultos do ser em vez do fazer. Freqüentemente, os adultos voltam-se para as tarefas, sendo constantemente impulsionados pelo futuro ou por tentativas de corrigir o passado. Os jovens são eles mesmos e aproveitam o presente, que, na realidade, é o viver. As crianças podem contribuir para a vida dos adultos se forem convidadas a estar presentes, a ser criativas e a observar as questões incontestadas, se o adulto estiver disposto a considerar e a refletir com seriedade sobre as opiniões dos jovens. Como exemplo, observe os relatos dessas educadoras:

> *Os alunos que tenho hoje são crianças da pré-escola com idades entre 3 e 5 anos, e, como eles têm pouquíssimo autocontrole, eu preciso utilizar mais estrutura do que, na verdade, gosto de empregar. O desafio é lembrar que, de fato, não sei tudo – não permitir que a energia controladora sufoque a criatividade infantil ou me bloqueie a ponto de me impedir de enxergar sua sabedoria intuitiva – que é impressionante, considerando sua experiência bem limitada de vida! Quando o assunto é criatividade, essas crianças realmente equipararam-se a mim em muitos aspectos, chegam até mesmo a ser minhas professoras, e é dessa forma que eu de fato me relaciono com eles.* (Beverly Prinz)

> *Estou sempre aprendendo coisas com as crianças. É simplesmente um processo interminável. Em primeiro lugar, você aprende a ser humilde, porque é óbvio que você não sabe tudo. Sempre tem mais alguma coisa para eles ensinarem a você, porque eles são implacáveis. Eles não vão embora!* (risos) (Diane Paul)

Parte desse processo de enfrentar o adultismo envolve, mais uma vez, o reconhecimento do valor da diversidade e a idéia de se deixar de colocar o valor dos indivíduos em uma hierarquia baseada em critérios limitados, como o do tempo de experiência de vida. Reconhecer que os jovens podem ter menos experiência se avaliados em termos estritamente cronológicos, mas admitir que, em um nível quantitativo, alguns jovens desprivilegiados já viram mais da vida do que muitos adultos jamais irão ver e que algumas crianças privilegiadas já viajaram para tantos lugares que muitos adultos ainda não foram. Em um nível qualitativo, suas visões também são diferentes, muitas vezes criativas, inovadoras e inspiradoras. Quando tratamos os jovens com respeito e conversamos com eles considerando-os seres humanos dignos, desenvolvem um senso de autonomia, de responsabilidade, de polidez e de juízo crítico, e expressam suas opiniões com clareza. Um diretor de uma escola da 1ª à 4ª séries disse o seguinte sobre o respeito:

> Há tantos programas por aí que prometem (...) auto-estima (...) para a comunidade (...) sucesso acadêmico. Eu preferiria dizer: "Vamos trabalhar juntos e veremos o que podemos fazer para sermos os melhores professores que pudermos ser". É isso que ajuda a resolver essas coisas. Trabalhando para ser um bom professor, essas coisas aparecem: o modo como você escuta seus alunos, como você os trata. Meus professores que respeitam seus alunos e os escutam recebem de volta mais respeito do que os professores que dizem: "Eu disse para todos vocês ficarem sentados quietos em seus lugares!".

Como mencionou esse diretor, os educadores que, ao longo do dia, escutam seus alunos e os tratam com respeito, sem empregar grandes recursos, conseguem avançar muito mais na promoção do respeito do que os programas formais. A tabela a seguir ilustra a diferença entre mensagens que involuntariamente produzem efeitos adultistas e outras que colocam os educadores e os alunos em um campo de ação mais equilibrado.

Quando os educadores tratam os alunos com integridade, as interações que demonstram respeito transformam-se em experiências vividas fáceis de serem reproduzidas. Quando os jovens crescem em um ambiente adultista, eles ficam ressentidos, receosos e dissimulados. Ao chegarem à adolescência, perdem sua própria percepção do eu e sua opinião, a tal ponto que as respostas que apresentam para a maioria das perguntas passam a ser "Não sei". Quando estão acostumados a ser ouvidos, expressam seus pensamentos com clareza e os manifestam, geralmente de um modo fascinante.

Uma conseqüência de se desenvolver um ambiente escolar menos adultista é o fato de que os alunos passam a ser donos de sua própria escola, de sua jornada escolar e de sua liberdade. Dar possibilidades aos alunos parece, e é, um procedimento arriscado, considerando o ponto de partida. O risco envolvido em não dar possibilidades, no entanto, é maior do que o custo de abrir o coração e a mente dos jovens.

> Um fracasso em se equipar as mentes com as habilidades de compreender, de sentir e de agir no mundo cultural não resulta simplesmente em um zero em termos pedagógicos. Corre-se o risco de se gerar afastamento, rebeldia e incompetência em termos práticos. E tudo isso consegue arruinar a viabilidade de uma cultura. (Bruner, 1996, p. 42)

A seguir, apresentamos uma descrição de sete áreas nas quais os educadores podem

Enunciados comuns	Investigação das implicações adultistas	Enunciados não-adultistas alternativos
"Você acha isso difícil? Espere só até você se tornar adulto!"	Desqualificação e hierarquia: aspectos desafiadores da infância são desvalorizados quando comparados com as lutas dos adultos, que são bem mais sérias.	"Você consegue! Continue tentando!"
"Você não tem permissão para brincar com o Kevin durante o recreio. Vocês dois estão sempre se metendo em encrencas."	Imposição do controle externo: as crianças e seus conflitos devem ser controlados externamente, em vez de serem resolvidos e discutidos.	"Vamos discutir sobre quem você acha que seria um amigo certo para você brincar durante o recreio", ou "Vamos conversar sobre como vocês dois podem brincar sem se aborrecerem".
"Vá se acostumando. É bem assim com os alunos da 3ª série."	Desqualificação: as opiniões das crianças não são importantes.	"Sei que às vezes as coisas podem ser difíceis. O que podemos fazer juntos para resolver esses problemas?"
"Você não tem idade suficiente para aprender álgebra. Onde é que você foi ouvir uma coisa dessas?!"	Subestimação: as habilidades dos alunos são sub ou superavaliadas, ou generalizadas com base em sua idade.	"Acho que é legal aprender coisas novas em qualquer idade. O que você acha?"
"Estou tão frustrado com você: perder 15 minutos do recreio para me azucrinar."	Exercício unilateral do poder: as crianças são impotentes, e os adultos têm o poder de impingir ordens quando estão frustrados.	"Estou me sentindo frustrado. Gostaria de ter alguns minutos para me acalmar. Vamos conversar antes do recreio."
"Os professores e os funcionários decidiram que não haverá mais brincadeiras de pega-pega nesta escola."	Exercício unilateral do poder: as crianças não têm maturidade para contribuir para as decisões que afetam suas vidas; elas não são envolvidas no processo de encontrar soluções.	"Algumas pessoas se machucaram durante as brincadeiras de pega-pega. Que idéias vocês têm para ajudar a reduzir esse problema?"
"Pera aí! Você cometeu o mesmo erro três vezes! Você tem que se esforçar!"	O professor presume que o problema está na motivação, ao contrário de tentar entender a experiência do aluno, ou presume que as crianças são menos inteligentes e menos disciplinadas.	"Me ajude a compreender o que anda impedindo você de superar esses problemas", ou "Vamos dar uma olhada nesses erros Podemos aprender algo com eles".
"Enquanto você estiver na minha aula, irá fazer exatamente o que eu disser!"	Falta de poder: as crianças ficam impotentes para mudar ou para fazer comentários sobre o que acontece em sala de aula.	"Vamos elaborar um plano para decidirmos como todos nós iremos lidar com essas questões."

facilmente revisitar a questão do respeito pelos alunos. Esses exemplos não abrangem todos os múltiplos caminhos por meio dos quais podemos nos livrar do adultismo, mas, em vez disso, constituem estratégias que encontramos em nossas visitas, em nossas reflexões e em nossa pesquisa.

A disciplina

Livrar-se do adultismo não significa eliminar todas as responsabilidades dos jovens quando ocorre uma encrenca ou um hábito prejudicial, como nos casos do desrespeito e do *bullying*. Bem pelo contrário, pessoas de todas as idades conseguem ter benefícios por compreenderem as implicações de seus comportamentos, devendo estar cientes das conseqüências de suas ações. Realmente estimulamos os pais e os educadores a envolver os alunos na exposição clara da situação e dos seus efeitos sobre os outros e a discutir conseqüências razoáveis que sejam consideradas justas por todas as partes. Se o aluno não sente que a conseqüência é justa (como ocorre na maioria das formas de disciplina hierárquicas e adultistas), então simplesmente irá ruminar a frustração de tudo isso, em vez de aprender e de refletir a esse respeito. A seguir, apresentamos as palavras de um diretor, Dale Jones, bastante comprometido com as relações não-adultistas com os alunos:

> *Quando as crianças têm problemas, tento trabalhar com elas e as faço resolvê-los. Pergunto a elas: "Que maneira você acha que seria apropriada para se resolver esse problema?". É importante ouvir a criança e os motivos pelos quais algo aconteceu. Eu facilito o diálogo entre elas, de forma que elas possam resolver as coisas. Ajudo elas a aprenderem novas formas de agir. De fato, leva mais tempo e toda uma série de habilidades, como a habilidade de realizar uma dramatização com a criança.*

Quanto mais difundidos forem os problemas de uma criança, mais o adulto se sentirá tentado a vestir o casaco branco da autoridade e do conhecimento em uma tentativa de desenvolver um trabalho com essa criança. Na realidade, é nessas situações que é mais importante que os adultos recuem e realmente escutem; os educadores devem entender as experiências dos alunos, não apenas para capacitá-los, mas também para ajudá-los a expressar com clareza os problemas e os caminhos de sua preferência. A ironia é que, quando os problemas dos alunos se difundem, os adultos tendem a assumir um controle maior, ainda que o controle anterior não tenha funcionado.

É importante determinar se é necessária ou não a aplicação de uma disciplina rígida como política coletiva. As pessoas de todas as idades têm formas diferentes de ficar à vontade no mundo (através do movimento, do jeito de vestir, da comida, etc.). Às vezes, ao fazermos o que de fato é melhor para os alunos, estaremos passando por cima do hábito de controlar e de ensinar de uma forma hierárquica, como nos mostra a história a seguir:

> *Um de meus alunos tinha essa clara necessidade de estar sempre se movimentando mais do que os outros. Então, eu simplesmente deixei que ele ficasse em pé, se embalando de um pé para o outro enquanto fazia as tarefas ou escrevia as redações, mesmo que todos os outros estivessem sentados. Isso fez uma grande diferença para ele, e eu me senti bem por estar conciliando suas necessidades diferentes. Mais tarde, me disseram que essa atitude levaria os professores substitutos à loucura, e que eles ficariam com raiva dele.* (Joe Joaquin)

Normalmente, existe na escola uma expectativa disciplinar de que haja um silêncio total em sala de aula. Essa expectativa coloca os professores em um dilema: o professor deveria promover a comunicação, a cooperação e o aprendizado ou deveria confirmar essa expectativa? Considere a história desta professora:

> *No início da década de 1970, eu dava aula para turmas grandes e descobri que os alunos trabalhavam melhor em grupos pequenos. Essas turmas praticamente transbordavam de energia, e, às vezes,*

acontecia de a porta da aula ser subitamente aberta pelo diretor ou pelo vice-diretor, que, parado de pé, com as mãos nos quadris, berrava: "Quando a professora de vocês não está em sala de aula, eu não quero ouvir um barulho de vocês!". Nessas ocasiões, nunca consegui decidir se era pior me levantar e revelar que, na verdade, eu estava presente, ou apenas esperar até que ele terminasse de encarar a turma e saísse! Sempre que tentei explicar depois meus métodos e minhas razões para administrá-los, não houve respeito por esse tipo de inovação. Apenas havia respeito pelo silêncio em sala de aula. Anos mais tarde, encontrei por acaso uma das minhas ex-alunas, e ela ficou muito feliz de me ver novamente. Ela me agradeceu por essas aulas, pois nunca havia esquecido da humanidade sem par daquele ambiente em meio à rigidez do estilo de educação do ensino médio. (Beverly Prinz)

Reuniões conduzidas pelos alunos

Nas escolas, cresce a tendência de se conferir mais poder e responsabilidade aos alunos a fim de reduzir o adultismo. Já ficou claro que o êxito dos alunos é maior quando determinam suas próprias metas pessoais e são capacitados para encontrar suas próprias maneiras de atingi-las. Um bom exemplo desse tipo de prática está nas reuniões conduzidas pelos alunos, ocasiões em que os alunos responsabilizam-se pelo estabelecimento de suas próprias metas escolares, pela avaliação de seu progresso e pela apresentação de seus resultados aos pais e professores. Hoje temos disponível uma ampla pesquisa demonstrando a eficácia dessa prática. As reuniões conduzidas pelos alunos também proporcionam um ambiente no qual os alunos podem expressar seu orgulho e sua auto-apreciação (veja os inúmeros títulos escritos sobre o tema, por exemplo, Benson e Barnett, 1998; Grant, Heffler, Mereweather, 1995; Pierce-Picciotto, 1996). Você sempre fica mais motivado a fazer algo que tenha decidido que é importante. Às vezes, porém, educadores bem-intencionados podem acreditar nessas novas práticas, mas talvez estejam lutando contra o hábito de dirigirem o *show* e, sem querer, podem acabar arruinando o espírito dessa prática. Por exemplo, uma aluna nos contou que sua professora assumiu totalmente o controle da reunião depois de essa aluna ter falado por apenas alguns minutos. Os adultos, acostumados ao fato de terem poder, devem lembrar-se constantemente de abandonar o hábito de dominar. Não é uma tarefa fácil, tendo em vista o predomínio de histórias que expõem tantos problemas envolvendo crianças, as crenças que sustentam o controle em nossa cultura e, por vezes, os diversos anos de experiência no sistema educacional tradicional.

O governo escolar

O adultismo muitas vezes infiltra-se sutilmente em um conceito cuidadoso como o da criação de governos estudantis, ainda que a própria existência desses governos deva levar em conta a voz dos alunos. Um exemplo disso ocorre quando apenas os alunos populares são escolhidos para essa posição, ou quando as idéias são aquelas realmente sugeridas pelos professores, reduzindo, assim, a probabilidade de que as opiniões e as idéias de todos os jovens da escola, incluindo as dos alunos marginalizados, venham a ser ouvidas. Uma professora nos descreve sua experiência com esse tipo de governo estudantil:

Nossa escola tinha um pequeno conselho estudantil. Circulava uma mensagem de que os alunos deveriam tomar parte em sua educação, mas era só para de-

terminados alunos, como os bons alunos ou aqueles que "mereciam". Não era visto como algo que todos deveriam estar aprendendo.

A intenção do governo estudantil não condiz, então, com seu efeito, já que muitos alunos na verdade não têm voz. O envolvimento demasiadamente ativo dos adultos no governo estudantil pode involuntariamente continuar a promover os padrões educacionais e a privilegiar os alunos que satisfazem os ideais da cultura dominante, excluindo, portanto, um grande número de outros alunos marginalizados ou pertencentes a minorias, cujas vozes divergentes ironicamente é muito importante escutar. Podemos aprender muito mais a partir das diferenças de opinião do que de idéias semelhantes (Winslade e Monk, 1999). Um governo estudantil de verdade, eficaz, deveria incluir alunos de todos os grupos e levar em consideração a livre expressão, mesmo que os adultos talvez nem sempre concordem. Tomemos como exemplo esta história, contada por um diretor de uma escola da 1ª à 4ª séries que reconhece a competência e a sabedoria das crianças:

Nosso conselho estudantil funciona no sentido de permitir que todos os alunos tenham suas vozes ouvidas. Um exemplo disso foi quando nosso conselho estudantil decidiu que seria uma boa idéia ter na escola uma máquina de vender produtos por moedas para os alunos. Os professores, os funcionários e os pais foram realmente contrários a essa idéia por várias razões. Transmitimos nossas preocupações ao conselho. Eles consideraram nossas idéias e analisaram com atenção os prós e os contras dessa instalação. Levaram em consideração o fato de que gostaríamos que tivessem lanches saudáveis e decidiram pesquisar a respeito. Sua decisão foi que, ainda assim, levariam adiante o projeto, com algumas alterações no tipo de comida a ser servida.

(Dale Jones)

O lugar do professor

A educação tradicional geralmente coloca o professor abertamente na posição daquele que detém o conhecimento, ao passo que os alunos são vistos como receptores. Essa atitude traz implicações adultistas, pois se presume, então, que os professores sejam os únicos a deter o conhecimento e que os alunos sejam os receptores passivos. Bruner (1996) declarou muito bem o seguinte (ver também Freire, 1970/2000, para uma discussão clássica dessa questão):

Nós, seres humanos, mostramos, contamos ou ensinamos algo para alguém apenas porque, em primeiro lugar, reconhecemos que eles não sabem, ou que o que eles sabem é falso. É somente quando se reconhecem esses estados que tentamos corrigir a deficiência, demonstrando, explicando ou discutindo... Nenhuma atribuição de ignorância, nenhum esforço de ensinar. (p. 48)

Em uma visão mais dignificante e equilibrada dos jovens, há o reconhecimento de seus conhecimentos e a criação de um espaço para que eles também ajam como professores. Em um contexto desses, eles se sentem valiosos, competentes e respeitados em sua inteligência. Também alivia os professores que desabam sob a pressão de serem responsáveis por tudo. Os alunos podem definitivamente assumir um papel ativo na divisão de algumas responsabilidades, incluindo a responsabilidade de ensinar os outros. "Nunca faça aos alunos aquilo que eles podem fazer por si mesmos", afirma Eisler (2001), que promoveu um modelo no qual se dá aos alunos a oportunidade de ensinar ou de participar de um ensino conjunto como indivíduos que estão à altura de contribuir para o aprendizado de todos. Ela afirma que, infelizmente, em muitas escolas, "a educação é feita para os alunos, e não com os alunos". Um efeito positivo de um processo mais dignificante de ensino conjunto está no fato de este criar um ambiente no qual cada aluno pode se transformar em um modelo de diferentes modos de ser a ser seguido pelos outros (incluindo o professor) de diversas maneiras. Isso pode ser muito libertador para o professor, e enriquecedor para os alunos. Nessa situação, os professores redefinem seus papéis e se vêem como mentores que pertencem a uma comunidade de aprendizes; sentem uma pressão menor para saber todas as respostas o tempo inteiro à medida que passam a dividir a responsabilidade pelo conhecimento.

Os erros

Atentos à diminuição do adultismo em suas aulas, os professores tentam reconhecer aos alunos os erros que cometem em sala de aula. Quando os alunos deparam-se com adultos que reconhecem seus erros, podem aprender a se sentir mais à vontade e confiantes ao lidar com seus próprios erros. É uma lição de vida muito mais rica aprender os limites do conhecimento e da competência do indivíduo e ter condições de reconhecer esses limites como naturais. O fato de os alunos notarem ou não, ou de eles lembrarem ou não do erro do educador, nem tem tanta importância quanto o poderoso efeito que interagir com um adulto verdadeiro, honesto e íntegro pode produzir sobre eles.

As notas

Se os adultos também recuarem um pouco em sua avaliação, os alunos terão condições de adotar uma postura mais reflexiva em relação a seu próprio comportamento e de simplesmente sentirem-se mais livres. Tomemos o exemplo de fazer os alunos atribuírem notas a si mesmos como parte de um procedimento avaliativo. Os alunos, não familiarizados com esse processo de avaliar seu trabalho, podem enfrentar dificuldades para propor uma auto-avaliação. Talvez fiquem inclinados a ser mais rigorosos consigo mesmos pelo medo ou pela falta de familiaridade, ou porque vivem a experiência de ser sempre avaliados com rigor. O contrário também pode acontecer, eles podem superestimar seu desempenho, pois é uma oportunidade rara de se darem altas colocações. Quando os alunos passam a se sentir mais à vontade com esse processo, eles se tornam mais realistas e cada vez mais envolvidos em um procedimento útil de introspecção.

Os nomes e os títulos

Em muitas escolas, os alunos são chamados por seus primeiros nomes e os adultos por seus sobrenomes. A intenção desse sistema geralmente é criar uma estrutura para o respeito e a autoridade. Pense em sua própria escola: essa prática realmente produz esse efeito? Gostaríamos de mostrar o seguinte trecho extraído do *website* da Christa McAuliffe Elementary School (2003), de Cupertino, na Califórnia, em que a equipe de professores e funcionários decidiu que todos deveriam ser chamados por seu primeiro nome:

> *Por que os alunos da McAuliffe chamam os professores e os outros adultos pelo primeiro nome?*
>
> *Reconhecemos o valor dos relacionamentos baseados no respeito mútuo, verdadeiro. Respeitamo-nos uns aos outros pelo que somos e não simplesmente pela posição que ocupamos.*

No mundo real, não chamamos nossos colegas pelo sobrenome. Chamar as pessoas pelo sobrenome distorce de um modo incomum os relacionamentos, pois os formaliza e os torna hierárquicos.

Ao utilizarem seus primeiros nomes, os adultos convidam as crianças a se sentirem à vontade com eles; convidam-nas a entrar em um ambiente onde todos nós trabalhamos juntos, em colaboração. As crianças aprendem que não é por ocuparem a função de alunos, e não a de professores, ou por serem crianças, e não adultos, que elas serão menos respeitadas. Na segurança desses relacionamentos, as crianças adquirem experiência, confiando nos adultos e assumindo riscos que as ajudam a crescer.

DÚVIDA DO PROFESSOR QUANTO AO PROCESSO DE SE LIVRAR DO ADULTISMO

Não parece que fazer as crianças falarem por si mesmas o tempo inteiro poderia provocar algum tipo de revolta?

Os alunos devem enfrentar as conseqüências de seus comportamentos. O que estamos questionando não é esse conceito, mas sim o processo pelo qual as conseqüências são decididas e até que ponto os alunos estão envolvidos tanto na explicação de suas histórias quanto na determinação de uma conseqüência. A idéia de se livrar do uso excessivo do poder envolvido no adultismo é um convite para que se abra mão de parte dessa autoridade em relação aos jovens, de forma que eles se tornem mais autodirecionados e desenvolvam uma percepção interna de responsabilidade. É provável que uma mudança repentina de um ambiente adultista para outro autodirecionado, de fato, venha a criar um contexto no qual o jovem pode entregar-se à liberdade. Esse processo deve ser progressivo, deve envolver conversas e aceitar o fato de que alguns erros serão cometidos na investigação de novas formas de ser. Não podemos esperar que os alunos fiquem imediatamente autodirecionados se eles nunca tiveram uma chance de desenvolver esse aspecto próprio quando mais novos. A situação ideal é aquela em que os jovens são criados desde a infância como pessoas responsáveis e cada vez mais capazes de lidar responsavelmente com a liberdade e com as escolhas.

Em alguns aspectos, o processo de se livrar do adultismo envolve uma percepção consciente de respeitar os jovens da mesma maneira que você deseja ser respeitado, ou que você respeitaria outro adulto. Esse ponto pode soar como um clichê; porém, muitos educadores que acreditam nessa idéia às vezes a contradizem quando interagem com os alunos.

Mais uma vez, não conseguiremos nos livrar do adultismo por meio de um exercício ou de um programa promissor. Esse processo realmente envolve um reexame da postura pessoal do indivíduo e dos hábitos de se relacionar com as crianças. É um processo de reavaliar, a cada minuto, se um ação é condizente com as intenções e os valores de uma conduta respeitosa com pessoas de todas as idades, mesmo quando inicialmente não gostamos das idéias dos jovens.

Terminamos de recapitular essas idéias maravilhosas e ricas que se destinam a promover o respeito, a apreciação e a tolerância nas escolas. Investigaremos agora como implementar concretamente e passo a passo essa filosofia em sala de aula, com o Projeto Bicho-que-Irrita.

9

Lidando com o Desrespeito e o *Bullying* em Sala de Aula

O Projeto Bicho-que-Irrita

Este capítulo descreve uma variedade de práticas inovadoras, destinadas à sala de aula, para lidarmos com o *bullying* e o abuso entre pares em escolas da 1ª à 4ª séries. Através de atividades que envolvam diversão e respeito, os alunos são estimulados a refletir sobre os efeitos do *bullying* e a fazer escolhas pessoais para promover a apreciação, a tolerância e a colaboração em suas salas de aula.

É interessante notar que, tradicionalmente, os educadores e os terapeutas têm lidado com os hábitos do *bullying* de algumas maneiras: desenvolvendo um trabalho individual com cada criança; conversando na privacidade de um consultório confidencial, fechado, e encontrando separadamente cada criança que lhes é encaminhada. Podemos argumentar que essas intervenções individuais normalmente são lentas e de mínima eficácia, tornando bastante supérfluo o trabalho dos educadores e dos terapeutas, já que nas escolas a maioria dos problemas com o desrespeito ocorre nas seguintes situações: no contexto dos relacionamentos; em sala de aula ou em outras áreas públicas, como no *playground*, e em grande parte das interações entre os alunos. Com base nessas idéias, acreditamos que é necessário lidar com as condutas desrespeitosas no contexto onde estas ocorrem. Um desses contextos é a sala de aula. Nossa experiência nos diz que o trabalho em sala de aula é extremamente valioso e poderoso para professores e para alunos, porque promove uma abordagem colaborativa na qual todos os alunos fazem parte da mesma equipe, esforçando-se para promover o respeito.

O projeto de aplicação em sala de aula discutido neste capítulo foi planejado com o intuito de criar um senso de colaboração, de vínculo, de apreciação e de tolerância. Consiste em uma série de atividades experimentais e de discussões que têm por objetivo a introdução de práticas respeitosas a partir de um grupo de alunos.

Trechos deste capítulo foram inicialmente publicados em "Promoting Respect and Tolerance in Schools: Addressing Bullying with the 'Bugging Bug' Project", de Marie-Nathalie Beaudoin, *The Journal of Systemic Therapies*, 20(3). Copyright 2001, Guilford Press, Inc. Adaptado com a permissão da Guilford Press.

UMA REVISÃO DAS IDÉIAS NARRATIVAS QUE ORIENTAM ESSE PROJETO

Esse projeto destinado à sala de aula é uma aplicação integrada de todas as idéias discutidas neste livro. Não é apenas uma série de exercícios que pode ser simplesmente implementada em sala de aula, mas sim uma jornada filosófica que trata dos fatores contextuais promovidos pelos professores, ao mesmo tempo em que estimula os alunos a assumir seus jeitos preferidos de ser. Em termos específicos, entre alguns dos fatores contextuais discutidos anteriormente estão a competição, a avaliação, as regras externas, o desempenho, o individualismo, o adultismo, a intolerância em relação às diferenças. Esse projeto é, portanto, voltado para a redução da presença desses bloqueios contextuais, pois convida os professores a minimizá-los e, ao mesmo tempo, a favorecer um clima de colaboração, de espírito de equipe, de respeito na relação entre adulto e aluno e uma valorização das diferenças. Uma boa metáfora para ilustrar a importância desse processo conjunto é imaginar o cultivo de uma flor preciosa na escuridão de uma floresta. Você pode empregar todas as melhores atividades do mundo para promover o crescimento dessa flor – como a irrigação, a fertilização e a limpeza –, empenhando-se nesse trabalho com devoção. No entanto, no final, a flor não irá crescer enquanto o ambiente continuar sem condições de sustentar esse desenvolvimento. Realmente acreditamos na beleza da transformação da sala de aula, e a testemunhamos quando os professores assumem o compromisso de refletir sobre seu próprio envolvimento com essas questões contextuais.

Quanto aos alunos, o trabalho inicial consiste em auxiliá-los a adquirir consciência dos efeitos do *bullying* e do desrespeito em si mesmos e nos outros. Para se chegar a esse ponto, exterioriza-se o problema (o Bicho-que-Irrita*) de modo a poder examiná-lo sem atribuir culpa a alguém ou emitir juízo a respeito de qualquer pessoa. Embora seja preferível deixar os alunos escolherem um nome relevante, o Bicho-que-Irrita é utilizado de um jeito divertido em diversas turmas, possibilitando que escolas inteiras da 1ª à 4ª séries se transformem em uma equipe contra ele (utilize uma palavra mais apropriada à idade dos alunos da 5ª à 8ª séries). Depois de os alunos delinearem o efeito do problema em suas própria vidas e ficarem cientes de sua implicação, são gradualmente estimulados a tomar suas próprias decisões quanto ao tipo de pessoa que cada um deseja ser e por quê. As atividades seguintes transformam-se em uma jornada ao enriquecimento de sua história preferida de uma pessoa que respeita as demais. O foco semanal sobre a discussão do respeito concretiza o compromisso das turmas na mente de cada aluno. Permite também a cada aluno progredir de seu próprio jeito e ficar cada vez mais ciente das vantagens das interações que demonstram respeito e de sua preferência pessoal por estas. Quando o projeto vai chegando ao fim, cria-se um público (a turma, o diretor, os pais, etc.) em diversas ocasiões, a fim de testemunhar as histórias preferidas dos indivíduos e de validá-las.

Mesmo que o projeto seja escrito como um currículo semanal, espera-se que o facilitador adapte o projeto às necessidades específicas de cada grupo exclusivo de crianças, variando a ordem de apresentação das atividades, ampliando ou reduzindo a duração de tempo para determinadas etapas, pulando alguns exercícios e criando outros. Na verda-

---

* N. de T. Para facilitar futuras consultas, cabe informar ao leitor que o nome original do Projeto Bicho-que-Irrita é Bugging Bug Project.

de, mais do que as atividades propriamente ditas, é o processo de respeitar e de estabelecer um vínculo com as experiências dos alunos que é a chave fundamental para o sucesso desse projeto. Apesar de termos incluído uma grande lista de atividades possíveis, nem todas precisam ser implementadas para transformar a sala de aula. Esperamos que nossos leitores tenham condições de simplesmente escolher e de adaptar o que lhes será útil. Acrescentamos os comentários de Maureen para expressar suas experiências enquanto professora que também trabalhou como facilitadora desse projeto e para proporcionar uma compreensão clara aos educadores que desejam implementá-lo sozinhos.

SEÇÃO 1: A EXTERIORIZAÇÃO DO PROBLEMA

Maureen: Todos os dias, os alunos de minha turma importunavam, excluíam, discutiam, insultavam e se empurravam até não poder mais. Essa turma, em particular, tinha uma reputação que os acompanhava desde as séries anteriores. Durante quatro anos, ficaram conhecidos como uma turma difícil de se ensinar. O grupo era famoso por ter muitas personalidades dinâmicas, mas poucos exemplos a ser seguidos. Os alunos que eram bons cidadãos e que tinham um foco acadêmico silenciavam essas características, quase que envergonhados de seus sucessos. Estar em conflito uns com os outros era considerada uma situação regular. Os alunos preocupavam-se bastante com seu prestígio social e criticavam qualquer um que agisse fora da norma, e essa consistia em não ser estudioso, respeitoso e gentil. Essa postura surpreendia qualquer iniciativa que os alunos tivessem de demonstrar curiosidade em aprender ou em dominar um assunto interessante. Cada uma das crianças era afetada pelo contexto dessa turma, e era difícil concluir todo o conteúdo curricular por causa das batalhas que ocorriam. A solidão, a raiva, a competição e a tristeza estavam todas muito presentes.

Como professora deles, eu apagava um incêndio de cada vez. Eu me considero uma pessoa compassiva e capaz de tolerar uma série de comportamentos, mas não demorou para eu perder a paciência e deixar de ter qualquer iniciativa de tornar a escola um lugar divertido e estimulante de se estar. No início do ano, ensinar esse grupo de alunos era uma questão de pura sobrevivência. Eu chegava em casa à noite exausta e desanimada. Achava que o trabalho que eu estava fazendo era mais do que suficiente e que eles eram apenas um problema para suportar nos meses que estavam por vir. Sentia que havia esgotado o tempo e os recursos e ficava impaciente e levantava o tom de voz com freqüência. Comecei a ficar indiferente com meu trabalho de lecionar e frustrada com os resultados, que reforçavam a convicção que a reputação deles já havia anunciado. Tentei empregar exercícios destinados a desenvolver o espírito de equipe, a fim de construir algum tipo de coesão, e passei a dar pequenas recompensas pelas menores atitudes de gentileza e de cortesia. O grupo gostou desses exercícios que introduzi, pois eram uma forma de quebrar a rotina normal. Entretanto, os alunos passavam o tempo inteiro trapaceando, decorando quais deveriam ser as respostas corretas, davam respostas sem pensar quando lhes era pedido um *feedback* e não colaboravam de uma maneira verdadeiramente positiva. Não era um crescimento honesto. Poucas horas depois, uns já estavam provocando e insultando os outros novamente.

(Continua...)

(Continuação)

> Sentia uma necessidade de algum tipo de intervenção, pois tinha consciência de que o comportamento deles afetava minha atitude, e que a minha atitude, por sua vez, influenciava o comportamento deles. Era um ciclo vicioso. Também sabia que nessa sala de aula eu não estava seguindo meus valores, minha filosofia e meu estilo de lecionar. Perdi parte daquele bom relacionamento que naturalmente tenho com os alunos e escondia meu entusiasmo em aprender porque estava cansada. Estava perdida em relação ao que fazer. Procurei Marie-Nathalie e o Projeto Bicho-que-Irrita.

Primeira semana: estabelecendo um vínculo com o professor

Nesse projeto, é crucial haver uma colaboração entre o professor e o facilitador. Para que o programa seja útil, o professor tem que se interessar pelas idéias e pelo processo, independentemente de quem tenha de fato solicitado o programa (ou seja, diretor, pais, administradores). Nessa primeira semana, tenta-se, portanto, conhecer o professor em nível pessoal e coletar informações quanto às dificuldades que estão sendo enfrentadas em sala de aula. Esse processo é feito informal e também formalmente, da mesma forma que alguém teria a curiosidade de extrair informações sobre um novo colega de equipe. É útil, por exemplo, compreender como e por que o professor começou a lecionar e que valores são importantes para ele enquanto adulto que se relaciona com os alunos.

Para se estabelecer a direção do programa, podemos investigar como o professor entende o desrespeito em sala de aula, como ele está lidando com o desrespeito e se as práticas do professor de lidar com o desrespeito combinam ou não com sua visão inicial. O professor pode definir diferenças que não estão sendo respeitadas dentro da turma. Esse vínculo com o professor é o fundamento do programa, já que é necessário que o professor esteja envolvido, e, por fim, que se sinta confortável o suficiente para examinar suas próprias práticas de ensino que, involuntariamente podem contribuir para um ciclo vicioso de desrespeito (por exemplo: práticas adultistas desafiadoras). Não estamos dizendo com isso que os professores deveriam ser considerados culpados pelo desrespeito, mas, sim, que representam uma parte poderosa de um contexto no qual o problema ocorre. Ao longo do programa, o facilitador entra em contato com o professor semanalmente para ir atrás de novos progressos e para planejar exercícios relevantes.

Se um professor age sozinho como facilitador desse programa em sala de aula, ele po-

> *Maureen*: Esse tempo de reflexão antes do início do programa foi valioso. Eu e a Marie-Nathalie tivemos algumas conversas sobre adultismo, sobre competição e sobre a frustração que eu sentia. Eu estava tentando compreender o que, sem querer, eu vinha fazendo que contribuía para a impaciência dos alunos e para a intolerância que demonstravam uns com os outros. Sabia que havia alguns padrões de interação em sala de aula que motivavam um contexto de ansiedade e de competição para todos. Quando Marie-Nathalie descreveu o formato e a filosofia de seu programa, pude ver que ele se alinhava com meus valores e com o modo como eu realmente gostaria de me relacionar com meus alunos.

de se sentir isolado. Como é necessário manter uma abertura e examinar o papel do professor no contexto da aula, os professores podem sentir alguma dificuldade em explorar sozinhos seus pensamentos e suas emoções. Poderia ser bastante útil organizar os professores em pares ou fazer com que o professor consulte um colega de sua confiança. Ter outro professor disponível para aconselhamento serviria para validar o processo. Existem algumas diferentes maneiras de abordá-lo:

1. Complete o programa na sala de aula do professor, sozinho.

2. Colabore com outro professor, executando o programa na própria turma do professor, mas trocando idéias semanalmente com o colega sobre as questões que forem surgindo.

3. Colabore com outro professor, executando o programa juntando as duas turmas (as turmas podem ser da mesma série, ou de séries diferentes).

4. Colabore com outro professor, um executando o programa na sala de aula do outro. (Os alunos geralmente gostam de visitantes em sua sala de aula. Com um novo grupo de alunos, os professores poderiam sentir que vale a pena começar de novo. Os professores terão também a recompensa de retornar às suas próprias salas para ouvirem a turma recontar suas experiências, de compartilhar do que foi estimulante e importante para as experiências da turma, de reforçar esse aspecto e de apropriar-se dele.)

Segunda semana: valorizando a diversidade

E se todas as pessoas do mundo fossem iguais?

Na primeira visita à sala de aula, a intenção é fazer com que os alunos participem de uma discussão sobre como o mundo seria se todas as pessoas fossem iguais. Essa idéia normalmente serve para desencadear muitas reflexões por parte dos alunos, e a facilitação da discussão ocorre naturalmente. As perguntas feitas são adaptadas ao grupo etário e à série dos alunos. Em alguns casos, as questões de múltipla escolha rendem muito mais participação e compreensão do que as questões abertas, especialmente no caso de alunos mais jovens, de grupos ou de alunos que não estejam acostumados a ter espaço para sua voz. Por exemplo, da 1ª à 4ª séries, é útil fazer perguntas do tipo: "O número de soluções que teríamos para um problema seria maior ou menor?", ou "A quantidade de brinquedos e de jogos que vocês teriam seria maior ou menor?". No ensino médio, seria mais relevante fazer perguntas do tipo: "De que forma a música seria afetada? O número de bandas que teríamos seria maior ou menor?", ou "Como os esportes seriam afetados? Teríamos apenas um tipo de time?". O facilitador deve se empenhar para reconhecer as contribuições e as idéias de todos os alunos e para estimular as idéias dos alunos sobre essas questões, em vez de atuar como um facilitador de uma palestra sobre a diversidade. Ao se promover um contexto no qual os alunos possam expressar com clareza sua própria opinião sobre a diversidade, é bem mais provável que os alunos compreendam os conceitos e se comportem de acordo. Após esclarecido esse ponto, contudo, é importante que o facilitador faça essas perguntas mostrando-se verdadeiramente curioso, e não como uma atitude moral de quem sabe tudo. Uma pergunta excelente pode ser sentida de forma negativa e desrespeitosa quando vier de alguém que tenha uma postura de quem sabe tudo, ao contrário do que ocorre se alguém a fizer demonstrando um interesse autêntico. Quando as idéias de todos tiverem sido expressas, o grupo resume as vantagens de um mundo que tem pessoas diferentes, enfatizando especificamente as experiências concretas dos alunos com essas vantagens. Podemos iniciar um processo de questionamento dinâmico, como no trecho a seguir: "Quantos de vocês gostam de pizza? Levantem a mão! Bem, a pizza vem da Itália. Quantos de vocês gostam de *burritos*? Levantem a mão! Os *burritos* vêm da América do Sul. Temos muita sorte de ter latinos vivendo em nosso país". As perguntas devem ter relevância para o grupo etário dos alunos e devem ser direcionadas aos itens vividos em seu dia-a-dia. No caso dos adolescentes, talvez valha a pena associar figuras públicas populares adolescentes a certas categorias. O mesmo pode ser feito com outros itens, como no caso do rádio, que foi inventado na Holanda; do telefone, inventado no Canadá; da gasolina dos automóveis, que vem do petróleo do Oriente Médio. Em geral, é útil escrever as idéias dos alunos no quadro-negro, pois essa atitude é uma demonstração de respeito e de reconhecimento ao valor dessas idéias e reduz o desequilíbrio de poder associado ao conceito de que os adultos são os únicos a ter idéias que valem a pena ser escritas. A própria postura do facilitador contribui enormemente para promover uma atmosfera de aceitação e de respeito.

O que são as diferenças?

Quando a turma entende claramente e reconhece o conceito de que as diferenças são valiosas, o facilitador pode abordar as diferenças específicas que contribuem para a riqueza dessa turma. Para começar, o facilitador pede ao aluno que crie uma lista das principais diferenças (raça, religião, língua, país de origem, etc.), certificando-se de incluir essas diferenças que o professor observou como sendo alvos de provocações ou de *bullying*. A próxima etapa se transforma em um processo dinâmico de respeitar as diferenças exclusivas dos indivíduos em sala de aula por categoria. Assim, o facilitador pode, por exemplo, dizer: "Aqueles que têm um nome que ninguém mais tem na aula, fiquem em pé", e todos aplaudem. Ou o facilitador pode dizer: "Quem tem algum tipo de deficiência ou conhece alguém que a tenha, fique em pé", e, mais uma vez, todos aplaudem. É importante que o facilitador seja sensível em relação à escolha de categorias e que não superestime as questões de segurança a longo prazo associadas a essa atitude de os alunos identificarem-se como membros de uma minoria particularmente marginalizada ou oprimida. Por exemplo, na maioria das escolas é preferível (infelizmente) evitar convidar jovens *gays* a se identificar, especialmente aqueles cuja sexualidade talvez não seja conhecida. Mesmo que os alunos possam estar realmente interessados em valorizar a diversidade e em se tornar mais respeitosos, a cultura deu à maioria deles um treinamento preconceituoso, que leva tempo para ser descoberto e desconstruído. A turma pode se sentir muito segura quando o facilitador está lá, mas, quando ele tiver ido embora, os alunos podem se arrepender de sua visibilidade ou se esquecer da nova noção de tolerância. É necessário, portanto, que a formulação dessas perguntas seja cuidadosamente pensada. A forma como uma pergunta é apresentada pode abrir ou fechar o espaço para a verbalização do desrespeito, podendo produzir fortes efeitos contrários ao que se pretendia fazer. Por exemplo, a apreciação em relação a certas categorias invisíveis pode ser abordada ao citarmos representantes populares desses grupos minoritários oprimidos, em vez de pedirmos aos alunos que se identifiquem como membros desses grupos.

> *Maureen:* O aprendizado sobre a diversidade é fundamental em sala de aula. Acredito que, ao longo do ano, nunca se consegue fazer o suficiente para celebrar a diversidade: ler biografias; festejar feriados e contar histórias de cunho cultural; conversar em outras línguas, incluindo a linguagem de sinais; respeitar os inventores descendentes de todas as raças; fazer com que os alunos troquem informações sobre suas etnicidades; ter cores reais de pele e de cabelos à disposição para trabalhos artísticos; ter dias destinados à cultura, mostrar músicas, tipos de arte e receitas de outras culturas, e fazer com que o ambiente em sala de aula reflita o valor da diversidade decorando a sala com trabalhos artísticos, fantoches e instrumentos musicais – todos de diferentes culturas –, entre outras idéias.

O que acontece quando as diferenças são mal-compreendidas?

Assim que as diferenças tiverem sido apreciadas, os alunos são questionados quanto ao que acontece quando as pessoas não compreendem as diferenças ou têm medo delas. O problema é mencionado e exteriorizado bem no início da conversa. Entre os exemplos estão o Desrespeito, a Intolerância e Falta de Vínculos (no caso dos grupos mais velhos) e o Hábito de Irritar ou o Bicho-que-Irrita (no caso dos alunos mais novos). Às vezes, será um nome mais abstrato, como Nuvem Negra, Mau Pedaço ou *Acid 9*[*]. Para que o nome tenha alguma utilidade, ele deve ser significativo para os alunos e estar relacionado com sua experiência.

É crucial que se tenha uma longa discussão sobre os efeitos do problema (o Bicho-que-Irrita, o Desrespeito, ou qualquer que seja o nome escolhido) por duas razões. Em primeiro lugar, para que os alunos de fato desejem assumir uma postura contra esses tipos de comportamento, eles precisam compreender claramente os efeitos que problemas como esses produzem em suas próprias vidas pessoais e nas vidas de seus colegas. Em segundo lugar, o fato de ficarem cientes desses efeitos pode servir para restabelecer um contato com sua sensibilidade e sua empatia em relação aos outros. Podemos admitir que, se as pessoas realmente compreendessem e estabelecessem um contato com suas próprias experiências dolorosas e também com a dor que algumas de suas atitudes infligiram aos outros, provavelmente se absteriam de agir dessa maneira. Entre as perguntas que podem ser feitas estão, por exemplo: "O que o Bicho-que-Irrita faz as crianças fazerem que, bem lá no fundo, elas realmente não querem fazer?", ou, "Como as crianças se sentem quando o Bicho-que-Irrita as leva a fazer alguma coisa ruim?". O processo de se fazer perguntas é particularmente importante para manter os alunos ativamente envolvidos e interessados. É necessário que se conceda tempo suficiente para esta seção, já que o facilitador deve se certificar de que a maioria das crianças tenha exteriorizado o problema e observado seus efeitos.

No caso de crianças mais novas, pode ser útil e divertido ilustrar os efeitos do Bicho-que-Irrita nas crianças fazendo um breve esquete. Esses esquetes podem ser sobre um aluno notando que alguém é diferente e travando uma discussão em sua mente entre o Bicho-que-Irrita e a sua boa consciência preferida. Esse debate é representado por duas pessoas que se colocam de pé, atrás do aluno, cada um delas falando por cima de

---

[*] N. de T. *Acidnine* é o nome de uma banda de rock.

um dos ombros desse aluno voluntário (que geralmente só escuta). A pessoa que interpreta o Bicho-que-Irrita (em geral, o facilitador) deve se lembrar de ser má sem marginalizar certos alunos da turma. Seria um sofrimento para o facilitador interpretar um Bicho-que-Irrita fazendo comentários sobre crianças que são obesas ou que pertençam a uma raça diferente, por exemplo. É preferível manter o diálogo do esquete abordando os efeitos de uma conduta que evidencia a maldade *versus* uma conduta que demonstra o respeito. Em outras palavras, a pessoa que está interpretando o Bicho-que-Irrita deve estimular um aluno a ser mau, porque, por exemplo, será engraçado ou irá ajudar a tornar o aluno popular, ou o Bicho-que-Irrita pode dizer que o aluno não irá se meter em encrencas, já que, de qualquer maneira, todos antipatizam com o outro aluno. A pessoa que interpreta o eu preferido (o professor ou outro aluno) deve estimular o aluno a ser respeitoso, por que, por exemplo, ele quer ser conhecido como uma criança boa ou porque o aluno não gosta de prejudicar os outros; ou ainda, o eu preferido pode dizer ao aluno que ele deveria tentar conhecer o outro aluno antes de julgá-lo.

Se um fantoche de Bicho-que-Irrita for utilizado durante o esquete, ele não deve representar nenhum personagem conhecido específico, nem ser excessivamente legal ou atrativo. Sem querer, isso poderia acabar influenciando desfavoravelmente o projeto, transformando o personagem indesejado em um herói popular. Também é importante evitar um bicho de verdade (por exemplo, uma abelha), o que talvez deixe as crianças confusas e faça com que elas passem a exterminar esse inseto quando o encontrarem nos arredores da escola.

Às vezes, as crianças de fato acreditam na exteriorização e creêm sinceramente que um bicho de verdade move-se furtivamente em sua cabeça. Essa noção geralmente preocupa mais os adultos do que as próprias crianças. Para elas, essa idéia de um bicho de verdade faz muito sentido, já que realmente não querem se envolver em encrencas e fazer maldades; é lógico que existe algo que as leva a fazer isso. Ao mesmo tempo, contudo, a responsabilidade da criança de afastar o Bicho-que-Irrita deve ser enfatizada e explora-

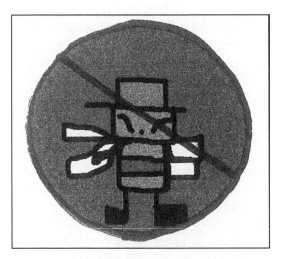

> *Maureen:* Eles já conseguiam enxergar que o problema não estava neles em nível pessoal. O problema estava fora deles, exteriorizado. Um aluno conhecido pelas fofocas maliciosas, pelos flertes manipuladores, por jogar futebol de um modo agressivo ou por praticar o *bullying* não se resumia apenas a essa identidade. De repente, o problema era o Bicho-que-Irrita, e havia uma pessoa inteira lá com muito a oferecer para nossa turma. Os alunos estavam começando a se abrir para compreender como suas atitudes negativas e as dos outros eram injustas.

da em profundidade. Como discutimos anteriormente, os adultos podem ficar tranqüilos ao saber que esse conceito não elimina a responsabilidade, mas, sim, capacita as crianças a fazer escolhas e a esclarecer suas preferências. Tanto o uso do termo *Bicho-que-Irrita* quanto o de *hábito de irritar* também pode auxiliar crianças maiores, que talvez por ceticismo não vejam lógica na idéia de um bicho. O objetivo é ajudar as crianças a separar o problema de sua identidade, a fim de que elas possam firmar uma posição contra ele; o fato de imaginarem esse problema como um hábito ou como um objeto externo real é irrelevante.

Outra prática capaz de auxiliar um facilitador a manter-se próximo das experiências dos alunos é a da caixa de perguntas anônimas, que pode ser colocada em um canto da sala de aula. O anonimato pode abrir um linha de comunicação entre alunos que talvez se sintam desconfortáveis de falar em aula e o facilitador do programa. Os alunos podem receber cartões em branco para escrever perguntas ou comentários que podem ser abordados no encontro seguinte (mais uma vez, especifique que os nomes dos alunos não devem ser mencionados de forma acusatória).

As discussões muitas vezes precisam ser acompanhadas por uma reflexão individual, como um dever de casa ou uma tarefa para ser realizada em sala de aula, a fim de garantir que todas as crianças tenham a oportunidade de relacionar o projeto com sua própria experiência de vida. Quando isso não é feito, o facilitador corre o risco de alcançar e envolver apenas aqueles alunos que realmente têm uma voz, ao passo em que afasta ainda mais aqueles que mais necessitam do projeto. O facilitador precisa ter sensibilidade para manter um vínculo com a maior parte dos alunos em sala de aula. Comparar a discussão em sala de aula com as reflexões individuais é um procedimento que traz duas vantagens: facilita a inclusão de alunos que podem ter dificuldades em compreender o material verbal – quer pela diferença de linguagem, por uma deficiência no aprendizado, por hiperatividade, ou por outras questões – e pode auxiliar muito o facilitador oferecendo informações úteis sobre o que foi compreendido e sobre o que precisa ser revisado. Em outras palavras, ajuda o facilitador a manter uma maior proximidade com as experiências dos alunos na próxima discussão e a reajustar a próxima etapa do projeto, se necessário. Os alunos também podem ser estimulados a observar como o Bicho-que-Irrita os afeta durante a semana, aumentando as chances de que, na próxima vez, a conversa seja evocativa.

Maureen: Eis uma tarefa para ser feita em casa esta semana. Faça os alunos escreverem suas reflexões sobre as seguintes perguntas: O que é o Bicho-que-Irrita? Quais os efeitos que ele tem sobre você? O que ele leva você a fazer que gostaria de parar de fazer? Do que você gosta na diversidade? Essa atividade vem a calhar na próxima semana, quando a turma vai preparar pôsteres.

Depois de aprender sobre o Bicho-que-Irrita, achei importante manter contato várias vezes nesta semana com a turma para discutir quais foram as experiências dos alunos com o Bicho-que-Irrita. Repeti muitas vezes minhas histórias sobre como o Bicho-que-Irrita me visita, como quando me sinto frustrada em uma reunião, quando me sinto competindo com um amigo e quando sinto raiva enquanto estou dirigindo.

Precisamos ter cautela quanto ao seguinte aspecto: não abuse do Bicho-que-Irrita. Os alunos podem se sentir manipulados se ele for mencionado com muita freqüência. Além disso, também não o use se estiver com raiva, a menos que você tenha certeza de que consegue se manter firme ao contexto da exteriorização e não julgar a criança.

Terceira semana: desmascarando o Bicho-que-Irrita

A próxima discussão pode ser uma continuação das observações feitas pelos alunos durante a semana e de suas reflexões pessoais. Em termos específicos, é possível fazer perguntas como as que vêm a seguir sobre o que eles observaram: "Quando e onde é mais provável que o Bicho-que-Irrita ataque?", "Quais as idéias sobre os outros que ele coloca na cabeça das pessoas?", "O Bicho-que-Irrita é um problema importante para se pensar?"; "Você está disposto a aumentar a consciência que todos têm sobre o Bicho-que-Irrita em sua escola e em sua comunidade?".

A turma pode ser então convidada a criar pôsteres de prevenção que consistem em um *slogan* e uma ilustração. O dever de casa da semana anterior pode ser bastante útil aqui, já que os alunos ilustram artisticamente o resultado de suas reflexões pessoais. Para evitar a limitação extrema da criatividade, que pode ocorrer quando todos desenham um frasco de veneno, por exemplo, o facilitador pode apresentar exemplos pessoais aos alunos, simplesmente mostrando a eles um desenho desses e pedindo-lhes que façam outro tipo de propaganda que seja única e diferente. O *slogan* pode simplesmente ser a razão pessoal do aluno para evitar o Bicho-que-Irrita. Entre os exemplos de *slogans*, podemos encontrar os seguintes: "Os amigos são mais divertidos do que o Bicho-que-Irrita", ou "Eu dou mais valor à paz do que aos Bichos-que-Irritam".

O processo da criação de pôsteres preventivos oferece diversas vantagens: proporciona um contexto no qual os alunos de fato têm que expressar com clareza sua própria maneira de pensar a respeito do tema, requer que os alunos se imaginem no lugar de outra pessoa e cria um documento visível e público que testifica sua preferência por interações que demonstrem respeito.

É preferível que essa atividade não seja estabelecida como uma disputa, que seria um convite à competição, à avaliação e à hierarquia entre os alunos, o que, conseqüentemente aumentaria a probabilidade de desrespeito. Além do mais, com a premiação, é fácil alterar o foco do projeto, que deixa de ser aquele em que as crianças se dedicam a explorar o respeito, transformando-se naquele em que elas se concentram no ganho materialista. As crianças podem tirar a semana para trabalhar em seus pôsteres.

Maureen: Quando estiver criando os pôsteres, é importante conversar com as crianças sobre diversidade. Cada uma das idéias delas é valiosa no sentido de tornar a sala de aula um ambiente abrangente e colorido. Algumas das crianças talvez tenham habilidades artísticas mais definidas, e outras, *slogans* mais cativantes, mas é importante que os alunos expressem-se e não se sintam competindo, nem sintam a necessidade de copiarem o pôster de uma outra pessoa. O professor poderia considerar a idéia de fazer um pôster também. Os alunos devem ter uma ampla disponibilidade de tempo para se saírem bem na criação desses pôsteres. Dei a meus alunos duas sessões para eles trabalharem em seu desenho e pedi para que terminassem de colori-lo em casa.

Foi um processo gratificante, já que tivemos que utilizar nossa imaginação para criarmos um Bicho-que-Irrita de verdade para nós mesmos. Cada aluno, individualmente, tinha uma visão em mente de como ele se pareceria. Criamos nossas próprias visões e inserimos diálogo para as imagens que fazíamos desse bicho.

Eu realmente sugiro pedir que parte do trabalho do Bicho-que-Irrita seja feito como dever de casa. É apenas uma sugestão. Ao longo dos anos desta minha carreira de professora, mudei meu modo de enxergar como deve ser o dever de casa. Meu objetivo é mandar para casa apenas trabalhos significativos, no desejo de que meus alunos tenham mais tempo livre (mais do que é dado com os atuais volumes de temas de casa) para brincar e se dedicar a interesses externos. Esclarecido esse ponto, compreendo que existe uma pressão para se mandar dever de casa por várias razões, então aqui vão algumas idéias:

- Crie uma atividade de procurar palavras ou um quebra-cabeça com o vocabulário do Bicho-que-Irrita que sua turma está empregando.
- Escreva um conselho para uma outra criança de outro país sobre o Bicho-que-Irrita. Certifique-se de incluir definições dos termos *Bicho-que-Irrita* e *Respeito*. Mais um desafio: escreva sua carta em código, e não se esqueça de ficar com uma chave de respostas.

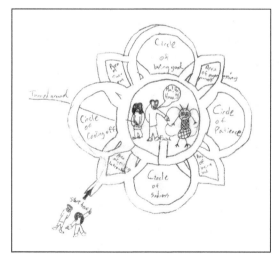

- Escreva charadas sobre o Bicho-que-Irrita.
- Escreva uma coluna de conselhos sobre os problemas que existem envolvendo o Bicho-que-Irrita. Escreva a pergunta e a resposta, em diferentes vozes.
- Escreva uma história a partir do ponto de vista do Bicho-que-Irrita.
- Escreva registros de diário a partir do ponto de vista de uma criança que está se libertando do Bicho-que-Irrita.
- Desenhe um labirinto com as etapas e o processo que você atravessa para se livrar do Bicho-que-Irrita.

Quarta semana: exibição dos pôsteres

A reunião pode começar com a exposição dos pôsteres de todos em sala de aula, ocasião em que os nomes serão mencionados aleatoriamente para introduzir o próprio pôster do autor ou o de outra pessoa, ou até mesmo para perguntar à turma quem gostaria de explicar seu pôster. É muito importante o reconhecimento (por meio do aplauso) de cada pôster e da mensagem que se pretendeu passar. Se sobrar algum tempo após a apresentação de todos os pôsteres, o facilitador pode dar início a uma discussão de sua experiência na criação desses pôsteres e de como esse trabalho afetou o jeito de ser do facilitador. Para a próxima semana, os alunos são estimulados a observar se conseguem ou não resistir algumas vezes ao Bicho-que-Irrita. Essa pergunta pode ser apresentada como um mistério, como algo que todos têm curiosidade em saber.

SEÇÃO 2: CONSTRUINDO OS SUCESSOS

Quinta semana: quadro de sucessos individuais

Nesta semana, podemos perguntar se os alunos perceberam ou não que estavam resistindo à tentação do desrespeito durante a semana. Alunos que sentem que resistiram ao Bicho-que-Irrita ao menos uma vez são convidados a levantarem a mão. Após um reconhecimento geral de todos os que tentaram, os alunos são estimulados a contar suas histórias de sucesso. Todos os alunos que estiverem dispostos a contar uma dessas histórias são ouvidos e aplaudidos com entusiasmo, um por um, em um esforço de criar um contexto dinâmico e vigoroso de apreciação. É importante lembrar os alunos de não mencionarem nenhum nome quando estiverem contando o que aconteceu, já que esse seria o tipo de atitude de um Bicho-que-Irrita. (Normalmente, é uma tentação dizer os nomes, como nesse exemplo: "O Jason me empurrou, mas eu não reagi e me afastei".) Como cada um desses enunciados geralmente é curto, cada aluno que levanta o braço para expor uma história de sucesso recebe a oportunidade de assim o fazer, e é aplaudido por todos. Após todos terem tido a oportunidade de ser reconhecidos, o facilitador pode introduzir o Quadro de Sucessos Individuais. Em termos específicos, os alunos são convidados a começar a anotar as vezes em que poderiam ter faltado com o respeito, mas escolheram não agir dessa forma. Esse processo oferece diversas vantagens:

- Para as crianças que lutam contra o Bicho-que-Irrita, mas, em geral, acabam envolvendo-se em encrencas, esse processo torna visível de uma hora para outra as ocasiões em que poderiam ter se metido em encrencas, mas não o fizeram. O foco deixa de ser a observação do quanto elas são más, passando a ser a observação do quanto elas podem ser boas, o que é estimulante e promove uma esperança de se viver livre de problemas.

- Para as crianças que normalmente são vítimas do Bicho-que-Irrita, ou para aquelas que se prendem discretamente às formas preferidas de ser, esse processo oferece a possibilidade de tornar visível seu compromisso com comportamentos que demonstram respeito.

- Para o professor que talvez não esteja ciente dos esforços discretos de alguns alunos no sentido de demonstrarem respeito, esse processo introduz boas intenções e incidentes significativos que de outra forma talvez continuassem passando despercebidos.

> *Maureen:* Durante esse tempo, passei a notar que minha turma estava se sentindo mais calma. Também comecei a relaxar. Isso pode ocorrer em momentos diferentes, em grupos diferentes. Estávamos observando nossos próprios sucessos e nos comportando das formas que mais nos agradavam. Antes do recreio ou do almoço, eu os lembrava que, quando retornassem, dedicaríamos algum tempo refletindo sobre o Quadro de Sucessos Individuais e preenchendo-o. Quando voltavam, eu dava mais ou menos uns 10 minutos para essa atividade. Em um primeiro momento, estive diante de um dilema. Preocupava-me com o fato de tomar tempo do conteúdo curricular para dar-lhes tempo para atividades sobre o Bicho-que-Irrita como esta. Compreendi que esse procedimento ajudava a deixá-los concentrados e a lembrá-los de seu eu preferido, e, assim, eles tinham mais condições de dedicarem-se aos estudos escolares. Eram 10 minutos muito bem empregados.

Sexta semana: as estratégias e os sopros de tornado

O facilitador deve revisar os quadros previamente para se certificar de que todos os alunos compreenderam a atividade. Infelizmente, não é incomum encontrar no quadro de sucessos uma declaração como a seguinte: "Eu me irritei com a Jennifer durante o jogo de basquete, e, em vez de dar um soco nela, eu bati em mim três vezes". Sabendo das experiências dos alunos de antemão, o facilitador pode esclarecer, sem mencionar nenhum nome, que o Bicho-que-Irrita pode tentar fazer eles se machucarem em lugar de machucarem os outros. Facilita-se assim uma discussão sobre os pensamentos de automutilação. Será que eles vêem a automutilação como uma outra versão do desrespeito? Como o Bicho-que-Irrita convence as crianças a serem más consigo mesmas? Quais os efeitos que isso produz?

A reunião inicia de um modo semelhante à anterior, com o reconhecimento dos alunos que tiveram ao menos uma história de sucesso em ter resistido ao Bicho-que-Irrita. Dessa vez, no entanto, o processo é acompanhado por uma discussão das estratégias utilizadas pelos alunos para resistir ao Bicho-que-Irrita e daquilo que eles precisam se lembrar se quiserem repetir essa atitude. Muitas vezes, os alunos não têm certeza do que exatamente possibilitou seu sucesso. É preferível não colocar ninguém contra a parede, mas sim fazer uma série de perguntas para toda a turma, como estas: "Na última vez que você conseguiu resistir ao Bicho-que-Irrita, em que tipos de coisas estava pensando?", "Quando você sente que está ficando com raiva, do que se lembra para evitar tomar uma atitude ruim?", "Quando você se sente aborrecido com alguém que conhece, o que você diz a si mesmo para manter a calma?". Quando o trabalho é realizado com um grande grupo, como no caso de uma sala de aula, é necessário modificar a mesma pergunta, porque palavras e frases diferentes irão se aproximar mais da experiência de alunos diferentes; a redundância criativa servirá para garantir que cada aluno possa se relacionar com ao menos uma das versões. As respostas e as reflexões dos alunos são compiladas no quadro-negro. Haverá ocasiões em que o facilitador talvez tenha que pedir mais detalhes ou reformular uma idéia de forma que ela se encaixe; porém, é importante que isso seja feito apenas raramente, pois o objetivo do projeto é respeitar o conhecimento dos alunos.

Cada uma das estratégias pode então ser expandida para uma estratégia criativa de equipe. Por exemplo, na maioria das vezes um aluno virá com a idéia de respirar fundo. Essa é uma prática que pode ser útil quando a turma inteira é muito hiperativa. Se os alunos não mencionarem essa idéia, o facilitador pode perguntar a eles se acham que respirar fundo poderia ajudar no combate ao Bicho-que-Irrita (ou, nos grupos que necessitam de mais estrutura, simplesmente exponha essa estratégia como tendo sido utilizada por outras turmas). A idéia de respirar fundo pode ser expandida em tom de brincadeira como a metáfora do sopro de tornado, especialmente no caso da 1ª à 4ª séries. O sopro de tornado é uma respiração lenta, profunda, que toda a turma faz em conjunto para purificar o corpo de todos, livrando-os dos Bichos-que-Irritam. Na verdade, quando cada um respira profundamente, os Bichos-que-Irritam ficam presos nesses sopros de ar e, impotentes, acabam sendo expelidos para fora da sala de aula. Os alunos são estimulados a fechar os olhos enquanto estiverem fazendo isso, a fim de visualizar o ar espalhando-se por todas as partes de seu corpo para assegurar que o Bicho-que-Irrita não ficou escondido em algum cantinho, como em um dedo do pé. As crianças geralmente adoram o sopro de tornado, e não é incomum vê-las passarem a utilizar esse método como uma estratégia regular em seu cotidiano. Observe que o *brainstorm* de estratégias não envolve o aplauso a toda contribuição. O uso excessivo do processo de aplausos levará automaticamente a um enfraquecimento de seu significado e de seu poder. É por essa razão que os aplausos limitam-se ao reconhecimento dos sucessos. Após o *brainstorm*, os alunos são convidados a continuar sendo bons observadores de seus próprios sucessos e de suas próprias estratégias na semana seguinte.

> *Maureen:* Respire fundo e solte o ar! Um sopro de tornado... que idéia útil para cada um de nós. Todo ano letivo na Califórnia, fazemos um exercício de simulação de terremoto em todas as escolas. Temos que nos abaixar e buscar abrigo embaixo de nossas mesas, e isso pode tomar parte de nosso tempo e de nossa paciência. Nossa simulação ocorreu lá pela sexta semana. A turma se lembrou de que os sopros de tornado eram uma grande técnica para se acalmarem e começou a praticá-los durante o alerta de terremoto. Cogitamos a idéia de trocar o nome para sopro de terremoto, mas gostamos da versão da Marie-Nathalie. Ensinei isso até para meus pequeninhos. Depois de aprendê-lo, é impossível negar seu poder!
>
> Agindo de um modo intelectual, podemos cair na tentação de pular a parte do Quadro de Sucessos Individuais e partir para a listagem das estratégias. É esse o lado negativo dos outros programas de educação do caráter que tenho visto nas escolas – esses programas intelectualizam as idéias e as impõem às crianças. O que acabei valorizando nesse projeto é o fato de que os colegas de aula propõem estratégias após terem honrado suas próprias experiências. Essa atitude proporciona maior riqueza de idéias e maior domínio do processo. É estimulante ouvir as histórias das vitórias contadas pela turma – algumas grandes vitórias, outras pequenas –, todas importantes. Durante esta semana, também atuei como facilitadora em uma breve discussão em torno da seguinte questão: como seria nossa turma se estivéssemos livres do Bicho-que-Irrita? Dei os parabéns à turma, porque eles estão fazendo progressos nesse sentido, e perguntei a eles se alguém gostaria de parabenizar outro aluno.

Sétima semana: o que é uma equipe?

Mais uma vez, o facilitador convida os alunos a contar suas histórias de sucessos na resistência ao Bicho-que-Irrita, aplaude cada um dos exemplos e então amplia a lista das estratégias de equipe. A partir desse ponto, podem ser feitas perguntas sobre o que significa ser um equipe:

- Como você define essa palavra?
- O que faz com que uma equipe tenha sucesso?
- Quais são as vantagens de se fazer parte de uma equipe?
- Como a turma de vocês seria diferente se vocês estivessem tratando-se como colegas de equipe?
- Imagine que sua equipe está jogando futebol ou basquete – você iria querer gritar com alguém que comete um erro e perde a bola, ou iria querer apoiar essa pessoa, ajudá-la a sair dessa ou dizer algo como "bela tentativa"?
- O que seria importante para você em uma equipe?
- O que você acharia da idéia de sua turma ser uma equipe? De que aspecto você gostaria?

Quando os alunos compreendem bem as implicações de ser uma equipe, é possível implementar diversas atividades. Pode-se determinar um nome para a equipe, pedindo sugestões aos alunos, escrevendo-as no quadro-negro e combinando-as de alguma forma (por exemplo: as primeiras sílabas de cada nome possível), ou retirando-se aleatoriamente um dos nomes de uma cesta que contenha todas as sugestões. Durante a semana seguinte, os alunos podem colaborar desenhando uma grande bandeira de papel e tentando ser uma equipe de verdade contra o Bicho-que-Irrita. Eles também podem criar receitas em equipe para assar um bolo imaginário que tivesse a propriedade de induzir o respeito.

Oitava semana: definindo o termo respeito

O encontro pode iniciar com a turma expondo como foi a experiência de ser uma equipe. Se os alunos sentiram que não obtiveram sucesso trabalhando como uma equipe, podemos dedicar mais tempo para investigar como o Bicho-que-Irrita interfere em suas vidas e qual a atitude que os alunos prefeririam tomar. Por exemplo, como o Bicho-que-Irrita impede as crianças de se ajudarem na escola? Quando você comete um erro tolo, o que gostaria que seus colegas fizessem ou dissessem? O que é preciso acontecer para que essa turma se transforme em uma equipe? É mais fácil perguntar aos alunos o que gostariam que os outros fizessem quando cometem um erro, do que perguntar a eles o que desejam fazer quando alguma outra pessoa comete um erro. A primeira formulação abre mais espaço para a tolerância e a compaixão, fechando o espaço para a acusação e a punição.

À medida que os alunos vão tornando-se especialistas em desmascarar o Bicho-que-Irrita, em trabalhar em equipe e em perceber seus sucessos, a discussão avança em direção aos jeitos de ser que demonstrem respeito. Por exemplo, podemos convidar a turma a fazer um *brainstorm* de como eles definiriam a palavra respeito se tivessem que escrever um dicionário. Este é um exercício que, para muitos alunos, pode ser difícil, mesmo para os mais velhos, já que essa palavra muitas vezes é empregada de um modo intelectual que pouco se relaciona com as experiências da vida real. Geralmente, é preciso reavivar a memória dos alunos diversas vezes, empregando perguntas como as seguintes: "Tente se lembrar da última vez em que você se sentiu respeitado. O que a outra pessoa estava fazendo?", "Como é a sensação por dentro quando alguém respeita você?", "Quando você quer demonstrar às pessoas que você as respeita, o que faz?".

Mais uma vez é importante que o facilitador se sinta à vontade para repetir a mesma pergunta diversas vezes, utilizando palavras diferentes, a fim de atingir o maior número possível de alunos. Enquanto um encontro individual permitiria aos terapeutas conhecerem uma linguagem significativa a cada aluno, o trabalho realizado em sala de aula não proporciona esse tipo de luxo, e o facilitador – quase que sozinho – deve apresentar os termos iniciais que tratarão das experiências pessoais dos alunos. Como mencionamos anteriormente, é muito importante evitarmos aquela tentação que em geral os adultos têm de dar um sermão e de explicar a palavra aos alunos, já que essa atitude iria servir simplesmente para mantê-los afastados do significado que o respeito tem para suas vidas. É preferível aceitar uma definição pobre inicial e mandar os alunos para uma missão de explorar essa palavra e seu significado.

Em termos específicos, podemos estimular os alunos a entrevistarem no mínimo dois adultos sobre as experiências que estes tiveram com o respeito. O facilitador ou o professor poderia digitar uma lista de sugestões de perguntas que os alunos podem expandir se quiserem. Apresentamos, a seguir, alguns exemplos dessas perguntas:

- Como você define o respeito?
- Quando criança, como você aprendeu sobre o respeito?
- Quem era a pessoa que mais demonstrava respeito por você?
- Quando você decidiu que queria ser uma pessoa que demonstra respeito pelos outros e por quê?
- Como você se mantém firme à idéia de ter condutas de respeito quando você se sente aborrecido ou irritado?

Infelizmente, neste mundo ocupado em que vivemos, alguns adultos ficam irritados por terem que responder perguntas demais, e é preferível fazer com que os alunos escolham umas três perguntas que os intriguem do que presenteá-los com uma entrevista frustrante. Só se deve dar prosseguimento às demais perguntas se houver interesse por parte do entrevistado. A idéia de pedir que os alunos entrevistem ao menos um dos pais traz a vantagem de representar um convite para os pais não apenas participarem das experiências de aprendizado escolar de seu filho, mas também de refletirem sobre a questão do respeito em relação aos jovens. O outro adulto escolhido pode ser alguém que os alunos sintam como uma pessoa particularmente capaz de demonstrar respeito por eles. Para eles, pode ser realmente interessante estabelecer um vínculo com esse adulto em um nível mais pessoal e aprofundar sua compreensão de como o indivíduo desenvolve jeitos preferidos de ser. A entrevista gera um contexto no qual adultos que têm um papel significativo podem dividir parte de sua experiência de vida sem impor a conversa e sem assumir um papel moralizador. Em muitos aspectos, essa entrevista cria um fórum para que os adultos justifiquem aos jovens os efeitos de seus jeitos de ser.

Nona semana: as entrevistas

Os alunos relatam não apenas o que descobriram em suas entrevistas, mas também sua opinião sobre essas idéias e se sentem ou não que essas idéias podem lhes ser

> *Maureen:* Sugiro que o professor envolva-se pessoalmente, fazendo a si mesmo essas perguntas e também se submetendo ao processo de entrevistar um amigo íntimo adulto ou um parente. Fazendo reflexões sobre sua própria vida, você estará preparado para a atividade da semana seguinte, quando sua turma irá entrevistá-lo; porém, o mais importante de tudo é que esse procedimento o aproximará das recordações do que você viveu em sua juventude. Ao entrevistar outro adulto, você poderá entender melhor o processo pelo qual seus alunos estão passando e também saber mais a respeito de alguém com quem você se importa.

úteis. As perguntas podem ser abordadas uma de cada vez, dando aos alunos que desejarem a oportunidade de uma exposição; ou a discussão pode ser aberta de forma a que os alunos respondam ao que mais interessar a eles. O procedimento de recontar as entrevistas aumenta a probabilidade de a experiência tornar-se significativa e relacionada à vida pessoal dos alunos. Essa discussão permite às crianças saírem da posição de observadores dessas idéias para a posição de donos dessas idéias a seu próprio modo único e pessoal. Assim que todos os que desejarem fazer sua exposição já a tiverem feito, a definição de respeito discutida na semana anterior pode ser ampliada com as novas idéias dos alunos.

Os alunos têm a oportunidade de entrevistar seu professor e o facilitador para saber sobre suas experiências pessoais com o respeito e com o Bicho-que-Irrita. Essa atividade, em especial, é poderosa, sendo geralmente uma das mais lembradas. Pode facilmente levar uma hora, e talvez seja necessário realizá-la na semana seguinte. Pode ser estabelecida de diversas maneiras. Primeiro,

> *Vários entrevistados falam abertamente sobre o respeito*
>
> **Quando você era criança, quem demonstrava mais respeito por você e de que forma?**
>
> "Minha mãe ouvia meus problemas e me tratava como igual."
>
> "Meu amigo sempre ouvia minhas idéias sobre como jogar."
>
> "Minha professora não fazia fofocas sobre mim e nem dizia aos outros que eu não era bom em alguma coisa."
>
> "Meu pai me deixava fazer minhas próprias escolhas."
>
> "Meus pais sempre diziam a verdade e ajudavam os fracos e os idosos."
>
> **Como adulto, o que você faz para tentar demonstrar respeito pelos outros?**
>
> "Sou sempre gentil com os outros e reconheço os méritos quando eles existem."
>
> "Asseguro-me de que as pessoas saibam que as valorizo, escutando o que elas dizem."
>
> "Tento ajudar outras pessoas que estejam precisando de ajuda, sem enfatizar demais essa atitude."
>
> "Tento fazer a coisa certa e o melhor que há para fazer."

o professor e o facilitador podem entrevistar um ao outro, para depois pedirem reflexões, perguntas e comentários da turma; um pequeno grupo de voluntários (no máximo cerca de seis ou sete alunos) pode escolher ir até a frente da sala e sentar-se em uma meia-lua com o professor e o facilitador e fazer perguntas, um de cada vez; ou, ainda, se muitos alunos quiserem entrevistar o professor e o facilitador, a entrevista pode simplesmente ser aberta para a turma toda. Entre as perguntas úteis para serem feitas nesse contexto, podemos citar as seguintes:

- Quando você era criança, o Bicho-que-Irrita levava você a fazer coisas que você não queria?
- Quando você dava ouvidos ao Bicho-que-Irrita, como isso afetava suas amizades?
- Como você descobriu que não queria seguir as idéias do Bicho-que-Irrita?
- Algum professor ajudou você a descobrir o respeito?
- Esse professor tratou você de uma forma que o levasse a querer ser uma pessoa que demonstra respeito pelos outros?
- O que foi exatamente que esse professor fez?
- Havia outros adultos a sua volta que o ajudaram a aprender a ser uma pessoa que demonstra respeito pelos outros?
- Com alguns adultos era difícil demonstrar respeito?
- Em sua função de professor, como você se mantém firme ao respeito quando o Bicho-que-Irrita está na sala de aula?
- Como você tenta manter uma conduta respeitosa quando está acontecendo algo que o incomoda?

Para alguns facilitadores, essa entrevista pode parecer arriscada, especialmente no caso de professores investidos de hierarquia e de disciplina. Esses professores, entretanto, muitas vezes são aqueles que mais irão apreciar e se beneficiar com essa experiência, pois ela faz com que se restabeleça um contato com suas próprias memórias da opressão em sala de aula e também com as visões que inicialmente tinham de si mesmos como professores. Pela experiência de

---

Diversos entrevistados falam abertamente sobre o respeito

Para você, o que significa demonstrar respeito, ou como você define a palavra respeito?

"Respeito é a habilidade de ouvir e de aceitar as opiniões dos outros."

"Prestar atenção aos outros com polidez é uma demonstração de respeito."

"Ser gentil, atencioso e um bom ouvinte."

Quando você se aborrece com alguém, o que tenta fazer para resistir a atitudes de maldade e de desrespeito?

"A paciência é a melhor de todas as virtudes. Tento me colocar no lugar dos outros e entender as diferenças."

"Lembro-me de como é a sensação de ser tratado com maldade."

"Respiro fundo e digo: 'Que Deus o abençoe!'."

Marie-Nathalie, a maioria dos professores realmente parece demonstrar bastante abertura e interesse em relação a esse processo, o qual, diante do vínculo que mantinha com eles na época e de sua disposição de também se submeter ao questionamento, pode parecer seguro.

O arranjo físico dessa atividade é complicado. Os alunos podem simplesmente continuar em seus lugares habituais ou ser convidados a se reunir em um círculo. Se convidarmos todos os alunos a se sentar juntos no chão, podemos criar uma atmosfera de maior intimidade para a exposição de histórias pessoais preciosas. No entanto, esse tipo de proximidade também aumenta a probabilidade de que o Bicho-que-Irrita venha a interferir mais cedo ou mais tarde e acabe levando as crianças a pregar peças umas às outras (como desamarrar os calçados). Com essa proximidade, as ações de apenas uma ou duas crianças desinteressadas rapidamente podem se transformar em uma bola de neve e interferir na habilidade de os outros alunos prestarem atenção. Nesse contexto, talvez seja útil questionar se a turma de fato poderia ou não trabalhar em equipe e se ela conseguiria chegar a 15 segundos de silêncio absoluto. Para isso, os alunos podem fechar os olhos, impedindo, assim, que o Bicho-que-Irrita os leve a um olhar para o outro e dar risada. Esse é um desafio normalmente recebido com grande entusiasmo, e o facilitador deve estar preparado para inúmeros pedidos de repetição dessa atividade com períodos mais longos de silêncio. Para nos assegurarmos do sucesso dessa atividade, é preferível fazer acréscimos curtos – 15 segundos, chegando no máximo a um minuto e meio. Se a idéia for preservar o significado e a utilidade dessa atividade, é preferível não a repetir mais de uma vez, mesmo que os alunos se mostrem empolgados com ela. O exagero pode dissipar rapidamente o interesse pelo silêncio.

A entrevista inevitavelmente faz crescer o vínculo entre os alunos e seu professor. Após essa atividade, muitos alunos que en-

---

Maureen: Foi uma ocasião fundamental essa em que a turma fez uma entrevista comigo e com a Marie-Nathalie para falarmos sobre nossas vidas. Um ponto crucial para nosso sucesso como equipe. Eles puderam se sentar juntos e fazer perguntas de bastante profundidade sobre nossas experiências com o respeito e o desrespeito. Puderam apreciar um lado muito humano que tenho. Sei que isso acontece quando todos realmente apostaram em uma relação de confiança com seu professor. Quase podia ver o movimento das engrenagens na mente deles: "Se nossa professora está sendo tão honesta conosco e nos valoriza tanto a ponto de dividir seus pensamentos, suas memórias e suas emoções pessoais, é porque ela deve acreditar em nós. Ela gosta muito de nós". Para mim, foi emocionante ver o empenho deles para aprender mais sobre a natureza humana e sua pura curiosidade ao me entrevistar. Essa sessão teve um efeito inesperado fenomenal. O ambiente em sala de aula ficou em paz por um bom tempo depois disso. Chegamos até a nos conhecer melhor, como pessoas de verdade, com experiências e personalidades ricas e variadas. O humor na aula ficou muito mais leve, e as pessoas deixaram de levar as coisas a sério ou para o lado pessoal. Descobri que estava me preocupando menos com os alunos e comecei a acreditar mais em sua capacidade de fazer escolhas positivas nas ações do dia-a-dia. Passei a enxergar as crianças mais como aliadas a serem encorajadas do que como inimigas.

contramos nos contaram como eles agora enxergam em seu professor uma pessoa "mais humana", "mais parecida com eles", ou, ainda, que eles sentiam que "também poderiam conseguir algo, já que seu professor também o conseguiu quando era criança". Os professores geralmente fazem comentários sobre como é maravilhoso para eles dividir algumas de suas histórias de vida com os alunos. Para muitos, esse tipo de experiência serve para renovar seu compromisso de demonstrar respeito por seus alunos e para lembrá-los de como era sua juventude e o fato de ser mal compreendido pelos adultos.

Décima semana: o bicho-que-irrita *versus* a foto do respeito

Podemos perguntar aos alunos se eles já notaram se sua equipe passou a demonstrar mais respeito: será que eles conseguem enxergar alguma diferença entre os momentos em que o Bicho-que-Irrita está presente e aqueles em que é o respeito que impera? O que normalmente acontece é que os alunos já estão notando o progresso há algum tempo e estão empolgados com isso, especialmente porque, de um jeito ou de outro, essa é uma situação que geralmente proporciona um tempo maior para diversão. Após registrarmos as observações dos alunos, podemos tirar duas fotografias em seqüência: uma retratando de forma real a sala de aula, quando o Bicho-que-Irrita que está lá, prejudicando os relacionamentos entre as pessoas, e outra do Respeito ou de situações de Respeito, facilitando, estimulando os relacionamentos ou a amizade entre as pessoas. O ideal é que o facilitador e o professor estejam na fotografia, já que são membros da equipe. Os alunos realmente adoram essas fotos e ficam ansiosos para vê-las. Geralmente, dá-se uma cópia dessas duas fotos para cada aluno. Podemos até fazer uma montagem artística durante a semana com molduras de papel e títulos para cada retrato.

Como preparação para a semana seguinte, a turma pode ser convidada a criar poemas sobre o respeito, uma tarefa que tanto pode ser pedida para ser feita em sala de aula ou como dever de casa. Podemos distribuir perguntas específicas para auxiliar os alunos a escrever metáforas.

Poema sobre o respeito

O respeito é _____ .

Exemplo: "O respeito une as pessoas como uma ponte, assim como o arco-íris une a Terra e o Céu."

O respeito é _____ .

Exemplo: "O respeito é aceitação e tolerância".

Se o respeito fosse uma pessoa, _____ .

Exemplo: "Se o respeito fosse uma pessoa, eu gostaria de passar muito tempo com ela".

Gosto do respeito porque _____ .

Exemplo: "Gosto do respeito porque ele permite que eu me dê bem com todo mundo".

Quando o mundo demonstrar mais respeito, _____ .

Exemplo: "Quando o mundo demonstrar mais respeito, haverá menos guerras".

Décima primeira semana: poemas feitos em equipe

Após um breve contato com cada um para explicar a tarefa escrita, o facilitador pode pedir aos alunos que marquem seu verso preferido do poema em seu próprio papel. Assim que todos estiverem prontos, os nomes podem ser definidos aleatoriamente, e cada aluno terá a oportunidade de ler seu verso preferido. Esse exercício funciona bem seguindo algumas diretrizes: primeiramente, os nomes são definidos aleatoriamente para evitar o aborrecimento de ser o último a ser chamado, como quando os alunos são chamados seguindo a ordem das fileiras de carteiras; em segundo lugar, é divertido permitir o desafio de aplaudir cada contribuição durante o tempo em que o professor a estiver escrevendo no quadro-negro; e, em terceiro lugar, cada aluno deve escolher apenas um verso curto, mesmo que goste do poema inteiro; caso contrário, o texto final ficará longo demais.

Depois que todos tiverem dado sua contribuição, o texto poderá ser utilizado da maneira em que estiver, ou os alunos poderão reorganizá-lo, sugerindo quais partes poderiam estar no início, no meio e no final. Os alunos também podem praticá-lo fazendo uma leitura dele em grupo, utilizando palmas e ritmo (como um *rap*) ou cada um deles lendo seus próprios versos. Os alunos estarão então prontos para copiarem o poema realizado equipe em sua montagem fotográfica.

Maureen: Aqui vai um exemplo do poema feito em nossa turma

Respeitar é ser gentil com todos,
sinta o respeito e alegre-se em tê-lo,
o respeito é muito útil de todas as maneiras.
Se o respeito fosse uma pessoa, ele seria bem-vindo em todos os lugares.
Gostaria de tê-lo em minha família,
seria alguém quase perfeito.
O respeito deveria estar em todos e envolver a todos;
o respeito significa a gentileza entre as pessoas para seu próprio bem.
Respeitar as pessoas me faz sentir bem por dentro.
Seja gentil com as pessoas, que elas serão gentis com você.
Quando houver mais respeito no mundo,
nós todos nos entenderemos melhor...
Haverá menos brigas e menos fome...
haverá mais amigos.
O respeito é como ouro para nossos sentimentos, para nossas famílias.
Eu respeito meus familiares porque eles se importam comigo e me apóiam.
Respeito minha irmã, porque ela é legal comigo.
Respeito meu irmão, porque ele é o melhor.
O respeito vem do coração.
Você tem que ser bondoso, você tem que ser gentil.
O respeito acontece quando as pessoas se unem, é ele que faz o amor.
O QUE SERIA DE NÓS SEM O RESPEITO???

Décima segunda semana: observadores secretos de sucesso

Agora que os alunos não apenas são especialistas em notar a presença do Bicho-que-Irrita e a ele resistir, mas também em perceber e compreender o respeito, podemos convidá-los a serem observadores secretos de sucesso para recrutar um público para a nova história preferida. (Embora estimulemos você a escolher e reorganizar o programa de modo que ele se ajuste da melhor maneira a cada ambiente, exclusivamente, é altamente aconselhável que já se tenha estabelecido uma exteriorização clara do problema e de seus efeitos e que os alunos já tenham tido a prática de agirem como observadores de seus próprios sucessos pessoais antes de envolvê-los nessa atividade de observação secreta. O motivo por trás desse cuidado é que geralmente é mais fácil notar os próprios esforços, e, quando os problemas existem há muito tempo, pode ser um desafio passar a apreciar os outros de uma hora para a outra. Sem dedicar tempo suficiente para facilitar os primeiros passos, os alunos poderiam ainda estar sob a influência do problema e simplesmente acreditar que aqueles alunos que estão enfrentando dificuldades não estão se esforçando para se livrar delas ou não estão tendo nenhum sucesso. Esse tipo de resultado serviria para confirmar o problema e alimentar a frustração e o desrespeito, em vez de desafiar esse problema.)

Na sala de aula, cada aluno fica responsável por observar secretamente os sucessos de dois alunos em demonstrar respeito e em combater o Bicho-que-Irrita. Elabora-se um formulário específico que será sempre entregue aos alunos para que eles documentem os sucessos que testemunharem. A seguir, mostramos um exemplo resumido desse formulário:

Um comentário feito a partir da observação secreta de sucesso (OSS):

Caro _____,

Hoje eu percebi que você resistiu ao Bicho-que-Irrita!

Quando? _____

Onde? _____

Acho que o Bicho-que-Irrita queria que você _____
_____

Em vez disso, você escolheu _____
_____

Parabéns!

Maureen: Para organizar esse programa, os nomes são definidos aleatoriamente. Pegue duas cópias da lista de nomes da turma e corte-as em tiras com um nome cada, de forma que cada aluno seja representado duas vezes. Dê uma volta pela sala e faça com que cada aluno retire dois nomes do chapéu. É preferível evitar que os alunos se

(Continua...)

(Continuação)

> sentem muito perto uns dos outros a ponto de se formarem duplas, pois isso dificulta o processo de documentação secreta. Sugiro que você faça com que os alunos lhe mostrem discretamente os nomes que retiraram, assim você pode guardar uma lista mestre dos observadores, porque às vezes as crianças esquecem de quem elas devem observar. A cada dia, escolha um momento adequado para lembrar os alunos de suas responsabilidades de observação, dando a eles alguns minutos para completarem seu bilhete informativo de sucessos. Por exemplo, um jeito de essa atividade funcionar é lembrando aos alunos pouco tempo antes do recreio que eles terão cinco minutos para preencherem seus bilhetes após voltarem para a sala. O recreio, com suas inúmeras possibilidades de encrencas, é um momento ideal para que muitos alunos resistam ao desrespeito e ao Bicho-que-Irrita. Fiz com que os alunos me entregassem os bilhetes secretos para poder verificar se todos os alunos estavam recebendo ao menos um bilhete de vez em quando. Não levava muito tempo para conferir na minha lista mestre os nomes de quem era observado resistindo ao Bicho-que-Irrita. Então, na manhã seguinte, antes de eles entrarem na aula, sem ninguém o ver, eu colocava os bilhetes sobre suas mesas. Esse processo é particularmente importante para garantir que, sem querer, nenhum aluno acabe ficando sem um par, ou que, por exemplo, um aluno não tenha recebido nenhum bilhete, porque seus dois observadores secretos estavam doentes ou tinham ido viajar. Chegou um ponto em que eu tive que pedir discretamente a um aluno para assumir a observação de outro que se ausentava com freqüência e que também estava tendo dificuldades em questões de comunicação. Isso aconteceu às escondidas, e ninguém na turma ficou sabendo. Foi realmente um segredo de sucesso.

A empolgação de ser um observador secreto normalmente é suficiente para motivar os alunos a ser bons observadores do sucesso.

> *Maureen:* Você pode esperar que 30 crianças realmente guardem um segredo? Leia aqui. Funciona!

Todavia, é útil discutir novamente as inúmeras maneiras pelas quais o Bicho-que-Irrita pode interferir nessa atividade. Entre as questões importantes a serem abordadas com os alunos estão a idéia de ser apontado para observar alguém de quem eles não gostem, de se concentrar em saber quem está observando quem (e não nos sucessos), de tentar trocar segredos ("Eu conto para você quem eu estou observando, se você me contar quem você está observando"), de esquecer de entregar os bilhetes, de ficar perguntando a todo mundo se essa pessoa é seu observador e de ser revelados como o observador de alguém e de mentir sobre isso. Geralmente, esses problemas desaparecem simplesmente ao prevê-los e discuti-los. O desapontamento por não estarem observando um amigo em geral pode ser abrandado pela compreensão de que, dentro das próximas semanas, haverá outras oportunidades de observarem os sucessos de seus amigos. Os alunos são estimulados a deixar de perguntar aos outros se eles são ou não seus observadores. Se alguns o fizerem, podem simplesmente receber uma resposta brincalhona como "talvez sim, talvez não", ou ser lembrados de que conversar a esse respeito tiraria muito da graça dessa atividade. O fato de observarem alguém de quem eles não gostam muito ou alguém que lute muito contra o Bicho-que-Irrita pode ser discutido como um desafio que o facilitador acredita que todos os alunos da turma tenham condições de assumir. Havendo necessidade, podemos dar exemplos de sucessos que talvez sejam difíceis de se notar, como xingar três vezes ao dia em vez de quatro; mesmo que o problema ainda esteja presente, ele é menor, e isso é um sucesso. A essa altura, os alunos geralmente se sentem bastante à vontade para observar os sucessos.

Alguns alunos ficam tão empolgados que recortam letras de jornais para enviar bilhetes informativos de sucessos completamente anônimos. Os alunos chegam até mesmo a fazer bilhetes secretos para o professor, ainda que não tenha sido designado diretamente um espião para o professor. Os professores sentem que esses bilhetes são comoventes e servem para validar esse processo, já que muitas vezes constituem um grande exercício de paciência.

> *Maureen:* Recebi um desses bilhetes informativos de sucessos de um aluno, referindo-se ao meu nível crescente de paciência com a turma. Entretanto, não espere por um, nem se sinta esquecido caso não o receba. Os alunos não estão acostumados a darem um *feedback* para o professor. Por favor, tenha em mente que esses comentários baseiam-se em minha experiência como professora e têm a intenção de ajudar, não devendo ser interpretados como uma comparação com sua experiência (mais ágil, mais devagar, com maior ou menor grau de envolvimento).

Em muitos aspectos, essa atividade cria um olhar positivo que impede o olhar crítico habitualmente encontrado em sala de aula. Nesse tipo de contexto, a criança perde o hábito de ir correndo para um adulto (em posição de poder) para contar qualquer pequeno erro ou problema de comportamento apresentado por outra criança. Toda a atenção é empregada para observar as conquistas e os sucessos. Esse olhar positivo renova-se a cada dia, pois o professor distribui os bilhetes no início da aula da manhã seguinte. Conseqüentemente, os alunos são lembrados, em tom de brincadeira, de seus sucessos anteriores.

Décima terceira semana: dividindo a experiência

Até esse ponto, os alunos geralmente estão entusiasmados com a idéia de apresentar alguns de seus bilhetes informativos de sucessos. Podemos começar uma discussão cujo foco esteja em como eles são afetados pelo fato de receber os bilhetes e de saber que as pessoas estão esperando para saber de suas realizações. Os alunos percebem muitos sucessos que não haviam notado e apreciam o fato de que todo mundo é mais gentil e tolerante. O que mais que eles passam a observar em relação às mudanças em sala de aula? O facilitador pode escolher entre continuar o processo por mais uma semana (certificando-se de que todos estejam recebendo os bilhetes) ou redesignar novos espiões para cada um.

Décima quarta semana: o jogo de adivinhar quem é o observador e a Superobservação

A turma está pronta para prosseguir com um jogo de adivinhação destinado a descobrir quem observou quem. É preciso muito cuidado na hora de facilitar esse processo, para nos assegurarmos de que o Bicho-que-Irrita não faça os alunos sentirem que sua capacidade de adivinhar é excessivamente boa ou ruim. É crucial evitar uma atmosfera de competição ou de comparação, na qual alguns alunos vencem e acertam, enquanto outros fazem papel de bobos.

Para impedir que isso aconteça, todos os alunos são informados para escreverem os nomes de cinco pessoas que acreditam que tenham sido seus observadores. Depois que todos tiverem terminado de escrevê-los, os alunos são chamados aleatoriamente para ler suas cinco suposições em voz alta. O facilitador então solicita que o verdadeiro observador faça o favor de levantar-se, e toda a aula aplaude o observador por ter sido um observador de sucesso. Qualquer referência quanto ao fato de as suposições estarem corretas ou não são evitadas. É um processo relativamente simples de ser executado, já que ele deve se desenrolar de uma maneira rápida e dinâmica, a fim de evitar que a turma esteja solta demais até a revelação do último observador.

Depois que os observadores secretos tiverem sido desmascarados, podemos convidar a turma para participar de uma superobservação, atividade em que, basicamente, todos observam todos, e os alunos são estimulados a assinar os bilhetes informativos de sucessos que fizerem. Saber a identidade do observador dos sucessos, pode ajudar a promover uma atenção mais direcionada entre um número cada vez maior de alunos. Contudo, apesar de todas essas vantagens, as crianças geralmente gostam de sua identidade secreta, e muitas insistem em continuar no anonimato, independentemente das orientações. Permitimos que as crianças se dediquem a essa atividade da maneira que lhes for mais emocionante, como um gesto de respeito pelas suas idéias e uma disposição de colaborarmos de um modo não-adultista e não-hierárquico. O fato de deixar os alunos fazerem sua escolha é uma demonstração de consideração por suas próprias preferências – quer por um vínculo visível ou por um ato de apreciação invisível porém estimulante e generoso.

Existem diversos formatos possíveis para o processo de documentação, cada qual com suas próprias limitações:

- Muitas turmas são divididas em subequipes de quatro a seis alunos, que são agrupadas. Para ajudar esse formato a funcionar, podemos criar uma pasta para a equipe, com o quadro de sucessos de cada membro do subgrupo. Esse formato traz a vantagem de permitir o fácil acesso dos alunos aos quadros, já que os alunos, dado seu posicionamento espacial, são os que mais chances têm de observar os sucessos de seus colegas de equipe em aula. Por outro lado, esse formato pode ficar confuso quando os alunos de outras equipes quiserem registrar os sucessos, ou quando houver mudanças no arranjo da sala de aula.

- Um livro que reúna os quadros individuais pode representar uma lembrança concreta e empolgante da turma enquanto equipe, trabalhando em conjunto para ampliar seu nível de respeito pelos outros; o problema desse método é que apenas uma pessoa por vez pode escrever nesse livro.

- Pastas individuais para cada aluno localizadas em um ponto central oferecem a todos a maior flexibilidade e facilidade de acesso; ao mesmo tempo, se não puderem ser retiradas do local, só poderão ser preenchidas durante os intervalos e, caso possam ser retiradas, podem facilmente cair no lugar errado ou ser perdidas.

Dependendo do tempo, das metas, do tamanho da sala de aula, da organização, o facilitador talvez prefira adaptar uma dessas idéias ao contexto em que estiver inserido, o que pode até mesmo implicar uma combinação de dois formatos, como, por exemplo, manter tanto uma pasta para a subequipe quanto um fichário central para guardar os quadros de sucessos. Independentemente da escolha, é necessário considerar os possíveis efeitos secundários negativos do formato; por exemplo, afixar quadros de sucessos na parede poderia desencadear comparações prejudiciais e uma competição para determinar quem tem mais registros. Assim, é preciso desenvolver um equilíbrio adequado entre a acessibilidade e a privacidade individual.

Tirando essas questões de logística, a atividade de superespionagem em sala de aula é divertida e estimulante. Os alunos geralmente verificam seus quadros para ver o que foi escrito e ficam empolgados pela documentação dos sucessos que nem eles haviam sequer notado. Quando um aluno sente que teve um sucesso importante, mas que aparentemente não foi notado por ninguém, pode expor os detalhes dessa conquista a um colega de aula, que então pode documentá-lo para ele.

SEÇÃO 3: A CELEBRAÇÃO DO CONHECIMENTO E DA HABILIDADE

Décima quinta semana: dia da apreciação

Após passarem quase dois meses desenvolvendo relacionamentos baseados no respeito e na tolerância, os alunos ficam empolgados para falar sobre o progresso de sua turma. Inicialmente, o objetivo dessa discussão é convidar os alunos a fazer uma breve exposição em público dos sucessos que eles observaram de seus colegas. Entretanto, em certas turmas, esse processo freqüentemente se transforma em uma avalanche muito maior de apreciação, que chega a durar duas horas. Essa exposição normalmente é muito mais longa do que o conteúdo documentado nos quadros de sucessos e, em certos aspectos, possibilita a participação daqueles alunos que não gostam de escrever.

Ao agirmos como facilitadores dessa atividade, devemos ter em mente diversas dicas:

1. Mais uma vez, evite dizer o nome de qualquer pessoa que estiver relacionada a um mau comportamento, concentrando-se apenas nos exemplos de sucesso.

2. Estimule os alunos a dar exemplos específicos do progresso feito; caso contrário, os reconhecimentos ficarão amplos demais e sem sentido, como: "Quero indicar o Alex porque ele está mais simpático".

3. Implemente um formato divertido que mantenha o suspense ao longo de toda a atividade, como no caso de mencionar o nome do receptor somente após reconhecer o sucesso, por exemplo: "Tem um menino aqui que anda muito

---

Maureen: Aqui estão duas reflexões inspiradas em minha turma. Primeira: essas semanas de observação foram bastante divertidas. Por favor, continue mantendo uma postura brincalhona e não se esqueça das táticas para promover o suspense, a aventura e o mistério. Segunda: para mim, foi muito importante não enfatizar o fato de os alunos estarem certos ou errados quando adivinhavam quem era o observador que os estava observando. O contexto que mantive em aula foi de que os observadores haviam feito um bom trabalho de observação e de que esse trabalho ficou mais fácil porque a turma demonstrou um esforço notável em sua resistência ao Bicho-que-Irrita.

mais disposto a incluir os outros no jogo de basquete e que até dá apoio aos outros quando eles erram dizendo 'Bela tentativa', e esse menino é o Adam".

4. Faça com que as declarações sejam breves e recebam aplausos calorosos.
5. É útil escolher arbitrariamente uma ordem para prosseguir. Com tantas mãos se levantando ansiosas para serem escolhidas é fácil se sentir completamente dominado e perdido para definir quem foi o aluno que ergueu a mão primeiro. Dar voltas pela sala ou caminhar pelos corredores de carteiras é uma maneira de assegurar-se de que todos tenham uma chance justa de fazerem sua exposição e de permitir também que os aplausos continuem (os alunos mostram mais disposição para aplaudir quando, ao baixarem suas mãos, não estiverem correndo o risco de perderem uma chance de falar).
6. A turma pode ser convidada a assumir o desafio de garantir o reconhecimento dos sucessos de todos, de forma a não deixar ninguém de fora (já que deixar alguém de fora seria uma atitude típica do Bicho-que-Irrita).

Vale a pena deixar essa atividade continuar até que haja energia para tanto. Agindo assim, o facilitador assegura-se de que todos mantenham uma memória fantástica do acontecimento, e não fiquem entediados. A essa altura, os alunos geralmente já expuseram suas observações em pelo menos seis ou sete ocasiões, dependendo do tamanho da turma. Os alunos que desejarem expor mais observações podem ter a oportunidade de escrevê-las.

O encontro termina com os alunos sendo informados de que irão iniciar sua última semana de superespionagem. Enfatiza-se a importância de documentar suas observações, já que a atividade está se encerrando e que todos provavelmente irão querer guardar recordações de seus sucessos. O desafio agora passa a ser espionar o maior número possível de pessoas diferentes que eles puderem até uma data especificada. Podemos pedir aos alunos que observem os sucessos de pessoas que ainda não tenham espionado. Prestar atenção em pessoas que não conheçam bem, ou de quem não gostem muito, pode ser discutido como o último exercício de apreciação. Para que uma atividade tão extensa como essa seja bem-sucedida, é preciso reduzir ao mínimo necessário o preenchimento do quadro de sucessos e facilitar esse processo. Para a eficácia do processo de documentação, é preciso oferecer a cada aluno um monte de tirinhas de papel contendo algumas frases para completar referentes ao sucesso observado. Outras tiras em branco podem ficar disponíveis em um local visível. Nesse estágio, os aspectos relativos ao conteúdo, ao local e ao momento em que ocorreu o sucesso podem ser enriquecidos com as reações pessoais do espião frente a esse sucesso (por exemplo: "Fiquei muito impressionado em ver você fazer isso"; "Acho que deve ter sido realmente difícil"; "Quero me lembrar de fazer isso quando algo assim acontecer comigo"). Uma simples frase reconhecendo como foi o impacto de alguém como testemunha do que ocorreu pode ser bastante significativo e reparador. Os alunos podem passar a se ver por meio dos olhos de outras pessoas e a estabelecer um contato até mesmo maior não apenas com sua habilidade de demonstrar empatia, mas também com os efeitos que têm sobre os outros. Cria uma oportunidade para uma equipe de minirreflexão com todos seus efeitos valiosos. Mostramos aqui um exemplo de uma tira em branco para ser completada com as informações sobre os sucessos.

> Caro _____,
> Notei que o Bicho-que-Irrita provavelmente queria que você
> _____
> _____
> _____
> e, em vez disso, você escolheu_____
> _____.
> Quando vi você fazer isso, eu _____!
> Data: _____   Local da observação: _____
>
> *Parabéns!*
>
> De seu colega de equipe da Sala 9: _____

Novamente, é interessante que o professor ofereça alguns minutos do tempo da aula para essa documentação. O ideal é que as tiras de papel sejam entregues diretamente ao professor ou deixadas em uma cesta designada para essa finalidade, com o acordo de que todas elas serão lidas em uma única ocasião no final da semana. Como surpresa, todos terão a experiência de ler seus bilhetes em um dia indicado. O professor pode estabelecer uma contagem regressiva diária envolvendo o número de pessoas cujos sucessos ainda não foram observados. Nenhum nome será mencionado publicamente a fim de evitar a marginalização dos alunos. Alguns professores pedem a um aluno de sua confiança para passarem algumas horas espionando outro aluno, assegurando-se, assim, de que todos tenham sido espionados.

Décima sexta semana: a festa

Finalmente, chegou o dia marcado. Os alunos estão ansiosos para ver quantos e quais foram os sucessos notados. Podemos anunciar uma loteria surpresa (cada tira que informa um sucesso se transforma em um bilhete de loteria). O facilitador pode considerar a idéia de oferecer mais três ou quatro bilhetes de loteria para cada aluno, como sinal de apreciação por terem se esforçado não apenas para demonstrar mais respeito, mas também para ser bons observadores. Com essa atitude, ele se assegura de que todos este-

> *Maureen:* O quadro de sucessos individuais (quinta semana) e os observadores secretos de sucesso foram atividades muito agradáveis. Os alunos ficaram impressionados por conseguirem contar suas histórias sobre o respeito e por reconhecer outras. Até mesmo um aluno despretensioso que antes era excluído e tinha medo de expor idéias positivas pôde fazer com que seus sucessos discretos, porém importantes, fossem conhecidos. Foi um lugar seguro para isso. Os alunos concentraram-se em uma ampla variedade de condutas positivas; tornando-se, portanto, um espaço dignificante para todas as crianças.

> *Maureen:* Os tipos de prêmios que tínhamos eram lápis, moedas que a Marie-Nathalie trouxe de sua viagem à Austrália e figuras de animais. Pequenos, mas divertidos! O processo da loteria é dinâmico e empolgante. São os alunos que selecionam aleatoriamente as tiras vencedoras e aplaudem os ganhadores. Eu geralmente permito que cada aluno ganhe apenas um prêmio.

jam incluídos na loteria, mesmo aqueles que talvez estivessem um pouco menos envolvidos ou que fossem menos espionados em função de suas lutas em termos pessoais ou de popularidade. É muito importante oferecer prêmios módicos, para evitar o desencadeamento de qualquer sentimento de ciúmes e para que se tenha uma boa quantidade de itens para recompensar o maior número possível de alunos. O facilitador também pode considerar a idéia de recompensar os alunos que tiveram sucessos e também os observadores, já que os dois nomes aparecem nessas tiras de papel. Nesse caso, o facilitador deve verificar previamente se todos os observadores assinaram a tira (ou pedir que os codinomes sejam identificados), já que alguns alunos insistem em continuar sendo espiões secretos até o final). Como discutimos anteriormente, seria lamentável penalizar uma participação tão dedicada.

Depois de uma loteria com tanta energia, os alunos são tratados como especialistas e consultores para outras turmas. Também são convidados a continuar a compartilhar sua apreciação, simplesmente dizendo a seus colegas de classe quando eles observam o sucesso. Podemos perguntar à turma se está disposta a fazer a experiência de simplesmente falar com as pessoas sobre os sucessos observados.

Décima sétima semana: os esquetes

Podemos convidar os alunos a preparar um espetáculo contra o Bicho-que-Irrita para os pais, para a administração e para outras turmas. O objetivo dessa atividade é criar um contexto no qual a habilidade dos alunos com o Bicho-que-Irrita e o respeito possa ser reconhecida publicamente. Essa atividade também proporciona um contexto desafiador para o trabalho em equipe. O espetáculo pode consistir em uma série de esquetes preparada por subequipes, podendo incluir o seguinte:

- Representações de alguns de seus sucessos concretos no combate ao Bicho-que-Irrita (que foram registrados nos quadros de sucessos).
- Entrevistas com o próprio Bicho-que-Irrita.
- Espetáculos com jogos divertidos que avaliem o que as pessoas sabem sobre o Bicho-que-Irrita.
- Noticiários sobre incidentes envolvendo o Bicho-que-Irrita.
- Propagandas de produtos contra o Bicho-que-Irrita.
- Um detetive em busca do Bicho-que-Irrita.
- Exemplos do Bicho-que-Irrita sabotando um evento atual, como uma eleição para presidente, os Jogos Olímpicos, e assim por diante.

Os alunos normalmente ficam muito empolgados com esse projeto e têm muitas idéias criativas próprias. É crucial dedicar alguns minutos para examinar com a tur-

> *Maureen:* Proporcione um contexto seguro para realizar o *brainstorm* das idéias que serão empregadas nos esquetes. Um caminho para isso é formando grupos, e depois pedindo que cada grupo decida seu tópico. Talvez seja mais profícuo para a turma pensar em diversas idéias para esquetes, decidir quais os esquetes que eles desejam colocar no espetáculo e depois formar grupos com base no interesse de cada criança. Desse modo, você pode evitar as disputas por popularidade. Fiz meus alunos me entregarem um papel onde eles escreveram suas duas idéias favoritas para os esquetes, e os alunos foram colocados em grupos que atentavam para esses interesses. No final, todos ficaram felizes. Desse jeito, talvez você acabe tendo um grupo mais diversificado de atores interessados, em vez de ver cada grupo perdendo-se em uma longa discussão sobre seu tópico e de se preocupar, logo de saída, com a visita do Bicho-que-Irrita aos grupos, trazendo conflitos e tensões. Entretanto, as duas formas de construir os grupos propiciarão experiências em termos de aprendizado.

ma como os alunos imaginam que o Bicho-que-Irrita pode interferir nesse projeto, pois é muito mais provável que o desrespeito ocorra quando eles estão empolgados e ansiosos em relação a um acontecimento. Em geral, é fácil para os alunos prever onde os conflitos podem irromper e como solucioná-los. As previsões que as crianças fazem sobre si mesmas e sobre seu próprio grupo etário geralmente são muito mais precisas do que as fantasias dos adultos a esse respeito. Após listarmos no quadro-negro os possíveis problemas provocados pelo Bicho-que-Irrita, podemos fazer um *brainstorm* que mostre como resolvê-los com respeito.

Os adultos muitas vezes caem na tentação de organizar, supervisionar e estruturar os esquetes. Desde a 1ª série do ensino fundamental, as crianças têm plenas condições de propor ótimas idéias e de representá-las com pouca interferência dos adultos, quando os adultos confiam a elas essa tarefa. Em vez de supervisionarem os esquetes, os adultos

> *Maureen:* Eu, pessoalmente, fiquei nervosa com os esquetes. Nossa turma queria convidar as famílias e os amigos para nossa representação. Eu nunca havia dirigido uma peça escolar antes, e tinha muitas expectativas em relação a mim mesma. Tive muito receio de que o julgamento das pessoas fosse severo. No fundo, eu sabia que o que eu queria era uma representação produzida pelas crianças. Não desejava impor minhas idéias a eles. Queria que a criatividade deles fluísse, para que eles se sentissem donos desse evento. No entanto, eu estava preocupada. O que as pessoas iriam pensar de mim enquanto professora se a representação não saísse impecável, ou se ela fosse grosseira e imatura? Fiquei bastante indecisa quanto a que atitude tomar e decidi manter minha intenção original: seria um representação das crianças, e confiei nelas, acreditando que dariam o melhor de si. A partir desse momento, atuei facilitando suas discussões para que determinassem o que queriam e as treinei para que falassem mais alto, enfrentassem a platéia e incorporassem seu papel. O resto foram elas que fizeram, e nós todos nos orgulhamos de dizer que fizeram o melhor.

> *Maureen:* Os esquetes foram um momento estimulante para os alunos. O fato de trabalharem juntos em uma produção para a qual eles poderiam convidar suas famílias significou muito para eles. O foco dos alunos esteve sobre os comportamentos influenciados pelo Bicho-que-Irrita. Foi um procedimento seguro para eles representar as condutas de provocar e de insultar e a maneira como eles mudaram seu comportamento. Tivemos duas sessões de ensaios, uma mais agitada que a outra, e depois uma discussão sobre como empregarmos nossas estratégias para impedirmos que o Bicho-que-Irrita fizesse ainda mais invasões que andavam provocando dissensões, ciúmes e desorganização dentro de cada grupo. Continuamos com mais dois outros ensaios, que correram sem transtornos e que demonstraram concentração, seguidos de um ensaio geral antes do grande espetáculo. Acredito que cada grupo deve exigir uma quantidade de tempo diferente, mas, para que os esquetes tenham um resultado de sucesso, é interessante oferecer a eles bastante tempo para a prática. Eles se esforçam muito para essa produção, e eu percebi colaborações úteis por parte de cada grupo. Foi mais ou menos nessa época que eles vieram com idéia de que o Bicho-que-Irrita é alérgico à gentileza e ao respeito. Esse passou a ser um forte conceito em nossa sala de aula durante o resto do ano letivo.

podem ser mais úteis revisando dicas para a encenação – como falar alto o suficiente para que a última fileira possa escutar, enfrentar a platéia, certificar-se de que os atores consigam ser vistos pelo público, esperar a vez de falar para evitar que um ator atropele a fala do outro, incentivar a atuação dos outros com uma salva de palmas, etc.

O professor e o facilitador também podem preparar uma carta oficial anunciando o evento e solicitando a permissão para gravá-lo em vídeo. Essa carta deve ser anexada aos convites personalizados e criativos que os alunos entregarão aos seus pais e convidados. O vídeo oferece uma oportunidade para os pais que não puderem estar presentes assistirem ao espetáculo. É interessante gravar em vídeo tanto o ensaio geral quanto o próprio espetáculo, para aumentar as chances de os alunos sentirem-se orgulhosos de pelo menos uma das gravações em que aparecem. Nesse ensaio, pode-se demonstrar ao facilitador o que se conseguiu realizar durante a semana e instalar a câmera de vídeo adequadamente.

Décima oitava e décima nona semanas: o espetáculo e seu vídeo

Talvez seja conveniente recomeçar uma discussão sobre como o Bicho-que-Irrita pode tentar sabotar o espetáculo. Os alunos geralmente estão empolgados, e revisar algumas estratégias de equipe para relaxar e impedir que o Bicho-que-Irrita tome conta do espetáculo pode ter um valor inestimável (por exemplo, sopros de tornado). A representação proporciona um público para a distribuição de certificados de progresso. Podemos criar certificados com frases para completar de forma que os alunos possam escrever o que eles mais sentem orgulho de ter realizado. Os alunos podem até mesmo enfeitar seus certificados e pedir a um melhor amigo que assine como testemunha ou, ainda, que escreva uma ou duas frases sobre o progresso que observaram. Esses certificados podem ser apresentados pelos alunos ao final do espetáculo do Bicho-que-Irrita.

Na semana seguinte, o vídeo do espetáculo pode ser assistido com cuidado, dando-se uma atenção extra para as possibilidades de que os alunos venham a se sentir críticos em relação a sua atuação. Os alunos geralmente estão ansiosos para dividir com o grupo a experiência que tiveram com o espetáculo e as reações dos seus pais a esse espetáculo. Talvez seja interessante discutir o que eles gostaram, o que fez com que eles se sentissem parte de uma equipe, como eles evitaram o Bicho-que-Irrita e o que a turma deveria fazer de diferente se criasse outro espetáculo. Quando todos tiverem tido a oportunidade de fazer sua exposição, o facilitador pode discutir dois processos relacionados ao vídeo: o processo de assistir ao vídeo e o de compartilhar os vídeos.

O processo de assistir ao vídeo

O Bicho-que-Irrita talvez tente fazer com que os alunos se sintam mal com o vídeo. As meninas pré-adolescentes, em particular, talvez tenham um excesso de autocrítica quanto a sua aparência. Os alunos que não são falantes nativos do inglês podem se sentir envergonhados em função de seu sotaque. Certos alunos podem sentir-se tentados a fazer críticas, acusações ou a zombar dos outros. Todas essas inquietações devem ser abordadas com antecedência, a fim de garantir que a experiência de assistir ao vídeo seja positiva. Perguntar aos alunos como acham que o Bicho-que-Irrita irá interferir na diversão de assistir ao vídeo, prever os sentimentos de autocrítica e discutir o que os alunos desejam lembrar caso haja uma interferência do Bicho-que-Irrita são procedimentos que farão com que todos aproveitem melhor essa experiência. Podemos também dizer aos alunos que a maioria das pessoas ouve sua própria voz com estranhamento.

O processo de compartilhar os vídeos

Compartilhar os vídeos para assisti-los em casa é um exercício que desafia o trabalho em equipe. Esse processo será enormemente afetado pelo número de cópias que o facilitador tiver condições de oferecer. Para que seja viável, é necessário um mínimo de uma cópia para cada dez alunos.

> *Maureen:* Fizemos isso de duas maneiras. contudo, não deixe que essas duas idéias limitem suas soluções criativas de como compartilhar os vídeos com a turma.

A corrente de vídeos. A organização desse processo geralmente é feita com a turma e baseia-se em fazer uma relação daqueles alunos que moram nos mesmos bairros, dos que se vêem nos finais de semana, dos que sabem onde outros alunos moram, e assim por diante. A partir daí, formam-se correntes de alunos e estabelece-se todo um plano de compartilhamento. Talvez você queira escolher os nomes dos primeiros alunos de cada corrente. Os alunos responsabilizam-se então por passar o vídeo para o próximo aluno da corrente. Fica mais fácil se você juntar uma lista de nomes e telefones de alunos que fazem parte da corrente, com instruções para os pais auxiliarem a passar os vídeos adiante.

O sistema da biblioteca. Coloque suas cópias de vídeo à disposição para que os alunos as examinem na biblioteca da aula e fora dela. Esse método proporciona uma responsabilidade maior por cada cópia; todavia, pode demorar mais para os vídeos circularem.

Talvez o facilitador decida mencionar que o Bicho-que-Irrita às vezes pode levar alguns membros da família a fazer um comentário crítico; é uma questão que ocorre de vez em quando e que pode desencadear muita tristeza e vergonha. Caso isso aconteça, o facilitador pode entrar em uma discussão sobre a luta dos adultos com o Bicho-que-Irrita. É impossível proteger completamente os alunos de comentários nocivos, mas certamente é possível auxiliá-los a extrair significados diferentes das experiências.

Vigésima semana: as histórias

A essa altura do projeto, os alunos já se sentem bastante confortáveis com o conflito Bicho-que-Irrita *versus* Respeito, e muitos deles já ampliaram essas práticas para outros domínios. Os alunos agora adquiriram conhecimentos em todos os aspectos do desrespeito, aprendendo a identificá-lo, a notar seus efeitos, a enfrentá-lo, a desenvolver diversas estratégias para lidar com ele, a viver suas vidas sem a presença dele e a observar os sucessos dos outros. Todo esse conhecimento pode ser resumido em histórias. Para começar, podemos ler a eles uma história para exemplificar um formato. Mesmo que muitos alunos vibrem com essa idéia, nem todos se sentem à vontade com uma redação não-estruturada. Podemos oferecer modelos dessas histórias com frases para completar àqueles alunos que desejam participar.

> *Maureen:* Considere essa atividade como uma redação para ser feita em sala de aula ou, talvez, como uma tarefa para casa. Será um dever de casa significativo se, em casa, seus alunos tiverem ambientes incentivadores (momentos de tranquilidade para a reflexão e para a criação).

Apresentamos, a seguir, dois exemplos resumidos de modelos de histórias:

Uma história de um Bicho-que-Irrita intitulada _____

Era uma vez uma criança chamada _____ que morava _____.

O/A _____ favorito/a dessa criança era _____, e quando ela terminava todo o dever de casa _____.

Às vezes, no entanto, o Bicho-que-Irrita entrava escondido na mente dessa criança, e tentava provocar encrencas. O que ele fazia era _____

Também levava a criança a imaginar que _____.

Depois de escutar o Bicho-que-Irrita, a criança muitas vezes acabava se sentindo _____.

O Bicho-que-Irrita estava sempre entrando escondido, especialmente _____.

Um dia, porém, de repente, a criança percebeu que _____

Ela decidiu que _____.

A partir desse dia, quando o Bicho-que-Irrita colocava maldade na cabeça dessa criança, _____.

Com isso, a vida dela mudou completamente, porque _____

(Continua...)

(Continuação)

Outras pessoas, especialmente _____, começaram a notar que _____.

Os amigos dessa criança diziam _____,
e os pais dela _____.
As pessoas agora achavam que _____ era uma criança muito _____.
Ela também preferia ser assim, porque _____
_____.

Então ela passou a evitar ao máximo dar ouvidos ao Bicho-que-Irrita, cresceu e se tornou _____
_____.

Minha própria história de combate ao Bicho-que-Irrita intitulada _____
_____.

Escrevo esta minha história para que outras crianças possam aprender com minha experiência.

O Bicho-que-Irrita costumava me fazer _____.
Ele entrava escondido em minha mente quando _____.
Chegou a me levar a imaginar que os outros _____.
Eu também me sentia realmente _____.
Por causa do Bicho-que-Irrita, muitas coisas negativas aconteceram na minha vida, como _____
_____.

Eu realmente não gostava quando essas coisas ruins aconteciam, mas levou algum tempo para eu perceber que eu estava dando ouvidos ao Bicho-que-Irrita. A primeira vez que eu notei o Bicho-que-Irrita foi quando _____
_____
_____.

O que realmente me ajudou foi perceber que _____
_____
_____.

Então, certo dia, depois de _____
_____,
decidi que _____
_____.

(Continua...)

(Continuação)

> Meu primeiro grande sucesso de resistência ao Bicho-que-Irrita foi _____. Cheguei a ficar pasmo comigo mesmo e me senti _____. A partir desse dia, esforcei-me bastante para _____.
>
> Agora, quando o Bicho-que-Irrita tenta se enfiar na minha cabeça, eu _____. Minha estratégia favorita contra ele é _____.
>
> Desde que eu me livrei do Bicho-que-Irrita, minha vida melhorou muito, porque _____.
>
> Bem, essa é minha história, e espero que ela também ajude você, porque _____.

Décima primeira semana: leitura da história em público

Mesmo que a maioria dos alunos possa ter escrito uma história, por timidez, nem todos estarão interessados em lê-la para um público. Chamar voluntários normalmente funciona bem, e o professor ou o facilitador podem ficar disponíveis para ler as histórias deles para os outros alunos. Dependendo do tempo, não será difícil lermos e manifestarmos nosso reconhecimento a umas cinco a dez histórias curtas antes de sairmos com um grupo de auxiliares para planejarmos a introdução do projeto em uma outra turma. Os alunos devem ser convidados a preencher um questionário de *feedback*, a fim de ajudar o facilitador a melhorar o projeto e a reforçar esse novo *status* de especialistas.

Como agora os alunos estão orgulhosos de seu conhecimento e de sua experiência, essas histórias podem ser introduzidas como possíveis instrumentos de ensino para outras crianças. A essa altura, o facilitador pode recrutar alunos que estariam interessados em atuarem como co-facilitadores desse programa em outras turmas. Ao obtermos a permissão dos pais para a participação desses alunos, teremos uma oportunidade de perguntar brevemente aos pais se notaram algum progresso em casa. Ao atribuirmos aos alunos da 1ª à 4ª séries do ensino fundamental a responsabilidade de serem co-facilitadores em outras turmas, é necessário considerarmos algumas questões. Devemos discutir práticas de liderança que promovam o respeito e o amparo. Entre os exemplos desse tipo de prática, estão os seguintes:

- Incentivar sempre as contribuições dos alunos mais novos, em vez de avaliar se uma idéia é boa ou ruim.

- Repetir ou reconhecer o que cada aluno diz, e não simplesmente passar de um aluno para o outro sem fazer nenhum comentário.

- Fazer o máximo possível para manter um comprometimento com a turma, em vez de ficar falando com os outros co-facilitadores sobre os comentários dos alunos mais novos.

- Falar alto e com dinamismo para manter o interesse dos alunos mais novos, e não falar devagar.

Também é preciso manter a simplicidade das funções atribuídas aos auxiliares, tais como ser responsável por uma área de discussão ou por um dos papéis do esquete. Escrever as idéias no quadro-negro é ideal para o facilitador, pois deixa o palco central para os líderes dos alunos ao mesmo tempo em que permite uma rápida assistência caso necessário. As responsabilidades também devem ser determinadas com base nos talentos especiais dos alunos, podendo-se criar ocupações simplesmente para incluir os alunos. Por exemplo, alunos tímidos podem se sentir satisfeitos ao ficarem encarregados de proteger a câmera, de fazer anotações ou de supervisionar os aplausos.

UM BREVE RESUMO DAS CONSIDERAÇÕES SOBRE A FACILITAÇÃO EM SALA DE AULA

O trabalho em sala de aula exige que o facilitador tenha o cuidado extra de acompanhar a experiência dos alunos, de criar um formato seguro para as discussões (minimizando o espaço para a ocorrência do problema), de manter o interesse da turma, de respeitar as idéias dos alunos, de evitar a marginalização e de minimizar a violência em relação ao Bicho-que-Irrita.

Acompanhar a experiência dos alunos

Fazer um bom acompanhamento da experiência de um grande grupo de crianças, a ponto de abrir espaço para que cada uma delas consiga apresentar mudanças significativas a sua própria maneira, pode ser um desafio bastante grande. O facilitador deve se interessar muito pelo que é dito e pelo que não é dito, além de manter contato com as experiências dos alunos, quer eles tenham ou não uma voz no grupo. Há diversas formas de facilitar esse procedimento: (1) dê tarefas escritas individuais abrangendo os mesmos tópicos discutidos em aula; (2) inclua uma variedade de atividades (por exemplo: desenho, canto, representação) que permita às crianças explorarem questões independentemente de suas habilidades verbais e escritas; (3) empregue múltiplas exteriorizações, investigando o mesmo tópico com uma variedade de questões em uma tentativa de estabelecer um contato mais preciso com a experiência de um aluno formulada em sua linguagem particular; e (4) utilize perguntas simples e curtas que provavelmente serão compreendidas por todos.

Criar um formato seguro para as discussões

Ao se trabalhar com os temas do desrespeito, é necessário que se tenha um extremo cuidado na hora de elaborar as atividades e as discussões, especialmente em um primeiro momento, para se impedir a interferência do problema sem que se tenha nenhum método para lidar com ele. Os primeiros encontros com a turma dão o tom para o resto do projeto; assim, o facilitador deve formular com cuidado as perguntas e prever de que maneiras o problema pode ser desencadeado. Perguntas como "O que você acha que pode estar causando alguns problemas em sua turma?" talvez pareçam respeitosas ao facilitador que está tentando fazer com que os alunos expressem sua experiência com clareza. Entretanto, perguntas como essa são provavelmente um convite a respostas desrespeitosas, como aquelas que incluem o nome de uma criança, abrindo espaço para a ocorrência de problemas – como acusações, crianças dizendo "nada" como resposta ou crianças perdendo o contato com os problemas.

Uma pergunta mais eficaz seria "Outras turmas com as quais eu trabalho dizem que hábitos como as provocações, a raiva ou a irritação atrapalham o divertimento deles no recreio. Isso também acontece nesta turma?". Com esse tipo de pergunta, pretende-se ter o efeito de abrir espaço para uma discussão das experiências dos alunos ao mesmo tempo em que se oferece uma estrutura que minimiza o risco de declarações indelicadas. Quando pedimos aos alunos para exporem suas observações sobre como o Bicho-que-Irrita atrapalha, também é útil especificarmos de saída que o fato de eles mencionarem o nome de uma criança nesse contexto é uma atitude que, por si mesma, é uma demonstração de desrespeito. Outra forma de minimizarmos o espaço para o surgimento de problemas é utilizando questões de múltipla escolha. Essas questões oferecem as seguintes vantagens: envolvem os alunos em reflexões estruturadas, porém ativas, reduzindo, portanto, a probabilidade de desrespeito; diminuem a complexidade de se responder perguntas sobre idéias completamente novas, e auxiliam aqueles alunos que não têm voz a expor seu pensamento com clareza (ou seja, ajudam a evitar uma resposta vaga ou confusa do tipo "Não sei").

Na medida do possível, o facilitador deve descobrir formas de evitar a intolerância e de demonstrar respeito ao lidar com o desrespeito, caso venha a ocorrer durante a conversa. Muitas vezes, é suficiente perguntar gentilmente ao aluno se, agora há pouco, o Bicho-que-Irrita pode ter entrado escondido. Por outro lado, estratégias de equipe para ser empregadas em sala de aula, como o sopro do tornado, podem ter um valor inestimável.

Manter o interesse

Para que o trabalho em sala de aula seja eficiente e interessante, os alunos devem ter a experiência de ter um bom desempenho nas atividades. O contexto deve se dar de tal forma que eles consigam se sentir seguros para correr o risco de expor e explorar as idéias em uma velocidade que lhes agrade e ainda sair triunfantes e empolgados ao final do exercício. A partir dessa perspectiva, o ritmo da introdução de novas atividades e da conclusão das atividades anteriores deve ser cuidadosamente ajustado a cada grupo e a cada indivíduo no grupo. As atividades devem ser mantidas por um tempo suficiente para que os alunos realmente estabeleçam um contato com elas, mas devem ser encerradas antes que os alunos fiquem entediados ou deixem de participar.

Respeitar as idéias dos alunos

Ao longo desse projeto, esforçamo-nos para introduzir o próprio conhecimento e as próprias idéias dos alunos sobre o problema. Os sermões são sempre evitados, sendo substituídos por perguntas e discussões sobre os temas. É importante escolher perguntas cujas respostas possam ser respeitadas, e não superestimar a habilidade do grupo para decidir certos assuntos. Por exemplo, seria contraproducente perguntar a um grupo de 30 crianças onde ou quando deveríamos realizar nosso encontro; é grande a probabilidade de se chegar a múltiplas respostas diferentes, e seria impossível aplicar todas elas. As desvantagens de se criar um contexto de competição, de ciúmes ou de rejeição de idéias podem ter um peso significativamente maior do que os efeitos positivos do envolvimento das crianças em certas decisões. Esse é um aspecto particularmente importante, já que, para determinadas crianças, o próprio fato de expressar uma idéia pode exigir um enorme esforço; se não tivermos condições de respeitar ou de incentivar esse esforço, podemos acabar reforçando os problemas da falta de vínculos e das experiências de desrespeito.

Evitar a marginalização

Ao se esforçarem para deixar de marginalizar as crianças individualmente, os facilitadores trabalham no sentido de deixar de marginalizar a turma. É importante que as crianças entendam que o desrespeito é um problema contra o qual muitas crianças e muitos adultos lutam; eles não são uma turma má, e as crianças não são más, se comparadas aos adultos. É preferível fazer uma pergunta sobre as crianças de um modo geral, como "O que o Bicho-que-Irrita leva as crianças a fazer que elas não gostam de fazer?", do que uma pergunta sobre uma turma específica, como "O que o Bicho-que-Irrita leva a turma de vocês a fazer?"

Minimizar a violência em relação ao Bicho-que-Irrita

Os jovens e os adultos geralmente ficam tentados a expressar ódio e violência em relação ao Bicho-que-Irrita. Embora parte dessa expressão seja inevitável diante do que ele representa, os facilitadores são dissuadidos de promover a violência. Os alunos são estimulados a trabalhar essa sua relação com o Bicho-que-Irrita de um modo que tenha por foco a idéia de introduzir suas formas preferidas de ser (compreensão, paciência, tolerância e respeito), e não a idéia de esmagar o próprio Bicho-que-Irrita.

CONCLUSÃO

Este projeto foi conduzido em 20 turmas de nove escolas do Vale do Silício da Califórnia. Obteve maior sucesso quando os facilitadores concentraram-se nas experiências das crianças, ajustando as atividades às questões específicas do grupo, e menos sucesso quando os facilitadores seguiram rigorosamente o esquema do programa, dando prioridade à programação, e não às experiências dos alunos. Assim, os facilitadores que se envolverem nesse projeto devem entender as idéias que orientaram a escolha e a criação das atividades e também saber definir o momento oportuno para apresentá-las à turma. Para isso, é necessário que os terapeutas e os educadores tenham uma boa compreensão dos conceitos narrativos que estão por trás das atividades, como a exteriorização do problema, *a revisão da própria história*, a criação de um público e as influências culturais que influenciam as interações em sala de aula. Sem esse embasamento teórico, os exercícios poderiam involuntariamente reproduzir certas estruturas de poder, em vez de desafiar o problema do desrespeito.

Neste projeto, os alunos são capazes de desenvolver novos significados de suas formas preferidas de ser que os permitem fazer escolhas de maior respeito. Quando os alunos mudam, não é porque adquiriram um conhecimento intelectual sobre o respeito, mas sim porque descobriram sozinhos quais são suas preferências nos relacionamentos que têm uns com os outros. É muito mais convincente e significativo perceber as próprias preferências do que ser informado sobre quais deveriam ser essas preferências.

Esse programa traz diversas vantagens exclusivas. Oferece aos alunos e à equipe de professores e funcionários da escola uma linguagem comum sobre um problema e suas múltiplas formas, o que não apenas possibilita que eles se tornem uma comunidade que luta pela mesma causa, mas também os une contra o desrespeito, em vez de uni-los contra os indivíduos especificamente. Essa é uma situação que contrasta com a atitude habitual das pessoas de se aborrecerem com aqueles que praticam o *bullying* e de reproduzirem exatamente o que reprovam nesses indivíduos, ao marginalizá-los e excluí-los.

Essas idéias também possibilitam aos professores um reencontro com aquilo que inicialmente os atraía à sua profissão: a recompensa de ajudar os alunos e de cuidar deles, ao contrário de puni-los. Alguns professores agora reconhecem que os comportamentos das crianças não necessariamente representavam quem elas realmente eram ou preferiam ser, sendo, muitas vezes, porém, resultado de expectativas, de especificações e de restrições que moldavam suas ações, transformando-as em hábitos problemáticos. Diante desse tipo de reação por parte dos professores, dá para entender por que os professores estão dispostos a desviar o tempo precioso de outras atividades de sala de aula para esse projeto. Sem o Bicho-que-Irrita por volta, o aprendizado ocorre com maior eficiência e eficácia.

10

Trabalhando com Cada Aluno em Torno da Questão do *Bullying*

Como Ajudar uma Criança que Sofre sob o "Domínio do Bullying"

Dada a importância de lidarmos com o contexto do *bullying*, o leitor talvez agora se pergunte como o trabalho individual pode ser útil. O trabalho individual pode ter um valor inestimável na hora de lidarmos com a maneira exclusiva de uma criança viver os relacionamentos. O impacto desse tipo de trabalho, no entanto, pode ser muito intensificado interferindo-se em algum momento na comunidade onde o *bullying* ocorre. Neste capítulo, contaremos a história de Geoffrey, que conseguiu se livrar do domínio do *bullying* com o apoio de sua comunidade.

UMA IDENTIDADE DOMINADA POR PROBLEMAS

Geoffrey era um menino afro-americano de 10 anos de idade que morava com sua mãe solteira, seu padrasto e um irmão de 5 anos em uma casa de classe média. Ele estava na 5ª série e há cinco anos freqüentava a mesma escola de séries iniciais do ensino fundamental. Todos os professores o conheciam por seus conflitos no *playground* e, de antemão, já haviam avisado outros professores da probabilidade de terem dificuldades com ele em sala de aula. Em quatro anos, Geoffrey já havia trabalhado com diversos psicólogos e psiquiatras sobre suas condutas e suas atitudes na escola. Vários medicamentos, como a Ritalina, foram prescritos, utilizados sem sucesso e interrompidos. Nessa época das consultas, era comum Geoffrey levar um bilhete disciplinar rosa quase todos os dias por empurrar, chutar, brigar, praguejar, mentir, irritar, retrucar, xingar, insultar, gritar ou por não fazer suas tarefas. Tinha a reputação (que odiava) de ser uma criança brigona, encrenqueira e má. Geoffrey sempre dizia: "Todo mundo fica falando nas minhas costas", e regularmente se recusava, irritado, a

---

Trechos deste capítulo foram publicados originalmente em "Cats Under the Stars: A Narrative Story", de Jeffrey L. Zimmerman e Marie-Nathalie Beaudoin, *Child and Adolescent Mental Health*, 7(1). Copyright, 2002, Blackwell Publishing. Inc.

tentar fazer as tarefas, afirmando que, de qualquer maneira, não conseguiria fazê-las. A mãe dele sentia-se desanimada, suspeitava que se tratasse de racismo, e estava começando a se sentir afastada e irritada com a escola por estar sempre mandando seu filho para casa com reclamações. Às vezes ela apoiava seu filho, às vezes apoiava a escola, nunca sabendo ao certo em quem deveria acreditar ou confiar.

REESCREVENDO ESSA HISTÓRIA SEM INTERFERÊNCIAS EXTERNAS

Os primeiros encontros com essa criança concentraram-se na idéia de promover uma ambiência de respeito e de colaboração e de exteriorizar o problema. O conceito de exteriorização (White e Epston, 1990) consiste em enxergar os problemas separadamente dos indivíduos; ou seja, os problemas não são vistos como se fossem deficiências e fizessem parte da identidade da pessoa, mas sim como um resultado da influência de discursos externos e de histórias problemáticas. A exteriorização tem o efeito de estimular nos pacientes a idéia de diferenciar o que é a pessoa e o que é o problema (ou de considerar que o problema lhe é externo), aumentando as chances de que comecem a se encarregar desses problemas. É um método que também respeita a identidade individual e preferida das pessoas, a qual é mascarada e obscurecida pelo problema.

No trabalho realizado com Geoffrey, o problema exteriorizado foi, portanto, inicialmente denominado Frustração. À medida que o trabalho narrativo prosseguia, Geoffrey parecia aliviado, passando a sentir cada vez mais a Frustração como um problema exteriorizado, e conseguiu notar os amplos efeitos negativos que ela produzia em sua vida. Explorou-se o campo de influência do problema, juntamente com seu impacto sobre as condutas de Geoffrey e suas atitudes; seus relacionamentos com os parentes, com os professores e com os amigos; os sentimentos que tinha sobre si mesmo e o tipo de pessoa que preferiria ser, e assim por diante. Além disso, Geoffrey começou a observar as ocasiões em que não teve comportamentos indesejados e os incidentes nos quais conseguiu resistir com sucesso à Frustração (resultados únicos). A partir de uma perspectiva narrativa, esses pontos representaram oportunidades para ajudar Geoffrey a recompor sua vida de um modo de sua preferência.

Todavia, embora, em um primeiro momento, essas observações tenham sido associadas à alegria, ao orgulho, à esperança e à motivação, Geoffrey acabou sentindo-se desanimado em função da falta de reconhecimento por parte do resto da comunidade. Com ressentimento, ele chegou à conclusão de que, por mais que se esforçasse, seus colegas continuavam não gostando dele, e ele ainda estava sob constante vigilância dos professores e dos funcionários da escola, que dele suspeitavam e que o disciplinavam facilmente por muitas ocasiões em que teria participado de situações importunas (mesmo que essa participação não tenha ficado clara). Marie-Nathalie realizava encontros semanais de 30 minutos com ele, e encontros com a família; entretanto, o apoio que Geoffrey recebia de sua mãe à noite, de certa forma, não conseguia contrabalançar a frustração dos dias inteiros em que passava na sala de aula com os professores e os outros alunos, ou os longos períodos em que passava de castigo injustamente na sala do diretor (o que, com certeza, não era a intenção desse diretor). As conversas com os professores e os convites para observarem os novos progressos ou para compreender o processo de *revisão de sua história* também não tiveram sucesso. Frustração também os estava recrutando, e, na maioria das vezes, o ressentimento acumulado em relação a Geoffrey os impedia de oferecer qualquer tipo de *feedback* positivo. Até mesmo as tentativas de convidar seu professor a observar apenas um exemplo por dia em que ele houvesse resistido à Frustração foram em vão, já que esse professor, assoberbado do trabalho com mais de 30 crianças, informava não haver nenhum exemplo desses. Os professores haviam vivido esse problema de uma maneira opressiva, e agora não enxergavam espaço para uma história diferente, especialmente por terem sido obrigados a assumir um papel disciplinador constante, do qual eles não gostavam. A história das dificuldades e os sentimentos a ela associados não se dissolviam automaticamente por serem pequenos os sinais de progresso apresentados por Geoffrey. Houve um conflito entre o que Geoffrey sentia a respeito de si mesmo e a visão dominante que a escola tinha dele, provocando uma incongruência. Essa luta acabou tendo o efeito de transformar Geoffrey em um menino muito amargurado e desesperançado em relação a sua situação, fortalecendo a mensagem fundamental da Frustração, segundo a qual Geoffrey era mau e antipático e que nada poderia fazer para mudar esse quadro.

Em conseqüência disso, Geoffrey dizia com raiva que odiava a escola, odiava todos os professores, odiava a aula, odiava estar vivo, e que todos também o odiavam. O Ódio e a Negatividade tomaram conta de tudo na escola e, especialmente, da própria narrativa que Geoffrey fazia de si mesmo. Ele agora era considerado uma criança muito zangada e negativa, sendo punido ainda mais pelas recusas cada vez mais freqüentes e violentas em participar das tarefas de leitura e de matemática.

Uma pausa na escola, um novo professor e uma nova sala de aula foram em vão. Geoffrey não mais conseguia enxergar o problema de uma forma exteriorizada e sentia que a Frustração não existia, que o culpado era apenas ele, que era muito mau ou que estava possuído pelo demônio (diante de suas boas intenções e de seu desejo de ser bom, foi só assim que conseguiu entender o problema). Esses pensamentos tiveram o efeito de criar um volume significativo de angústia e de raiva em relação a todos. As transgressões e as suspensões da escola passaram a ser mais sérias e freqüentes, especialmente porque o problema estava convencendo Geoffrey de que, se ele já estava encrencado, não valia mais a pena tentar controlar a Frustração. Em termos específicos, pequenos problemas de mal comportamento logo viraram uma bola de neve, transformando-se em grandes questões que levaram à suspensão em função de uma série elaborada de insultos que Geoffrey gritava à figura de autoridade. As últimas vitórias da Frustração sobre Geoffrey haviam agora se transformado em um dos principais assuntos de conversa entre os administradores, os professores, os funcionários da escola e os alunos. Os pais dos outros alunos começaram a pedir ao diretor que Geoffrey fosse transferido da sala de aula de seus filhos, ou que não tivesse a permissão de brincar perto deles. A Frustração, o Ódio e a Negatividade tiveram que ganhar um novo nome, o nome de um grande monstro chamado Encrenca.

Quando a situação piorou, ficou claro que as intervenções também precisavam concentrar-se no público, e não unicamente na história que a criança tinha de si mesma. A comunidade precisava revisar a narrativa que tinham sobre Geoffrey e abrir espaço para a exibição de uma nova narrativa, ao mesmo tempo em que Geoffrey estava introduzindo sua história preferida sobre si mesmo. A representação da história preferida nunca se tornaria uma realidade até o momento em que circulasse e fosse recebida no sistema.

REESCREVENDO ESSA HISTÓRIA NA COMUNIDADE

Novos começos

O problema agora ganhou um novo nome: Encrenca. As discussões em torno do efeito da Encrenca foram mantidas a um mínimo necessário para que, mais uma vez, Geoffrey exteriorizasse o problema. Os efeitos do problema foram sentidos intensamente e dolorosos o suficiente, não havendo necessidade de se falar mais a seu respeito. A meta da terapia era agora concentrar-se exclusivamente no desejo de Geoffrey de escapar da Encrenca e trazer a público toda a tentativa de resistir ao problema (resultados únicos). Também foi introduzida a idéia de que Geoffrey já contava com o apoio de uma equipe antiencrencas, que estava sempre em seu coração. Como discutiram Zimmerman e Dickerson (1996), equipes virtuais não apenas rompem com o sentimento alienante de isolamento, mas também permitem aos indivíduos agarrarem-se a suas formas preferidas de ser ao recriarem mentalmente a experiência de estar com pessoas incentivadoras. Na vida de Geoffrey, essa equipe era composta por sua mãe, Marie-Nathalie e seu animal favorito, o avestruz. A participação do avestruz tornou-se bastante significativa quando Geoffrey recebeu uma fotografia de um bando de quatro avestruzes, a qual ele guardou com carinho consigo por algum tempo. Discutiu-se que os avestruzes eram animais muito rápidos, muito altos e equipados com um bico poderoso que poderia machucar facilmente a Encrenca.

O quadro de resistência às encrencas

Em um primeiro passo para fazer a história preferida circular, foi preciso expor uma evidência de resistência às Encrencas, que representava tanto uma medida de apoio à experiência de Geoffrey com seus poucos sucessos quanto um tipo de prova para mostrar à escola. Ao primeiro sinal de uma descoberta de um resultado único, Geoffrey foi convidado a criar um quadro bem artístico intitulado O quadro do Geoffrey de Resistência às Encrencas e a documentar todas as ocasiões em que ele poderia ter dado ouvidos às Encrencas, mas não o fez. Geoffrey ficou entusiasmado com a idéia e gastou muita energia elaborando o quadro que ele então escolheu afixar no quadro-negro da frente da sala de aula. Sua mãe foi estimulada a todo os dias perguntar a ele sobre esses atos de resistência e a minimizar as conversas sobre as Encrencas. A equipe iria estar presente nas experiências que se ajustavam ao eu preferido de Geoffrey, recusando-se a ser um público para a história saturada de problemas. Nem bem Geoffrey havia começado a preencher seu quadro, circulou a notícia de que uma equipe de estudos formada por estudantes havia sido programada para investigar a possibilidade de transferir Geoffrey para um programa de educação especial e de submetê-lo a uma reavaliação para identificar alguma deficiência de aprendizado ou algum distúrbio emocional. Geoffrey foi engolfado por outra onda de desespero e de preocupações intensas. Contudo, ele deu prosseguimento a seu quadro, e, nesse momento, a equipe apenas discutiu os atos de resistência e nenhum dos bilhetes rosas. Essas discussões envolviam perguntas como estas: "Você se lembra de uma ocasião hoje em que você poderia ter se metido em encrencas, mas não o fez? O que estava acontecendo? Que tipos de coisas a Frustração estava convidando você a fazer? Qual foi a primeira coisa que você fez para resistir a ela? Foi difícil? Como foi que essa idéia surgiu para você? Você se agarrou à imagem de alguém em seu coração? Você estava pensando em algo específico ao fazer isso? Como você se sentiu? Foi bom você ter conseguido fazer isso? Que efeito isso teve sobre seu professor? O que poderia ter acontecido se você tivesse dado ouvidos à Encrenca? Você sabia que você poderia ser tão forte? O que isso sugere a seu respeito? O que sua mãe irá dizer quando ouvir essa história? Do que você quer lembrar a respeito desse incidente? Você acha que poderia fazer isso de novo? Que nome você daria a essa estratégia?". Por trás dessas perguntas, está a intenção de capacitar Geoffrey para que ele note seus próprios recursos contra o problema; crie seu jeito preferido de ser; dê sentido aos momentos de vitória que, de outra forma, permaneceriam invisíveis; além de lhe demonstrar os efeitos preferidos que essas ações de resistência tiveram em sua vida.

Intensificaram-se os convites para que os professores e o diretor observassem seu progresso: Marie-Nathalie pediu a eles que o ajudassem com seu quadro e mostrou-lhes seus últimos sucessos. O fato de compartilhar com eles essas informações também teve o efeito de desafiar as noções individualistas de que Geoffrey iria mudar isoladamente e de estimular todos a colaborar na criação de um contexto mais incentivador e apreciativo que promoveria sua identidade preferida. Em termos específicos, cada vez que Geoffrey resistia a uma Encrenca, a equipe ou escrevia esse fato em um bilhete para sua professora e para a diretora, ou simplesmente se dirigia até as salas do diretor, do assistente administrativo ou da enfermaria, onde Geoffrey iria repetir a explicação do que fez e da estratégia que utilizou. Por fim, essas estratégias foram todas compiladas em uma lista que consistia nas idéias ou nos pensamentos que Geoffrey considerou úteis na resistência à Encrenca. Entre os exemplos dessas estratégias estavam lembrar-se das conseqüências, lembrar-se de sua mãe, pensar nos avestruzes, manter a distância quando a Encrenca estava a sua volta e substituir os palavrões por palavras.

Uma cirurgia plástica na sala de aula

Certo dia, Geoffrey chegou aos prantos até Marie-Nathalie e contou-lhe que havia descoberto que sua professora estava utilizando o tempo de nossas reuniões para conversar com a turma a seu respeito. Ela havia pedido aos alunos para serem tolerantes e compreensivos porque ele "tinha um monte de problemas, mas estava se esforçando para resolvê-los". Geoffrey ficou muito irritado com essa história de ficarem "falando dele nas suas costas", sentiu-se marginalizado e achou que a turma inteira estava fazendo ainda mais fofocas contra ele. Apesar das boas intenções da professora, esse gesto surtiu o efeito de reforçar a experiência da marginalização, do isolamento e do estigma contra os quais Geoffrey tentava desesperadamente lutar. Essa história dominada por problemas e seu público mais uma vez estavam fechando o espaço e sufocando os novos progressos. Conseqüentemente, ficou claro que era necessário convidar logo a turma a observar a história preferida. Como a turma já havia sido envolvida nessa questão, Geoffrey e sua mãe concordaram que, a essas alturas, a participação de Marie-Nathalie, facilitando uma intervenção em sala de aula, poderia ser uma colaboração neutra ou ainda profícua. Há três semanas, Geoffrey vinha resistindo a se envolver em grandes encrencas, tendo documentado seis atos oficiais de resistência. A professora concordou em oferecer a Marie-Nathalie alguns minutos de sua aula para uma intervenção em grupo. Depois de se apresentar, Marie-Nathalie contou aos alunos que tinha vindo para informá-los que eles tinham um herói em sua turma, um menino que vinha travando uma grande batalha contra um hábito de se meter em encrencas, e que sua experiência era comparável a combater um dragão gigante que insiste em continuar voltando para atacar você mesmo quando você imagina que se livrou dele. Além disso, Marie-Nathalie disse que geralmente é muito difícil combater esses hábitos de se meter em Encrencas, porque as pessoas, inclusive os pais, não notam que as crianças estão se esforçando para dar o melhor de si. Ela perguntou se alguns deles já haviam tido essa experiência de tentar mudar e ninguém notar seus esforços. As mãos se ergueram. Marie-Nathalie acrescentou que, apesar dessas dificuldades, Geoffrey estava se tornando um especialista em combater encrencas, e, caso qualquer um deles precisasse de conselhos, é provável que ele pudesse ajudá-los a lidar com seu desafio. Os alunos foram então informados de que provavelmente não houvessem notado o quanto Geoffrey havia melhorado, porque, para isso, seriam necessárias habilidades de observação extremamente eficazes. Contudo, no caso de haver alguns alunos que tivessem essa habilidade altamente desenvolvida, ela perguntou se alguém tinha prestado atenção no progresso de Geoffrey. Para sua imensa satisfação, algumas mãos se ergueram, e os alunos começaram a expor alguns dos novos progressos de Geoffrey que haviam observado. Eles notaram, especifica-

mente, que Geoffrey "estava sendo mais camarada", "estava respeitando mais os professores", "tinha melhorado sua atitude", "batia menos nos outros alunos", "ficava longe das brigas", "dizia menos palavrões" e "estava cooperando mais nos jogos". No fundo da sala de aula, ele parecia estupefato com a cena.

Essa breve intervenção afetou-o profundamente. A professora relatou que ele ficou agitado o resto do dia, mas que manteve uma atitude não-desordeira. Quando perguntaram a Geoffrey sobre sua experiência, ele expôs sobretudo o quanto estava surpreso por ouvir os outros alunos apresentarem um *feedback* positivo sobre ele. Ele nunca havia esperado isso, e mesmo que todos tivessem planejado essa intervenção em conjunto, ele tinha receio de confirmar as piores idéias acerca de sua reputação. Esses comentários dignificaram seu progresso, o encorajaram a continuar se esforçando e abriram possibilidades para que novos passos fossem dados nessa direção preferida.

A professora também foi afetada e contou o quanto ficou impressionada com as observações dos alunos. Foi um estímulo para que ela reconsiderasse sua própria história sobre Geoffrey e criasse espaço para novos progressos. Algumas semanas depois, ela relatou que, desde a intervenção em sala de aula, Geoffrey "dedicava mais tempo ao trabalho", "era mais perseverante em tarefas desafiadoras", "tinha um controle interno maior", "aceitava as repreensões com mais facilidade" e "reclamava menos de que [as coisas eram] injustas". Ela também passou a perceber que, em ocasiões que ela esperava Encrencas (por exemplo: durante passeios escolares), isso não ocorria. O fato de dividir esses momentos com outros professores estimulou-os a ter curiosidade e a também prestar atenção a esses novos progressos. Mais tarde, ela aceitou a idéia de tratar Geoffrey como um especialista em combater encrencas e, em um determinado momento, pediu que ele que lhe desse conselhos sobre como melhorar uma situação. Em algumas ocasiões, ela chegou até mesmo a guardar os bilhetes rosas, em vez de mandá-los para o diretor, fato que teve o efeito de lhe insuflar a esperança de ter outra chance de ser aquele tipo de pessoa que ele queria ser aos olhos da professora. Geoffrey sentia que essa professora estava mudando de atitude, deixando de puni-lo para nele depositar esperança e ajudá-lo a combater o problema. Isso foi muito importante, já que a opinião que um professor tem de um aluno geralmente afeta a opinião que esse aluno tem de si mesmo.

A intervenção em sala de aula serviu para desafiar o contexto em diversos aspectos: (1) estimulou a colaboração e o apoio entre os alunos, contestando as idéias individualistas de que a pessoa deve lutar sozinha para resolver seus problemas; (2) desafiou a prática habitual de tratar as pessoas como se tivessem patologias, a qual limita as conversas terapêuticas a um número mínimo de pessoas a portas fechadas; (3) enfatizou a noção de que as conquistas não-curriculares também são muito difíceis de se realizar e dignas de honra; (4) reverteu o olhar de avaliação, transformando-o em um olhar de apreciação; (5) e, o mais importante de tudo, inverteu a hierarquia estabelecida, que deixou de ser aquela na qual Geoffrey era um menino marginalizado, encrenqueiro, que deveria ser excluído, transformando-se em uma situação em que ele poderia ser mais admirado e sentir uma maior inclusão. No contexto desse exemplo de caso, os colegas foram involuntariamente recrutados a assumir o papel de observadores de problemas (Zimmerman e Dickerson, 1996), o que surtiu o efeito de não apenas marginalizar Geoffrey, deixando-o mais vulnerável a Encrencas, mas também de criar um contexto no qual somente as ocorrências relacionadas a problemas eram notadas e subseqüentemente entendidas como uma deficiência interna. Como a história problemática então residia claramente no domínio público, era necessário, e até mesmo crucial, que a história preferida também fosse anunciada a esse público. Uma narrativa pode sobreviver e se tornar verdadeiramente uma influência dominante na vida do indivíduo apenas se ela for identificada, reconhecida e recebida na comunidade onde é representada. Portanto, essa intervenção em sala de aula serviu sobretudo para criar um contrapúblico para a história problemática conhecida, fazendo circular informações alternativas sobre Geoffrey e introduzindo publicamente sua especialidade em combater problemas.

Outra história de patinho feio: a importância da elaboração do significado

Uma conseqüência infeliz dessa intervenção em sala de aula foi o fato de a diretora (que ouvira a respeito de seus sucessos) acreditar erroneamente que o segredo de evitar Encrencas estava em elogiar Geoffrey publicamente. Ele era uma criança extremamente brilhante e perspicaz. Ele conseguia detectar com facilidade quando um elogio era dado para alterar seu comportamento, o que tinha o efeito de estimular Frustração e grandes Encrencas mesmo diante de uma pessoa bem-intencionada. A habilidade que Geoffrey demonstrava para combater os problemas não aumentava com os elogios, mas com os significados que ele atribuía às situações e com a experiência que tinha com aquelas pessoas que realmente gostavam dele. Assim, por exemplo, quando a diretora se aproximou de Geoffrey bem no início do recreio e disse "Você é um menino tão bom, Geoffrey, sei que você consegue ser tão legal", o significado que Geoffrey iria atribuir a essa declaração não era "ela gosta de mim", mas sim "ela está tentando me manipular", e esse significado estimularia sentimentos de frustração, que, por sua vez, iriam deixá-lo muito mais vulnerável às oportunidades de envolver-se em Encrencas no *playground*. É importante notar aqui que isso não implica que Geoffrey teria intencionalmente um mau comportamento para aborrecer a diretora (que é o modo como o problema a convidou a interpretar essas ações, devido a suas boas intenções), mas sim que a frustração que ele sentiu ao elaborar o significado o tornou muito mais vulnerável a Encrencas.

Em suma, o que estimulou a mudança não foi o foco sobre o que havia de positivo, ou mesmo sobre os elogios, mas, em vez disso, foram os novos significados que Geoffrey conseguiu desenvolver em torno de sua experiência. Esses novos significados vieram das experiências, das perguntas que foram feitas e dos convites para que ele refletisse sobre suas escolhas, e não do fato de dizer a ele que condutas eram boas ou ruins. É muito mais convincente e significativo perceber as próprias preferências do que ouvir alguém dizer quais deveriam ser essas preferências. Os elementos fundamentais desses novos progressos consistiam, portanto, no que essas mudanças expressavam sobre ele enquanto pessoa, sobre o tipo de indivíduo que ele preferia ser e sobre a experiência que as pessoas tinham com ele.

Prevendo os retrocessos

Os professores e os funcionários da escola, de um modo geral, agora começavam a ter consciência de que Geoffrey realmente conseguia resistir às Encrencas, ficando muito ansiosos não apenas para ver essas Encrencas desaparecerem completamente, como também para ver seu desempenho escolar melhorar e aproximar-se da média. De fato, como discutimos anteriormente, os professores e os diretores geralmente odeiam o papel de disciplinadores. É compreensível que queiram solucionar os problemas o mais rápido possível para interagirem com as crianças em outras formas que não as punitivas e para cumprirem com suas responsabilidades sociais de ampliar o conhecimento das crianças a níveis normativos. O aumento das expectativas e da pressão no sentido de manter um estilo de vida livre de encrencas tornou-se um novo problema. Sem querer, o processo promissor de comparação dos adultos entre o que era e o que poderia ser acabou pressionando Geoffrey a ter um desempenho melhor e mais rápido, o que ameaçou significativamente o progresso. Em primeiro lugar, teve o efeito involuntário de deixar Geoffrey mais ansioso, agitado e, portanto, mais vulnerável às Encrencas. Em segundo lugar, criou um contexto que ultrapassava o que Geoffrey poderia de fato fazer quanto ao controle do problema, já que ele já estava no processo de desenvolver estratégias para lidar com todas as situações. Em terceiro lugar, ameaçou o apoio e o encorajamento que os funcionários e os professores da escola estavam agora oferecendo, pois qualquer contratempo ainda era interpretado como se fosse intencional, já que todos sabiam que, de fato, ele conseguia resistir às Encrencas.

Criou-se um quadro Livre de Encrencas com duração de um mês, que apresentava demonstrações gráficas dos processos de avanço e dos contratempos ocasionais de Geoffrey. Ao prever algumas vitórias que, no futuro, a Encrenca teria sobre Geoffrey e mostrar esse quadro para os professores e funcionários envolvidos nessa questão, Geoffrey sentiu-se aliviado de uma pressão cada vez maior pelo sucesso que se depositava sobre ele. Essa discussão, que envolveu a todos, assegurou que os professores e o diretor iriam entender a experiência de Geoffrey e o processo natural de mudança. Também tranqüilizou Geoffrey de que ele agora poderia ter a confiança de que não perderia todo esse novo e apreciado apoio caso acontecesse de as Encrencas assumirem o controle de vez em quando. Esse quadro foi guardado com muito cuidado, sendo brevemente revisado quando as Encrencas faziam sua visita.

A cerimônia para a entrega do certificado

Como Geoffrey continuou preenchendo seu quadro de resistência às Encrencas e conseguiu representar sua história preferida de si mesmo com poucas restrições, decidimos comemorar. Fizemos um acordo de que, quando ele tivesse acumulado 10 atos de resistência contra as Encrencas (uma meta que ele determinou para si mesmo), sua mãe, a diretora e seus professores seriam convidados a uma cerimônia para a entrega do certificado. A situação foi definida de tal forma que esses convidados precisariam manter um contato regular com Geoffrey, para verificar como ele estava se saindo em sua resistência, prevendo, assim, quando precisariam reservar um tempo de seus horários para a cerimônia. Em duas semanas o quadro foi preenchido, e a cerimônia programada. Nesse meio tempo, Geoffrey estava começando a fazer amigos em sua turma e, portanto, também convidou um colega, que, por coincidência, era outro aluno que recém havia começado a trabalhar comigo. A cerimônia aconteceu e consistiu em Geoffrey explicando para o público todos os seus 10 atos de resistência e suas estratégias. Ofereceu-se então a ele um certificado oficial intitulado "Certificado do Combate às Encrencas" que dizia o seguinte: "concedido a Geoffrey, pois em 10 ocasiões ele conseguiu resistir às Encrencas com sucesso". Depois dessa cerimônia, houve um almoço em honra a Geoffrey.

Ao elaborar esse certificado, foram levadas em conta três considerações. Primeira, foi escrito de tal forma a salientar o número de sucessos que não poderiam ser tirados dele, independentemente do que acontecesse; a idéia de que o trabalho estava em progresso ficou concreta e implícita. A linguagem foi uma escolha importante – um certificado com o nome de "vitória sobre as Encrencas", por exemplo, seria uma forma de preparar o terreno para criar expectativas de desempenho. Segunda, além do número de sucessos em termos de comportamento, o certificado enfatizou características que ele possuía internamente como indicadores de progresso (por exemplo: Geoffrey demonstrou uma grande coragem e determinação ao escolher tomar essas medidas"). Essas declarações estabeleceram publicamente que Geoffrey, de fato, estava se esforçando e que ele tinha boas intenções, o que, dada a recorrência dos problemas, os professores e os funcionários da escola não necessariamente haviam notado. Terceira, também incluiu uma referência às novas percepções que os outros tinham de Geoffrey, a fim de enfatizar a validade dessas mudanças e de envolver a comunidade na comemoração (por exemplo: "Seus colegas notaram que Geoffrey está sendo mais camarada"). Essa afirmação foi particularmente importante, já que as pessoas muitas vezes enxergam a si mesmas através dos olhos dos outros, especialmente quando ficam presas em uma identidade dominada por problemas que rouba delas seu próprio senso de competência.

A cerimônia para a entrega do certificado foi muito positiva para Geoffrey, que nunca tinha recebido honras por nada que estivesse relacionado à escola. Teve o efeito de um ritual de reconhecimento dos momentos decisivos em sua vida, servindo para demarcar publicamente um novo começo. Também ofereceu a Geoffrey, à sua mãe, à professora e à diretora uma oportunidade de interagir em um contexto relaxado de comemoração e de diversão que expôs seu lado preferido. Em termos específicos, Geoffrey e sua mãe puderam ver na professora e na diretora seres humanos sorridentes e atenciosos, ao contrário da visão de disciplinadoras severas que delas tinham normalmente; a recíproca também ocorreu, pois a professora e a diretora puderam ver o melhor de Geoffrey e de sua mãe, que estavam orgulhosos e felizes com suas realizações. Essa inversão do contexto em que um passou a conhecer o outro melhor abriu possibilidades em direções preferidas, à medida que permitiu que cada participante estabelecesse vínculos de maneiras mais positivas e sinceras. Esse compartilhamento de experiências tão positivas agora poderia amortecer parcialmente as histórias saturadas de problemas e promover ainda mais colaboração.

Por fim, esse evento inspirou a mãe de Geoffrey a criar um arquivo em casa intitulado "Realizações do Geoffrey", no qual ela colocou o quadro de sucessos. Ela também emoldurou o certificado e o deixou exposto na sala de estar para que todos o vissem. Esses documentos viraram símbolos da história preferida, e acabariam fortalecendo todos aqueles que estiveram empenhados em conjunto para criá-los.

Observadores de sucesso

Geoffrey passou a se sentir cada vez mais à vontade ao representar sua história preferida de si mesmo e agora estava fazendo amizades. Ficou decidido que John, que havia sido convidado para a cerimônia, e que simultaneamente estava começando a desenvolver um trabalho com Marie-Nathalie contra a timidez, faria parte da equipe. Eles decidiram criar um pequeno grupo que escolheram chamar de espiões de sucesso. Ainda que cada um dos dois tivesse uma idéia das lutas que o outro estava enfrentando, Geoffrey e John fizeram uma revisão de como foram seus sucessos (ambos afirmaram que essa discussão era desnecessária, pois eles sentiam que haviam observado os problemas suficientemente para observá-los). Cada um deles foi então convidado a fazer um quadro para documentar os sucessos que observariam do outro. Se Geoffrey sentisse que John havia percebido um exemplo de sucesso na resistência às Encrencas, o combinado é que ele poderia contar ao John e vice-versa. Fizeram um acordo de se encontrar semanalmente e revisar as observações. Essa colaboração mostrou-se altamente eficaz. Ambos estavam extremamente emocionados com esse projeto e muito vigilantes em sua tarefa. Três dias depois, Geoffrey estava preocupado porque John não havia notado alguns fatos que ele considerava grandes sucessos e tomou a iniciativa de discutir essa situação com John. Assim, os dois acabaram tendo uma consulta sem a presença de Marie-Nathalie, cujo resultado foi a satisfação de ver a documentação de quatro realizações de cada um e de adicionar mais dois sucessos em seus quadros. Quando todos se encontraram, os dois já haviam observado 14 momentos de sucesso. Os encontros agora consistiam principalmente na discussão dos itens inseridos no quadro, do que cada espião julgou significativo na conquista do outro e do que a própria criança considerou como o maior desafio. Foram investigados os significados e as estratégias em torno de cada incidente. Os observadores relataram que, em três aspectos, a equipe foi de extrema ajuda: em primeiro lugar, permitiu que se sentissem menos isolados e estigmatizados por saber que mais alguém estava lutando para resolver um problema (ou seja, desafiou o individualismo); em segundo lugar, permitiu que um estivesse sempre apoiando o outro diante de todos os desafios (ou seja, ofereceu um recurso não-punitivo, inclusivo, quando surgiram os problemas), e, em terceiro lugar, a partir desse momento, criou-se uma vigilância positiva e poderosa em torno de seu jeito preferido de ser (ou seja, desafiou a avaliação e o olhar sobre os problemas). Depois de quatro semanas, com um número esmagador de sucessos e a diminuição no entusiasmo em registrar as informações no quadro, houve um acordo de que a festa dos espiões seria realizada a cada 20 sucessos documentados (decisão deles).

A festa dos observadores

A festa dos espiões transformou-se em um projeto bastante empolgante para as crianças. Elas entraram em um acordo para estabelecer um código (um dragão) que representaria o fato de pertencerem ao grupo, para definir a cor das roupas do grupo para o evento (preto) e elaboraram convites para cada um dos convidados especiais. Devido ao tamanho da sala de Marie-Nathalie, cada um deles só pode convidar um amigo, seus pais, seu professor e a diretora. De última hora, outro aluno da mesma turma e sua mãe foram convidados, pois esse aluno havia sido encaminhado há pouco tempo, depois de ter passado por uma série de ataques de pânico e de angústias em relação a freqüentar a escola. Os observadores sentiram que esse outro aluno poderia ser um bom candidato ao grupo e que talvez eles pudessem ajudá-lo a combater esse problema também. Cada membro do grupo levou bolos, biscoitos e refrigerante, e a sala foi decorada com balões. Os observadores começaram lendo um discurso que um havia preparado em honra ao outro, mencionando algumas das principais realizações descritas no quadro. Pediu-se então aos convidados que contassem o que haviam notado em relação ao sucesso dos observadores. Geoffrey e John ficaram surpresos ao ouvirem o quanto seus pais e os demais convidados haviam notado de sua representação da história preferida. A mãe de Geoffrey estava tão impressionada e comovida com a gentileza e com o senso de responsabilidade de seu filho (que agora eram mais visíveis, desde que ele derrotou as Encrencas) que encontrou inspiração para ser uma observadora de sucesso no trabalho e gostou dessa idéia. Ela também contou que os vizinhos notavam como Geoffrey estava diferente, e sentia-se orgulhosa porque ele agora chegava até mesmo a ajudar outras crianças a evitar Encrencas. Por fim, pediu-se aos convidados que fizessem um juramento que destacasse os sucessos das crianças contra seus problemas, e foi feita uma foto do grupo. A mãe de Geoffrey propôs a realização de uma reunião de espiões nesse mesmo horário no ano seguinte, uma idéia que agradou a todos.

A festa também iria ser filmada, assim os participantes poderiam revê-la e também fazer circular essa nova história sobre eles mesmos entre outros membros de sua família; porém, problemas técnicos interferiram nesses planos. Em vez disso, o que se fez foi escrever uma carta resumida e distribuí-la juntamente com as cópias das fotografias.

É interessante notar que, mais tarde, quando os observadores foram entrevistados para que relatassem os comentários mais significativos ouvidos durante a festa, ambos declararam terem sido as observações feitas pelos pais em relação ao progresso do outro observador. Quando convidados a discutir o comentário que teria sido mais significativo a seu respeito, eles disseram que ficavam impressionados com o fato de os pais do outro – bem como seus amigos – terem notado seu progresso. Inesperadamente, a festa dos espiões teve um efeito significativo sobre o aluno que recém havia sido encaminhado em função de suas angústias e dos ataques de pânico. Esse aluno relatou que, para ele, era tranqüilizador saber que outras crianças também tinham problemas, que agora ele poderia conversar com seus colegas espiões quando as angústias o atacassem e que, se eles haviam conseguido lutar contra seus problemas, então ele também conseguiria.

É importante notarmos aqui que a festa surtiu um poderoso efeito sobre as crianças, graças ao modo como elas a entenderam. Ela representou um reconhecimento dos passos que deram em sua direção preferida e possibilitou-lhes expor publicamente os significados dessas realizações. Esse, portanto, é um processo bastante diferente do que simplesmente negociar com uma criança uma certa quantidade de condutas (por exemplo: fazer os deveres de casa, tarefas domésticas) em troca de uma festa. Essa última situação não tem qualquer tipo de relevância para a construção de suas histórias pessoais, pois os objetivos e as intenções que orientam as mudanças de comportamento consistem em fazer uma festa, e não em viver uma vida de sua preferência. As mudanças, portanto, não são reconhecidas da mesma maneira.

Como, cada vez mais, Geoffrey sentia o reconhecimento de sua identidade preferida na escola, foi mais fácil para ele representá-la de bom grado: um número maior de experiências de apreciação levou a uma menor frustração; menos explosões que resultassem em Encrencas; menos acusações, punições, exclusões e rejeições; menos isolamento. Esse quadro serviu para aprofundar o vínculo com os outros e para introduzir mais cuidado e consideração. Em outras palavras, reverteu o ciclo problemático inicial, transformando-o em um ciclo apreciativo – no qual quanto mais se notavam os acontecimentos preferidos, mais fácil ficava para representá-los novamente. Diante dessa situação, Geoffrey pôde começar a pensar: "Talvez eu possa ser bom, já que parece que tantos adultos pensam assim", e essa experiência promissora servia para renovar seu compromisso com seu jeito preferido de ser.

Um passado escolar para a história preferida

O público da história preferida já havia crescido. Tentando entender essas mudanças, era cada vez maior o número de professores e funcionários da escola a abandonar a história de um Geoffrey de má vontade e que não se importava com os outros e a passar a enxergá-lo como uma criança disposta a se esforçar e que se importa com os outros. Para que a história preferida sobrevivesse, era importante intensificá-la, aprofundá-la e ampliá-la tanto no passado quanto no futuro. Assim, outro terapeuta que segue a linha da terapia narrativa e que havia desenvolvido um trabalho com Geoffrey três anos antes dessa intervenção, foi convidado a fazer uma visita a ele. Geoffrey ficou muito comovido e lisonjeado com o fato de que esse terapeuta, que morava relativamente longe, iria visitá-lo e ficaria intrigado com suas realizações. Com orgulho, ele contou-lhe seus feitos, mostrou-lhe seu certificado e explicou-lhe todas suas estratégias. As recordações desse trabalho realizado no passado e de seus sucessos foram então relacionadas a essa história preferida em evolução.

Fatos significativos que já haviam sido esquecidos há muito tempo por não terem se encaixado à história saturada de problemas foram lembrados e compartilhados. A discussão desses fatos serviu como um estímulo para que Geoffrey revisasse seu passado a partir da perspectiva de uma outra pessoa, enriquecesse sua história preferida e preenchesse algumas lacunas no tempo.

Essa visita teve um significado ainda maior quando, depois de algumas semanas, o terapeuta escreveu uma carta para Geoffrey dizendo que havia recomendado as estratégias dele para outra pessoa, que as havia achado bastante úteis. Geoffrey ficara encantado. A discussão dessa carta inaugurou um espaço completamente novo, pois Geoffrey dizia que, cada vez mais, ele estava conseguindo ajudar outras crianças a se manterem longe das Encrencas.

Um passado na família para a história preferida

Quando perguntaram a ele quem em sua família poderia ter previsto que um dia ele abandonaria esse estilo de vida encrenqueiro, Geoffrey, espontaneamente, mencionou o nome de uma tia adotiva que não via há muito tempo. Ele disse que essa tia sempre acreditou nele e o apoiou, e ficou decidido que nós a convidaríamos para um encontro. O objetivo desse encontro era investigar o que a tia sempre soube a respeito das habilidades que o sobrinho tinha para prosperar e continuar a enriquecer sua história preferida de si mesmo. Essa reunião mostrou-se altamente gratificante. Essa tia conseguiu revelar o quanto Geoffrey sempre havia sido uma criança extremamente carinhosa e relatou exemplos de como ele sempre escrevia bilhetes e cartões encantadores para ela e para a mãe dele. Ela contou o quanto ele era responsável, amável, compassivo e cuidadoso com seu irmão mais novo, o qual ele muitas vezes protegia das Encrencas. Foram introduzidas recordações que revelavam como Geoffrey havia sido um dos melhores e mais apreciados jogadores de futebol, bem como inúmeros exemplos de momentos de coragem, de trabalho em equipe e de gentileza. O rosto de Geoffrey iluminou-se de alegria ao ouvir esses relatos a seu respeito. Foi uma nova oportunidade de enriquecer sua história preferida a partir da perspectiva de uma outra pessoa, a quem ele amava, confiava e respeitava com carinho. Assim, foi com muito orgulho que ele continuou a contar-lhe seus sucessos mais recentes na resistência às Encrencas.

Nesse encontro, essa tia estabeleceu uma relação entre o passado e a história preferida que estava surgindo, e Geoffrey ofereceu a ela um relato do presente. Ao recontar esses acontecimentos, fortaleceu-se a própria existência do eu preferido e combinou-se a experiência vivida de Geoffrey com uma longa e antiga narrativa de coragem e de gentileza. Essa troca assegurou ainda mais a sobrevivência futura da história preferida, pois trouxe a ela detalhes complexos, uma estrutura de tempo, um passado real, além de mais uma testemunha significativa. Todos esses elementos foram necessários para contrabalançar aquela história de quatro anos, poderosa, bem-estabelecida, de um Geoffrey brigão. O encontro terminou com uma discussão sobre a habilidade dessa tia de discernir e de incentivar os talentos especiais de Geoffrey, e também determinando o que atualmente ele precisava que ela fizesse para que continuasse sua jornada rumo àquele caminho preferido.

Ampliando o público para a história preferida

A última etapa consistiu em ampliar ainda mais o público da história preferida dentro da comunidade. Era necessário recrutar o maior número possível de pessoas nessa revisão da história para se atingir os seguintes objetivos:

- Compensar o grande número de testemunhas da história saturada de problemas.
- Fortalecer a existência válida da história preferida ao contá-la e recontá-la.
- Aumentar o número de membros da equipe virtual de Geoffrey.
- Criar mais oportunidades para Geoffrey sentir-se de seu jeito preferido.
- Aprofundar sua própria compreensão de suas estratégias de combate a encrencas ao explicá-las aos outros.

Como os funcionários da Bay Area Family Therapy Training Associates estavam interessados nesse processo de revisar a história nas escolas, os observadores de sucesso e seus pais foram então convidados a participar de uma reunião facilitada por Dr. Jeff Zimmerman. Nesse encontro, foram exploradas as lutas e os sucessos de cada espião, além de suas experiências como observadores de sucesso. A reunião, que pela primeira vez foi conduzida por outro terapeuta, levou em conta novas questões, perspectivas e idéias a ser exploradas em torno dos progressos, como uma nova forma de enriquecer suas histórias preferidas. Além disso, a discussão foi testemunhada por um grupo de fora, previamente denominado equipe de reflexão, que a assistiu por trás de um espelho unidirecional e que teve a oportunidade de fazer comentários sobre a entrevista.

Mais tarde, os observadores relataram ter gostado muito de ouvir o que a equipe de reflexão tinha a dizer. Eles ficaram muito empolgados com esse processo, não apenas por esse aspecto incomum do espelho unidirecional, mas também pelo procedimento de escutar estranhos fazendo comentários e perguntas sobre suas histórias. Ver adultos interessados, impressionados e demonstrando uma curiosidade respeitosa em relação a suas realizações foi uma experiência que os fortaleceu ainda mais. Os observadores lembraram-se de diversos comentários feitos sobre suas estratégias e sobre as próprias experiências de vida dos membros da equipe.

O grupo de fora que testemunhou esse encontro teve um papel útil na revisão da história da vida dos alunos por diversas razões que apresentam aspectos em comum (White, 1995; Zimmerman e Dickerson, 1996):

- Permitiu aos alunos assumir uma posição reflexiva; ou seja, ofereceu-lhes uma oportunidade de que fossem feitas perguntas e de que novas associações a eles fossem apresentadas sem a necessidade de respostas imediatas, possibilitando, assim, espaço para uma reflexão e para uma investigação não-estruturadas.
- Expôs os alunos a múltiplas possibilidades, que estão fora de suas visões habituais, a partir das quais seria possível compreender seus progressos preferidos.
- Permitiu a eles intensificar (enriquecer) suas histórias preferidas no passado, no presente ou no futuro com as especulações e as fantasias dos membros da equipe.
- Vinculou as histórias preferidas às vidas dos membros da equipe, os quais, ao situarem seus comentários em sua experiência pessoal, desmarginalizaram as lutas dos observadores e aumentaram o sentimento de pertencer a uma comunidade que resiste a problemas.

- Desafiou as estruturas adultistas, já que, nesse contexto, as crianças eram as especialistas detentoras do conhecimento que ensinavam os adultos. Uma noção bastante capacitadora e positiva de sua crença em seu próprio meio de ação e de suas habilidades para prestarem sua contribuição à vida das outras pessoas (um nítido contraste com aquela primeira experiência de Geoffrey de se sentir inútil e com vontade de morrer diante de sua impotência para mudar a visão negativa que os adultos tinham dele).

Por fim, como essa entrevista foi gravada em vídeo, também forneceu aos observadores uma documentação adicional dos progressos preferidos e uma oportunidade de mostrarem o vídeo para outras pessoas, de ampliarem o público para além dos limites da sala de terapia e de refletirem ainda mais a respeito dessa experiência da entrevista.

Um comentário sobre o envolvimento dos pais

É interessante notarmos que nesse exemplo específico de caso, o envolvimento dos pais foi ocasional devido às exigências de trabalho, ao tempo e às restrições contextuais. A mãe de Geoffrey envolveu-se na atividade inicial de exteriorização do problema no ambiente familiar e de estímulo à criação conjunta de uma história preferida; porém, mais tarde, sua participação se deu sobretudo na condição de testemunha das comemorações e dos sucessos. Em termos específicos, a mãe de Geoffrey e Marie-Nathalie tiveram uma conversa por telefone – ou Marie-Nathalie deixou recados na secretária eletrônica (convidando-a a perguntar a Geoffrey sobre seus progressos recentes e preferidos) –, o que ocorria, em média, a cada duas a três semanas, com uma reunião familiar a cada seis semanas. Podemos especular que esse procedimento evidencie como diferentes versões do eu são expressas dependendo do contexto e do público. Geoffrey e sua mãe eram muito unidos e sentiram menos as Encrencas do que a escola, talvez porque sua mãe sempre tenha reconhecido a representação de seu eu preferido, enquanto que a escola involuntariamente incentivasse aquela versão dominada por problemas que era apresentada a seu respeito.

CONCLUSÃO

Este trabalho salientou a importância de se lidar com o contexto no qual os pacientes representam as histórias de suas vidas. As intervenções que omitem essas questões não apenas correm o risco de falharem no processo de revisão da história, como também são responsáveis pelo prejuízo que podem provocar ao envolver os pacientes em um processo que talvez ainda lhes seja mais desestimulante e doloroso. Esse é um aspecto que se verifica particularmente no caso de indivíduos que revelam identidades há muito dominadas por problemas, que já recrutaram grandes públicos, como os ambientes escolares. Acreditamos que também é importante que os orientadores educacionais que tentam desenvolver um trabalho na linha narrativa esclareçam suas dúvidas quanto às implicações da teoria que está por trás deste trabalho antes de tentarem empregar algumas dessas técnicas. Caso contrário, tais práticas poderiam ser utilizadas de uma forma que involuntariamente reproduziria, e não desafiaria, o problema ou a estrutura de poder que o mantém. Essa diferente perspectiva e as práticas dela resultantes foram empregadas com sucesso com diversas outras crianças da 3ª à 8ª séries e abrangeram uma variedade de problemas, tais como o baixo desempenho escolar, a hiperatividade, a raiva, o tédio e as angústias.

Por fim, vale a pena mencionar que essa série de intervenções também afetou a atitude dos professores e dos funcionários das escolas em relação aos problemas. Essas idéias possibilitaram aos professores um novo contato com o que inicialmente os atraía a sua profissão: a recompensa de ajudarem e de cuidarem de crianças, em vez de puni-las. Alguns professores agora reconhecem que os comportamentos das crianças não necessariamente representavam quem elas de fato eram e preferiam ser, mas que, em vez disso, geralmente eram resultado de expectativas, especificações e restrições que haviam transformado suas ações em hábitos problemáticos. Quanto à população estudantil, a visibilidade das festas para comemorar os sucessos e das cerimônias para a entrega de certificados serviu para deslocar publicamente essas crianças da condição de alunos problemáticos para a categoria de alunos privilegiados e bem-sucedidos aos olhos de seus colegas. Assim, todos passaram a considerá-los mais populares, a apreciá-los, a invejá-los e até mesmo a admirá-los.

Conclusão

Esperamos que as práticas apresentadas neste livro tenham inspirado você a avançar nesse estudo das relações entre alunos e educadores com uma nova visão e a observar sua comunidade escolar com outros olhos. Gostaríamos de reconhecer que, às vezes, pode ser difícil e incômodo examinar as pressões culturais e educacionais que atuam sobre o eu e sobre os outros, tanto as positivas quanto as negativas. Saudamos sua paciência e sua dedicação em explorar novas idéias, apesar da limitação de tempo disponível nessa sua árdua e estimulante vocação.

Incitamos você a seguir um papel de curiosidade e de compaixão, ouvindo e acompanhando mais de perto as perspectivas dos jovens de sua escola e de sua comunidade que a você recorrem. O *bullying* e o desrespeito tendem a desaparecer onde haja um clima de atenção e de vínculo entre as pessoas. Os alunos chegaram a nos dizer que o Bicho-que-Irrita (um símbolo do desrespeito) é alérgico à gentileza.

Ao concluirmos este livro, talvez tenha-lhe ficado ainda uma dúvida: afinal, o que aconteceu com John? O menino cuja história pessoal foi narrada nas primeiras páginas deste livro encontrou um alívio imediato nas conversas voltadas à exteriorização. Ao mapear o efeito da Raiva e da Depressão em sua vida, ficou muito claro para ele e para sua família que John desejava recuperar sua vida e que, de fato, queria viver, apesar de seus sentimentos de vergonha e de humilhação. Depois de dividir sua experiência com pessoas que lhe demonstraram compaixão e respeito, de investigar seus pequenos sucessos em termos de se libertar do problema e de contar com o apoio dos professores e dos pais no combate ao problema, John adquiriu cada vez mais condições de restabelecer um contato com seu eu preferido. Prosseguimos, então, investigando o que significava para ele e para seus valores o fato de, apesar de todas fantasias violentas, na realidade, nunca ter machucado ninguém. A paz, o respeito e a não-violência foram expressas claramente como preferências. Marie-Nathalie convidou John a ponderar a dificuldade que havia em controlar a raiva e em manter-se fiel aos próprios valores. Por fim, Marie-Nathalie perguntou a ele: "Na realidade, quem é o mais forte – aquele que simplesmente entrega-se ao gesto de maldade que lhe vem à mente, ou aquele que se mantém fiel a seus valores de respeito, mesmo nas situações de maior desafio?". John ergueu a cabeça, olhou bem para Marie-Nathalie e, falando devagar, com a voz cheia de tranqüilidade e de confiança, respondeu: "Aquele que se mantém fiel a seus valores de paz é o mais corajoso". E, naquele momento, rompeu-se o ciclo do *bullying* e do desrespeito na vida de John.

Material de Apoio A

Glossário

Público. Grupo de pessoas que, de certa forma, é testemunha de um protagonista. Como enxergamos a nós mesmos por meio dos olhos dos outros, o público pode ter o papel muito importante de fortalecer a visão preferida que temos de nós mesmos. Em outras palavras, se as pessoas nos consideram inteligentes, será mais fácil nos sentirmos inteligentes. Grupos de pessoas, como as famílias, as turmas escolares e as comunidades, que são testemunhas de nossos diferentes jeitos de ser, são exemplos de públicos.

Bloqueios contextuais. Pressões invisíveis que limitam a percepção que as pessoas têm das possibilidades de jeitos de ser. A interseção entre essas pressões, originalmente vinculadas ao conjunto de discursos e de especificações de uma cultura, ocorre de maneiras complexas e exclusivas para cada indivíduo. Os bloqueios contextuais funcionam de tal forma a impedir os indivíduos de imaginarem certas opções. Por exemplo, a opção de um menino abraçando outro menino afetuosamente geralmente sofre um bloqueio nas culturas patriarcais e homofóbicas.

Discurso. Sistema cultural de crenças e de costumes difundido e insidioso que influencia a vida das pessoas em todos os níveis (ou seja, nos níveis da linguagem, dos pensamentos, dos sentimentos, dos comportamentos, dos sonhos, dos valores, das expectativas, dos papéis, dos relacionamentos, das compreensões, do estilo de vida, da política). Os discursos oferecem diretrizes e suposições que direcionam a maneira de as pessoas sentirem suas vidas. Os discursos estruturam tantos aspectos da vida dos indivíduos que é raro questioná-los e impossível escapar completamente deles. A única alternativa do indivíduo é tomar consciência de seus efeitos e basear suas escolhas naqueles preceitos que melhor possam se ajustar aos jeitos preferidos de ser. Entre os discursos encontram-se, por exemplo, o individualismo e o capitalismo.

Exteriorização. Processo de reconhecer que as identidades das pessoas distinguem-se dos problemas indesejáveis. Os problemas são tratados como entidades externas à percepção que o indivíduo tem de seu eu, pois acredita-se que o desdobramento desses problemas seja resultado de experiências complexas e exclusivas com os bloqueios contextuais (que se originam nos discursos). Por exemplo, a timidez pode atrapalhar na hora de se fazer amigos.

Problema. Modo de ser que não traz benefícios, que pode ser citado, evitado, investigado e que se distingue claramente da identidade preferida de um indivíduo. Os problemas normalmente aumentam quando as pessoas são incapazes de satisfazer as pressões nos contextos de suas vidas (especificações de um determinado discurso) ou quando tentam satisfazê-las e sentem-se infelizes com os resultados. Entre os problemas, estão os hábitos de praticar o *bullying*, a falta de autoconfiança, as angústias, e assim por diante.

História preferida. Série de experiências que passam a ser expressas claramente como uma representação do jeito de ser preferido do indivíduo. Para que uma história ganhe proeminência na vida de uma pessoa, deve estar vinculada aos relacionamentos, ser testemunhada por um público, investigada no tempo. Por exemplo, quando as pessoas consideram uma outra pessoa prestativa, tem-se uma história preferida.

História problemática. Forma problemática de ser que acaba sendo interpretada como representação da identidade de um indivíduo. As histórias problemáticas, muitas vezes, podem assumir o controle sobre a vida das pessoas de tal forma que os verdadeiros valores, os talentos especiais e os sucessos dessas pessoas em evitar o problema deixam de ser considerados ou passam despercebidos. Por exemplo, alguém pode pensar: "Todo mundo acha que eu sou um encrenqueiro, e eu realmente odeio essa reputação".

Especificação. Pressão cultural que preceitua formas muito específicas de ser e que tem origem nos discursos culturais. Geralmente é identificável pela implicação de que um indivíduo deveria ou não ter um certo comportamento. Por exemplo, acreditar que os meninos não deveriam ser sensíveis é um tipo de especificação.

Resultado único. Ação ou acontecimento que sirva para ilustrar a identidade preferida de uma pessoa e que não poderia ter sido previsto diante de uma história problemática. Um exemplo disso seria um aluno que tem a reputação problemática de ser uma pessoa má, mas que passa a cuidar de sua irmã mais nova com dedicação.

Material de Apoio B

Tabela Resumida das Estratégias

Apresentamos a seguir uma tabela que lista as práticas que ajudam os educadores a estabelecer um vínculo maior com seus alunos e a enriquecer o dia de todos na escola com interações que demonstrem apreciação e respeito.

Bloqueios contextuais existentes nas escolas	*Valores que combatem os bloqueios*	*Exemplos de práticas que estimulam valores que combatem os bloqueios*
Recompensas e punições	Respeito Processo de livrar-se do adultismo Apreciação Vínculo	Limitar (ou acabar com) as reuniões para premiações. Limitar a quantidade de elogios públicos dirigidos às crianças individualmente que não tenham sentido ou que sejam manipuladores. Expressar apreciação com freqüência. Incentivar a motivação interna. Ter consciência de que a punição pode ser um incentivo às histórias problemáticas. Desenvolver formas alternativas para expressar o reconhecimento. Convidar os alunos a determinar próprias conseqüências de seus comportamentos. Lembrar que os alunos são punidos com freqüência em muitas situações, o que pode ser terrivelmente desestimulante.
Regras que sempre existiram	Respeito Processo de livrar-se do adultismo Diversidade Vínculo Auto-reflexão	Não deixar regras afixadas em paredes. Seguir o espírito da lei, em vez de interpretá-la em sua literalidade. Desenvolver uma perspectiva contextual mais ampla sobre o certo e o errado. Compreender as necessidades exclusivas de cada aluno. Fazer os alunos escreverem os códigos, as regras ou os acordos da turma. Esclarecer para você mesmo e para os funcionários e professores quais são as intenções que estão por trás de uma regra e se essas intenções devem ou não ter precedência.

Bloqueios contextuais existentes nas escolas	Valores que combatem os bloqueios	Exemplos de práticas que estimulam valores que combatem os bloqueios
Desempenho a todo o custo	Auto-reflexão Vínculo Colaboração	Estar atento para identificar quando as regras geram problemas, em vez de atenuarem a situação. Criar tempo para a auto-reflexão. Facilitar as conversas que visam a esclarecer um grupo de prioridades. Discutir os efeitos das pressões pelo desempenho naquela comunidade exclusivamente. Reavaliar sua visão de eu enquanto educador, bem como a natureza do relacionamento que você deseja ter com os alunos. Estabelecer um contato com valores e filosofias, em vez de envolver-se em uma sucessão de exercícios. Oferecer tempo para a reflexão sobre a postura pessoal do professor em relação às questões. Manter a curiosidade viva e o aprendizado divertido (afinal, isso acaba sendo mais importante do que o desempenho).
Avaliação	Colaboração Vínculo Respeito Processo de livrar-se do adultismo Auto-reflexão	Determinar as metas de desempenho para a turma, e não para os indivíduos. Encarregar os alunos de avaliarem o clima de sua própria sala de aula. Minimizar a quantidade de comentários avaliativos desnecessários. Ter autoconsciência do hábito de avaliar tudo o que diz respeito aos alunos. Desenvolver relacionamentos que vão além dos papéis padronizados. Fazer com que os indivíduos determinem suas próprias metas de desempenho, sejam auto-reflexivos e informem o que eles mesmos revisaram em seu desempenho.
Diferenças culturais e mal-entendidos	Comunidade Diversidade Vínculo Apreciação	Definir modelos de papéis para diferentes meios raciais e étnicos. Estimular os professores a participarem de *workshops* que tratem da consciência cultural. Incorporar a valorização da diversidade ao longo do currículo, incluindo os modelos de papéis femininos e aqueles de diferentes raças. Demonstrar um grande interesse pelos costumes culturais e pelas experiências do dia-a-dia.
Hierarquia	Colaboração Liderança Respeito Processo de livrar-se do adultismo Vínculo Comunidade Diversidade Auto-reflexão Apreciação	Introduzir laços de amizade entre alunos de diferentes faixas etárias e turmas, que se encontrem semanalmente. Facilitar o encontro, o estudo e o debate de questões entre grupos de administradores, professores, pais e alunos. Pedir aos alunos que dêem suas opiniões sobre os assuntos. Envolver os alunos no planejamento do currículo. Empregar estratégias cooperativas de aprendizado e programas tutoriais de pares. Determinar projetos de serviços comunitários. Criar um contexto no qual todos possam dar o melhor de si mesmos. Criar sistemas para receber o *feedback* dos alunos. Estabelecer um vínculo com as pessoas enquanto pessoas.

Bloqueios contextuais existentes nas escolas	Valores que combatem os bloqueios	Exemplos de práticas que estimulam valores que combatem os bloqueios
Adultismo	Comunidade Diversidade Respeito Processo de livrar-se do adultismo Vínculo Colaboração	Aproveitar um ambiente mais democrático. Ser acessível, visível, aberto e favorecer a inclusão. Implementar as reuniões conduzidas pelos alunos. Fazer os alunos ensinarem suas especialidades. Respeitar as opiniões e a voz dos alunos sobre as idéias. Oferecer mediadores treinados para os alunos. Chamar os adultos pelo primeiro nome. Ter a experiência de um governo verdadeiramente estudantil. Dar aos alunos oportunidades de interagirem e de serem enriquecidos por um número cada vez maior de exemplos positivos a ser seguidos. Proporcionar um contexto para a inserção de colegas que tenham a função de auxiliar o grupo e de reuniões. Oferecer um conteúdo curricular significativo, atraente. Implementar atividades entre diferentes faixas etárias. Dar voz aos alunos (ou seja, fazer com que os alunos decidam o contexto e a decoração de sua sala, entre outras tarefas). Deixar os alunos fazerem anúncios pelo sistema de comunicação interna da escola em diversas línguas. Criar grupos com alunos de diversas faixas etárias, que se encontrem semanalmente para discutir questões escolares e pessoais. Manifestar um interesse sincero em escutar as experiências dos alunos. Ter um ambiente escolar que represente os alunos, incluindo espaços abertos para reuniões, para os alunos trabalharem, murais criados pelos alunos, e assim por diante.

Material de Apoio C

O Mundo Inteiro Propõe Soluções para o Desrespeito e o Bullying

Situando nosso interesse em uma análise sociocultural dos contextos das vidas das pessoas, elaboramos com cuidado um pequeno estudo, realizado em nível internacional, com base em uma pesquisa sobre os educadores. Em termos específicos, planejamos diversas vinhetas que refletem problemas comuns de desrespeito e de *bullying* que ocorrem entre os alunos, e pedimos a professores de vários países que nos informassem como eles reagiriam a essas situações. Nesse processo longo e desafiador, as pessoas desses locais foram primeiro recrutadas a traduzir os questionários para a língua nativa, a identificar professores experientes para respondê-los e, então, a traduzir suas respostas para o inglês, a fim de que pudéssemos examiná-las. Todas as respostas vindas de professores que não falam inglês, de países cuja cultura é muito distinta da americana, foram sistematicamente muito mais breves, quer pela ausência desse tipo de situação em suas escolas ou pela barreira lingüística. Recebemos a colaboração de professores cidadãos dos seguintes países: Alemanha, Austrália, Brasil, Guatemala, Inglaterra e Japão. Está além do alcance deste livro apresentar a fundo os detalhes dessa pesquisa. Diante da limitação de espaço, preferimos incluir apenas uma breve análise dos temas relacionados à resolução de problemas que foram surgindo a partir de todas essas respostas, bem como um exemplo extraído de cada um desses países. Convidamos o leitor a não generalizar essas respostas e a não presumir que elas consigam necessariamente representar o tempo inteiro todos os educadores dessa cultura específica. Elas apenas podem ser tomadas como exemplos da variedade de possibilidades existentes ao lidarmos com as questões escolares. Essas respostas também baseiam-se em uma análise intelectual das vinhetas, e não em reações que tenham sido realmente vividas, o que restringe os resultados no sentido de que, dentro de situações imaginadas como essas, talvez se gaste mais tempo pensando do que em situações às quais você tem que reagir imediatamente. Na vida real, é possível que cada uma dessas pessoas que respondeu a esse questionário de fato reaja de forma completamente diferente, que poderia ser mais rica ou mais pobre em termos de qualidade. Apesar dessas limitações, uma ampla gama de idéias foi extraída de todas as respostas e resumida em quatro temas principais.

1 PROCESSO DE COMPREENSÃO

Praticamente todas as respostas de todos os países envolviam um processo no qual o professor buscava compreender o que havia acontecido entre os alunos. No entanto, houve grandes divergências quanto até que ponto os educadores conseguiram reunir informações que pudessem contribuir e quanto ao processo de discussão do assunto com os alunos. Alguns professores colheram pouquíssimas informações, presumindo que o agressor estivesse necessariamente errado e que a vítima automaticamente precisasse de ajuda. Outros buscaram uma explicação de cada um dos alunos e dedicaram um tempo a ouvir suas histórias antes de fazer qualquer tipo de julgamento. Outros ainda tinham um processo mais elaborado para compreender os alunos, fazendo perguntas específicas em torno das intenções de cada pessoa e dos objetivos em suas ações.

2 ANÁLISE DO PODER

Alguns educadores fizeram um registro mental do diferencial de poder que poderia existir entre os grupos opositores. Não necessariamente teciam comentários a esse respeito, mas não deixavam de lembrar que esse aspecto poderia influenciar completamente uma situação. O mais comum foi realizar esse procedimento em relação ao número de alunos de cada grupo, mas o mesmo também poderia ser considerado em questões como a popularidade, a raça, o *status* socioeconômico, e assim por diante.

3 EFEITOS

Muitos educadores estimularam os alunos a refletir sobre as implicações de suas ações. Por exemplo, faziam perguntas relacionadas a como o outro deveria estar se sentindo. O foco da reflexão estendia-se ora estritamente sobre o oponente, ora sobre eles mesmos, e também sobre toda a comunidade escolar em culturas mais coletivistas. Os respondentes também diferiram em sua inclusão do tempo: algumas das reflexões referiam-se apenas à situação presente, ao passo que outras também incluíam previsões para o futuro ou necessidades futuras para a comunidade. Um exemplo impressionante foi a resposta de uma professora brasileira para uma situação envolvendo um aluno que estava atirando pedras a esmo no *playground* (sem a intenção de machucar ninguém):

> *Eu perguntaria a esse aluno por que ele está fazendo isso com um lugar público. No futuro, esse aluno iria precisar desse local para fazer uma aula de ginástica, ou para abrigar-se nos dias de chuva, ou para iluminar a escuridão. Além disso, TODOS nós precisamos ver esse lugar em ordem para morar. Esse lugar pertence a todos nós. Eu pediria ao aluno que respondesse rápido e olhando nos meus olhos, se sou eu que estou errada a esse respeito, ou quem está errado.*
> – Sandra Marie Romuala (12 anos de experiência como professora)

4 SOLUÇÕES

As vinhetas foram resolvidas através de uma série impressionante de soluções. Os três aspectos mais comuns dessas soluções apresentaram as seguintes variações:

- Níveis de envolvimento dos adultos (Deveria haver a intervenção de um

adulto? Ele deveria facilitar um processo? Ou confiar nos alunos para que resolvessem a questão sozinhos? Em alguns casos, tomou-se a decisão de envolver os pais ou de apurar se a família havia tido problemas recentemente em casa.)
- Grau de punição (Alguns professores nunca mencionaram o conceito; outros determinaram o que eles imaginavam que seria apropriado e documentaram o mau comportamento, e outros discutiram esse ponto com os alunos.)
- Compromisso com o aprendizado dos alunos (Alguns extraíram essa questão maior que está por trás do conflito e asseguraram a criação de um contexto de discussão interessante para ampliar a compreensão dos alunos e sua perspectiva na situação; outros utilizaram metáforas poderosas ou textos religiosos para promover a compreensão dos alunos.)

Situação 1: Você ouve por acaso um aluno xingando outro aluno, que pertence a um grupo minoritário. O que você faz?

Situação 2: Você ouve por acaso três ou quatro alunos discutindo para decidirem que jogo eles vão jogar. A discussão torna-se acalorada, transformando-se em um momento para provar quem são os verdadeiros amigos. O que você faz?

"Eu me dirigiria a essa criança e a levaria para o lado. Perguntaria a ela o que a motivou a falar desse jeito. Teria interesse em discutir com ela o que influenciou esse tipo de visão. Então, eu perguntaria onde é que ela espera chegar com esse tipo de comentário. Perguntaria ao aluno se o que ele deseja é ter um ambiente escolar agradável, pacífico, ou promover a raiva, o ódio e o medo na escola. Então, eu perguntaria que tipo de reação o que foi dito e os xingamentos provavelmente gerariam. Depois, eu deixaria claro que esse tipo de comportamento, que provavelmente irá trazer como resposta a criação de uma atmosfera e de um ambiente de menos harmonia e felicidade, é inaceitável e que eles, por favor, deixem de ter atitudes que venham a trazer desarmonia e menos paz e felicidade a este ambiente comum."

– Pam Cayton
(20 anos de experiência)
Austrália (atualmente nos Estados Unidos)

"Esperaria para ver se havia necessidade de intervir. Muitas vezes, as crianças conseguem resolver essas desavenças sem a interferência dos adultos.
Também dependeria se o grupo estivesse se juntando contrauma criança. Se houvesse a necessidade de uma intervenção, eu gostaria de encorajar as crianças a resolverem a discussão com calma e a encontrarem uma resolução. Poderiam jogar aquele jogo dessa vez e o outro à tarde? Ou poderiam decidir no cara-e-coroa, concordando primeiro que todos aceitariam o resultado com cortesia.
Mais tarde, minha vontade seria explorar um pouco a noção de amizade e o que ela significa. Encontraria exemplos em que o grupo trabalhou/jogou junto de uma maneira harmoniosa e ressaltaria como cada pessoa contribuiu para isso.
Iria me certificar de que todas as crianças saíssem dessa discussão tendo alguém/algo para brincar e que qualquer golpe contra a auto-estima tenha sido neutralizado de alguma forma."

– Nicola Call
Inglaterra (atualmente nos Estados Unidos)

"Eu chamaria o aluno e perguntaria a ele o que esse insulto significa para ele. Como você se sentiria se fosse com você? Quais são os efeitos de suas ações sobre o outro aluno? Se você magoa alguém, você traz uma mágoa para seu próprio coração, você envenena a sua própria vida. Teria sido melhor se você tivesse conversado com o outro e resolvido suas diferenças. A violência e os xingamentos negam nossa humanidade."

– Caetano Miele
(20 anos de experiência)
Brasil

"Tentaria ajudá-los a encontrar um caminho pacífico, por exemplo, a decisão da maioria (um exercício de democracia). Além disso, eu tentaria explicar que ser amigo nem sempre significa ter a mesma opinião, mas sim respeitar um ao outro."

– Kristine Schmieding
(23 anos de experiência)
Alemanha

Situação 1: Você ouve por acaso um aluno xingando outro aluno, que pertence a um grupo minoritário. O que você faz?	*Situação 2: Você ouve por acaso três ou quatro alunos discutindo para decidirem que jogo vão jogar. A discussão torna-se acalorada, transformando-se em um momento para provar quem são os verdadeiros amigos. O que você faz?*
"Eu direi a ele para parar imediatamente com isso e direi que todas as pessoas têm um nome lindo e que xingar esse amigo significa ferir a dignidade dele." – Wakayama (38 anos de experiência) *Japão*	"Deixarei eles falarem o quanto quiserem, e deixarei eles encontrarem sua própria solução." – Anônimo (36 anos de experiência) *Japão*

NOTA: As citações são traduções originais das respostas dos professores; logo, podem ocorrer erros gramaticais.

Material de Apoio D

Discursos

Todas as culturas possuem seus próprios conjuntos de discursos. Os discursos são as crenças subjacentes que estruturam e que orientam os pensamentos, os sentimentos e as ações das pessoas em uma determinada cultura. Alguns discursos produzem efeitos mais nocivos (por exemplo: o racismo, a homofobia, o adultismo) do que outros, que se tornam prejudiciais apenas quando levados ao extremo (o capitalismo, o individualismo, o patriarcado).

Em termos específicos, os discursos passam a ser problemáticos e representam um convite a problemas quando privilegiam os seguintes pontos:

- Um conjunto restrito de formas normativas de ser que talvez não se ajuste à disposição ou à preferência de todos.
- Certos resultados, deixando de privilegiar outros, a tal ponto que a perda dos demais valores tenha um grande custo para a cultura ou para o indivíduo em questão.

Os discursos produzem efeitos amplos que contribuem para muito mais questões do que o desrespeito. Discutiremos agora suas possíveis implicações sobre as famílias e os jovens.

ADULTISMO

A maioria dos adultos tem um grande compromisso com o bem-estar das crianças e dedica um enorme volume de tempo ponderando formas de promover o crescimento. Apesar dessas intenções, sem querer, esses mesmos adultos podem às vezes revelar práticas desrespeitosas em relação às crianças, as quais podem produzir efeitos negativos. Essas práticas desrespeitosas são chamadas de adultismo (Zimmerman, 2001). O adultismo é o mau uso que os adultos fazem de seu poder em relação às crianças. Trata-se de um nível desnecessário de desrespeito, de desqualificação e de falta de consideração que se distingue muito da responsabilidade que os adultos têm de proteger e de amparar o desenvolvimento dos jovens. O adultismo ocorre nas culturas ocidentais devido a três grandes crenças subjacentes sobre as crianças: as crianças precisam ser contidas; as crianças têm menos experiência de vida, e, portanto, suas opiniões têm menor valor; as crianças têm menos poder, por isso, elas é que deveriam esforçar-se para se adaptarem ao humor e às decisões dos adultos. Todas essas três crenças são questionáveis.

Em primeiro lugar, a necessidade de ser contido, enquanto explicação para o desenvolvimento, não se sustenta, pois não se aplica à maioria das crianças na maior parte das situações. Caso houvesse uma necessidade intrínseca de os jovens serem contidos, nós não os veríamos trabalhando desde muito cedo em outros países, muitas vezes com grandes responsabilidades que normalmente aqui são conferidas apenas a adultos. Mesmo dentro de nossa própria cultura, diversos jovens têm muita autonomia e são bastante articulados quando educados em um ambiente que incentive sua voz. Alguns chegam até a ser mais responsáveis e a ter mais autonomia do que certos adultos.

A ironia é que os educadores muitas vezes depositam sobre os alunos expectativas que nem eles conseguem cumprir. Tente se lembrar daquelas reuniões com os professores e funcionários da escola. Pense naquelas pessoas que cochicham suas opiniões ao colega do lado, ficam dando risadinhas no fundo da sala, corrigem trabalhos ao longo da reunião, permitem a interrupção de seu telefone celular e fazem comentários rudes durante as discussões. De certa maneira, essas atitudes são toleradas com os adultos, mas não com as crianças. Talvez porque acredita-se que os educadores irão perturbar até certo ponto e depois exercerão algum tipo de automonitoramento, ao passo que as perturbações provocadas pelos alunos podem intensificar-se tão seriamente a ponto de levar a um estado de completa destruição da sala de aula. Seria esse um temor realista?

Em segundo lugar, a crença de que a experiência de vida confere valor à opinião do indivíduo é empregada apenas quando convém aos indivíduos que estão no poder. Na verdade, esse mito geralmente se aplica aos jovens até os 20 anos de idade; então, quando chegam aos 30 ou aos 40 anos de idade, sua opinião atinge um *status* de valor. Em torno dos 60 anos, sua opinião passa novamente a sofrer um processo de desqualificação. Na realidade, então, um olhar mais amplo sobre essa crença deixará claro que o *status* é concedido apenas na meia-idade, e que, portanto, ele não se deve a um aumento da experiência de vida; caso contrário, esse *status* simplesmente iria continuar crescendo. Uma explicação para isso talvez esteja no fato de que o grupo que ocupa uma posição de poder em uma sociedade capitalista é composto por indivíduos que estão em uma idade produtiva e que são capazes de contribuir financeiramente para a comunidade e para as instituições governamentais.

Um terceiro ponto é que, em nossa cultura, o poder e o *status* estão associados a um direito de falar. Assim, se você tem pouco poder, deve engolir as exigências daqueles que têm mais poder, adaptar-se e ajustar-se a elas, mesmo que sejam injustas ou impraticáveis. A responsabilidade pela mudança, então, não se baseia em uma avaliação recíproca e justa da situação, sendo simplesmente colocada sobre os ombros do indivíduo subjugado. Esse é um aspecto visível em muitas instituições da América, nas quais um chefe mal-humorado espera que as secretárias sejam pacientes. Na escola, é visto em comentários constantes e aparentemente inocentes:

Tinha uma professora muito experiente que gostava de dizer o seguinte: "Sempre digo às crianças que 'um de nós tem que mudar, e eu já estou muito velha para mudanças'". Na época, eu achava isso engraçado. Agora vejo que isso a impediu de avaliar seu próprio comportamento e os efeitos deste sobre seus alunos.

– Mindy (professora aposentada)

A única diferença em relação às crianças é que, às vezes, elas são tratadas dessa forma em todos os lugares, não tendo outros contextos da vida nos quais elas possam ter a experiência de ser mais respeitadas.

Parte do processo de enfrentar o adultismo consiste em reconhecer mais uma vez o valor da diversidade e em não colocar o valor dos indivíduos em uma hierarquia baseada em critérios restritos. Reconhecer que, ainda que os jovens possam ter menos experiência em um nível quantitativo (o que não necessariamente é verdade, pois muitos jovens desprivilegiados já viram muito mais da vida do que certos adultos), em um nível qualitativo suas visões são simplesmente diferentes, criativas, novas e inspiradoras. Quando os jovens são tratados com respeito, e quando as pessoas conversam com eles considerando-os outros seres humanos dignos, desenvolvem um senso de autonomia, de responsabilidade, de juízo crítico e passam a expressar suas opiniões com clareza. O respeito transforma-se em uma experiência vivida que é fácil de ser reproduzida. Quando crescem em um ambiente adultista, eles tornam-se ressentidos, receosos ou dissimulados, ou simplesmente perdem sua própria percepção do eu e sua opinião, a tal ponto que sua resposta para a maioria das perguntas passa a ser "Não sei".

INDIVIDUALISMO

O individualismo é um sistema de crenças centrado no indivíduo como unidade de foco. Não há dúvidas que a maioria das questões relacionadas à saúde mental nas sociedades individualistas é interpretada, compreendida e classificada como se estivesse situada dentro do indivíduo ou dos indivíduos que estão a sua volta (terapia familiar). A definição do que é *saudável* e quem define esse conceito são aspectos questionáveis, à medida que os retrospectos históricos revelam que as pessoas que têm autoridade para determinar esses critérios nunca se descrevem como inadequadas. Em um primeiro momento, certos aspectos dos indivíduos são privilegiados, e, aos poucos, esses aspectos vão se transformando na norma. Nos últimos 50 anos, o campo da saúde mental (ainda dominado pelos homens brancos) literalmente duplicou o número

---

Questões para reflexão

Como então os adultos conseguem chegar a um equilíbrio entre esse papel de atuarem como mentores dos jovens ao mesmo tempo em que respeitam o direito de os jovens falarem? Como discutimos anteriormente neste livro, para que haja um pleno compromisso dos adultos com esse tipo de processo, é necessário que percebam que o adultismo também tem um alto custo para suas próprias vidas pessoais.

O que você acha que os adultos perdem ao se considerarem superiores aos mais jovens?

Você consegue listar 10 coisas que os jovens podem ensinar a você, ou com as quais podem contribuir em sua vida? E quanto à criatividade, à atenção, à espontaneidade, à abertura, à curiosidade, ao entusiasmo, à flexibilidade, à capacidade de cuidar de si mesmos, à inocência e ao direcionamento, isso para mencionar apenas algumas?

de diagnósticos possíveis para rotular o funcionamento de uma pessoa – o que pode trazer a vantagem de ajudar as pessoas que sofrem de transtornos que antes eram mal compreendidos, mas que também pode reduzir a normalidade a um conjunto bastante rigoroso e restrito de critérios previamente combinados. É assustador ver o quanto os padrões se restringiram no caso das crianças, em particular: o excesso de energia é chamado de transtorno de déficit de atenção/hiperatividade, e um nível insuficiente de energia é a depressão; protestos excessivos (muitas vezes bastante justificados diante de certas situações abusivas) são considerados um transtorno desafiante oposicional, e um nível insuficiente de verbalização é o transtorno passivo-agressivo ou falta de assertividade; o excesso de atenção aos detalhes e à idéia de agradar os outros é um comportamento obsessivo, e a falta de interesse em relação às realizações ou às pessoas é um comportamento anti-social. Hoje, a cultura simplesmente caminha em direção a uma sanitização da saúde mental, na qual qualquer diferença, por menor que seja, é medicada ou tratada como se fosse uma imperfeição, e não como uma diferença valiosa capaz de contribuir de maneiras significativas para a sociedade. Esse é um problema particularmente preocupante no caso das crianças, que muitas vezes são medicadas com drogas que passam por uma campanha de divulgação maciça, mas que foram precariamente pesquisadas.

Uma alternativa interessante seria classificar os problemas à medida que estes ocorrem quando os indivíduos atuam em contextos que influenciam e limitam, de formas problemáticas, o modo como se sentem. Por exemplo, o transtorno da personalidade passivo-agressiva poderia, sem dúvida, ser um efeito de um contexto no qual os indivíduos têm possibilidades limitadas de expressar sua frustração diretamente, podendo apenas expressá-la de uma maneira mais insidiosa; a depressão certamente pode ser classificada em um contexto que muitas vezes está associado a alguma forma de opressão, seja esta provocada por outros indivíduos (violência doméstica, abuso), seja por um sistema (racismo, heterossexismo, patriarcado); a ansiedade é um problema que se desenrola em contextos de incapacitação, nos quais os indivíduos talvez sintam que as exigências são maiores do que suas habilidades. Esses procedimentos trariam à tona formas bem diferentes de tratamento e de conversas que incluiriam um maior número de fatores.

O RACISMO E A INTOLERÂNCIA EM RELAÇÃO ÀS DIFERENÇAS

Nos Estados Unidos, há uma desproporção atroz entre a raça dos professores e a dos alunos. Na realidade, os professores brancos compõem praticamente 90% do total de educadores, ao passo que os jovens não-brancos estão chegando a 40% da população estudantil (Kivel, 2002). Mesmo que a maioria dos professores goste de pensar que possui uma sensibilidade cultural, são poucos os que passaram por algum tipo de treinamento para desenvolver essa sensibilidade. Quando falamos em um treinamento para a sensibilidade cultural, não estamos nos referindo a um processo de aprender estereótipos sobre culturas diferentes, mas sim a um processo de tomar consciência das mensagens discriminatórias internalizadas e de observar a implicação destas em nosso trabalho. Alguns professores estão bastante conscientes dessa falta de sensibilidade dentro de sua comunidade e afirmam o seguinte:

Lembro-me de ter levantado a questão da classe [social] e de como, em sua maioria, os professores eram membros da classe média, e os alunos provinham de famílias da classe trabalhadora. Falei do quanto essa situação afetava a comunicação entre pais e professores, e de como os professores tinham certas expectativas. Então, eu disse que talvez estivéssemos diante de questões de classe, e a impressão que tive não foi de que os professores estivessem duvidando de mim, ou não estivessem interessados nesse assunto – eles não compreendiam onde eu queria chegar, que minha intenção era mostrar que talvez nossos valores da classe média fossem diferentes dos valores dessas crianças ou dos valores dos pais dessas crianças. Para eles, essa era uma questão que nem merecia ser discutida. Era algo que não imaginavam ser relevante. Na segunda escola em que trabalhei, que era mais pobre, os professores e funcionários costumavam conversar muito sobre esse tema. Estávamos cientes de como havíamos sido educados e de que, embora houvesse uma certa diversidade, a maioria dos professores eram brancos, os pais recém haviam imigrado para o país, muitos deles não falavam inglês, os níveis educacionais eram muito mais baixos, e nós tínhamos consciência de como essa situação afeta a dinâmica, de como ela afeta a maneira que lidamos com eles, da política que se tem quanto aos deveres de casa e de como você tenta fazer com que eles se sintam à vontade na escola.

O atual sistema educacional dos Estados Unidos é extremamente injusto em relação aos estudantes pertencentes a minorias em virtude da distribuição de recursos: na década de 1990, as escolas de brancos, que funcionam em bairros residenciais afastados dos centros das cidades, recebiam o dobro das verbas por alunos destinadas às escolas urbanas, geralmente freqüentadas pelas minorias raciais (Kozol, 1991). Kivel (2002) também abordou essa questão:

Os estudantes percebem a medida direta de seu valor social e de suas chances no futuro pelo volume de dinheiro que vêem sendo empregado em sua educação. Quando observamos as diferenças em termos de despesas educacionais, temos que reconhecer que a maioria dos estudantes brancos tem tremendas vantagens educacionais se comparados aos estudantes não-brancos... estaríamos sendo hipócritas se afirmássemos que todos têm chances iguais de sucesso, quando, sistematicamente, as crianças brancas têm melhores oportunidades educacionais do que as crianças não-brancas. (p. 203)

Um diretor não-branco nos contou com eloqüência o impacto do racismo em sua experiência como administrador privilegiado de classe média, pedindo-nos para que ponderássemos as implicações dessas limitações sociais sobre os alunos:

Sou uma pessoa privilegiada. Tenho um diploma universitário. Tenho casa própria. Sou administrador. Ganho bastante dinheiro. Contudo, se você me pedisse para eu me comparar a outros membros da minha comunidade quanto ao modo como sinto meu acesso aos recursos ordenando todas essas pessoas em uma fila, eu iria parar no final dela. Apesar de ter esses privilégios, me vejo como uma pessoa diferente e que tem menos oportunidades. Agora, imagine as crianças que vêm de meios étnicos. Se eu me sinto assim, imagine como elas se sentem?

Questões para reflexão

Como você incentiva os alunos que vêm de famílias desprivilegiadas, que têm pouco tempo, apoio e recursos para terem um bom desempenho escolar?

O que você faz em suas atividades diárias na escola para promover uma apreciação da diversidade?

Que modificações você fez no currículo no sentido de apresentar uma perspectiva mais rica sobre os outros países?

ATÉ QUE PONTO VOCÊ É UMA PESSOA CULTURALMENTE SENSÍVEL? UM AUTOTESTE

É bem provável que o motivo de você estar nesse campo da educação seja o fato de gostar de crianças e de querer promover o que nelas há de melhor, independentemente de gênero ou raça. Talvez você até mesmo imagine que trata todas as crianças da mesma maneira, apesar das diferenças de cor. São essas suas intenções. Assim como todo mundo, quer você queira ou não, é provável que seja influenciado pelas mensagens difundidas em sua cultura. Faça esse breve exercício da forma mais honesta possível, a fim de vislumbrar algumas crenças indesejadas que, sem querer, podem estar afetando suas condutas. Para maior simplicidade, foram escolhidas apenas três categorias de grupos sociais, mas muitas outras poderiam ter sido incluídas.

Autoteste 1

Visualize alguém desse grupo. Como essa pessoa se parece?	Gênero	Raça	Orientação sexual
Médico			
Advogado de sucesso			
Presidente dos Estados Unidos			
Trabalhador da construção civil			
Jardineiro			
Traficante de drogas			
Criminoso			
Diretor-geral de uma empresa			

Você encontrou algum tipo específico de preconceito nas imagens que vieram a sua mente? Especialmente no sentido de polarizar os homens brancos em posições de privilégio e os não-brancos em *status* desprivilegiados?

Autoteste 2

Marque os grupos em relação aos quais você talvez tenha algum tipo de sentimento negativo. Você pode incluir os grupos sobre os quais tem uma propensão a fazer piadas, ou aqueles que, caso você fosse um empregador, ficaria pouco à von-

(Continua...)

(Continuação)

tade de contratar. Também pode ser um grupo cujo membro você xingaria se ele cortasse abruptamente a frente de seu carro no trânsito.

Grupo	Marque apenas os grupos pelos quais poderia ter algum tipo de sentimento negativo	Auto-teste 3 (veja as instruções para o Auto-teste 3 que será realizado mais adiante)
		a, Criança b, Eu
Negros		
Hispânicos		
Vietnamitas		
Árabes		
Muçulmanos		
Japoneses		
Indianos		
Turcos		
Paquistaneses		
Israelenses		

Autoteste 3

Retorne à tabela anterior e preencha a última coluna, dessa vez fazendo uma marca se você sente o mínimo sinal de desconforto nas seguintes situações.

1. Seu filho/sua filha quer se casar com um membro desse grupo. Imagine ter essa pessoa em todos os jantares em família e ter netos com uma herança racial mista.
2. Você vai se casar com alguém desse grupo. Que sentimentos você teria exatamente? Faça uma lista desses sentimentos:

_____

_____

_____

_____

Autoteste 4

1. Você precisa encontrar um ginecologista para você mesma ou para sua filha. Seu plano de saúde apresenta uma lista com os seguintes nomes que fazem parte da cobertura de seu benefício. Quem você escolheria?

    Dr. Yin Yang Yen

    Dr. Asad Aboudaram

    Dra. Antonia Orozca

    Dr. John Campbell

(Continua...)

(Continuação)

2. Os freios de seu carro deixaram de funcionar em um incidente assustador. Você tem extrema necessidade de que eles sejam consertados o mais rápido possível por uma pessoa confiável. O primeiro horário disponível na oficina de seu bairro é com uma mulher. Você confia na habilidade dela de consertar seu carro? E se ela não for branca? Como a raça ou o gênero dela afetam sua reação?

   _____

   _____

   _____

3. Alguém está processando você em nível profissional. Ainda que você não tenha feito nada de errado, é possível que essa situação se complique. De que grupos você preferiria contratar um advogado? Circule todos os itens que forem adequados.

Homem	Mulher			
Branco	Negro	Hispânico	Asiático	Árabe
Jovem	Meia-idade	Idoso		

   A essa altura, muitas pessoas ficam surpresas ao descobrirem um certo desconforto com um ou dois grupos. Mais uma vez, isso não reflete seu caráter, mas o treinamento cultural que influenciou sua vida. Na verdade, a simples disposição de fazer esses testes e de ler essa seção é, por si só, um reflexo de suas intenções de ter um comportamento justo. Infelizmente, as crenças e os preconceitos têm mais força para prever comportamentos do que as intenções. É difícil passar a vida inteira sendo exposto a imagens pejorativas de certos grupos sem que esse processo tenha um efeito sobre os comportamentos do indivíduo, por mais bem intencionado que seja. O importante é tomar consciência dessas crenças indesejadas e de como elas podem distorcer sutilmente nossas ações e nossas atitudes. As crenças que você revelou não são uma representação exata de pessoas provenientes desses grupos, mas sim de alguns estereótipos. Além disso, muitos desses grupos encontram-se em posições desprivilegiadas por terem um baixo *status* socioeconômico, e não por serem preguiçosos ou por terem má vontade. Se você tivesse um filho, e essa criança estivesse morrendo de fome, é bem provável que você roubasse ou vendesse drogas – especialmente se, várias vezes, você tivesse tentado arranjar um bom emprego e tivesse sido rejeitado.
   Como educador, dependendo da comunidade escolar em que você trabalha, irá deparar-se com crianças de todos os grupos, e é necessário que você esteja bem ciente desse seu preconceito indesejado e também de como, sem querer, isso afeta suas condutas.

O CAPITALISMO

De que forma esse capitalismo afeta as escolas e o *bullying*? O modelo do quanto mais melhor certamente se aplica. Na educação, existe uma crença de que você sempre pode aprender mais. Na cultura capitalista, também enfatizam-se sempre as matérias que renderão mais dinheiro. Raramente as crianças são pressionadas a, por exemplo, se esforçar mais na área das artes. Recentemente, houve uma ampliação do currículo escolar, e, aparentemente, acredita-se que sempre é possível colocar mais coisas dentro da cabeça da criança. Conforme descreveu o famoso autor Paulo Freire (1970/2000), utilizamos um modelo bancário de educação, no qual os adultos sempre podem depositar mais conhecimento no receptor passivo do cérebro de uma criança. Seguindo essa tendência recente de se categorizar as escolas com base em notas de testes, passou-se a enfatizar também o ensino de um currículo que esteja sempre em expansão, o que não deixa de trazer sérias conseqüências para as crianças, para os professores e para a próxima geração de trabalhadores, no que diz respeito a um acúmulo de frustração, de estresse e de sentimentos de inadequação.

O capitalismo também influencia o que é produzido na mídia. Longas pesquisas são realizadas no sentido de determinar como produzir o máximo de entretenimento ao menor custo possível. Por exemplo, as pessoas muitas vezes acreditam que o aumento da violência nas produções cinematográficas deve-se ao grande público que a procura. Mesmo que, em parte, isso seja verdade, o que a maioria desconhece é que a violência é a maneira mais barata de se criar suspense em um programa (Gerbner, 1994). É fácil exportar a violência para o exterior, não há necessidade de tradução; a violência não requer um diálogo, uma trama ou mesmo um roteiro intricados. Nos últimos 30 anos, o número de filmes com cenas de violência e de produtos violentos das artes gráficas e visuais em geral praticamente duplicou, tendo como alvo específico os jovens. Enquanto a estimativa é de que os *shows* destinados à família que vão ao ar no horário noturno apresentem de seis a sete atos de agressão por hora, os desenhos infantis normalmente contêm aproximadamente 20 a 30 atos de agressão por hora (Fox, 1996; Gerbner, 2002). Nos Estados Unidos, até completar 18 anos de idade, uma criança comum já terá assistido 200 mil atos de violência e 16 mil assassinatos pela TV (Media Education Foundation, 2002). O capitalismo e o desejo pela riqueza criaram uma indústria da mídia com tanta ganância por ganhos financeiros que os valores éticos passaram a ser muito menos considerados na maioria de suas produções.

O PATRIARCADO: UM COMENTÁRIO SOBRE OS MENINOS E A MASCULINIDADE

O patriarcado é um sistema de crenças no qual os indivíduos do sexo masculino normalmente possuem mais poder institucional do que os do sexo feminino, o que implica, entre muitas outras coisas, que as emoções, as atividades e as cores geralmente sejam divididas em dois grupos e atribuídas a cada gênero. Nesse processo, ambos os gêneros deixam de ter acesso a uma vasta gama de formas múltiplas e úteis de ser. Está além do alcance deste livro discutir em detalhes os amplos efeitos do patriarcado, pois há incontáveis publicações que tratam de suas implicações (Ashton-Jones et al., 2000; Katz, 1999; Kilbourne, 2000; Kimmel e Messner, 1998; Kivel, 1999; Pollack, 1999; Tannen, 1990). Queremos, no entanto, discutir por que os principais autores de agressões físicas na escola quase sempre são os meninos. Alguns especialistas propuseram uma perspectiva biológica, de que os indivíduos do sexo masculino são programados geneticamente para serem agressivos. Contudo, muitos estudos antropológicos realizados no mundo inteiro refutaram essa teoria, levando em conta que algumas culturas registram índices bastante baixos de agressão masculina (crítica de Kimmel e Messner, 1998). Outros propuseram um padrão transgeracional, transmitido dos avós para os pais e depois para os filhos, no qual os padrões comportamentais abusivos são aprendidos na infância e reencenados no início da fase adulta; mas essa teoria também foi refutada, já que muitas meninas são submetidas a abusos e nunca os reencenam em sua juventude ou na idade adulta (Jenkins, 1990). Outros ainda, a começar pelo clássico estudo de Bandura (1969), demonstraram que a televisão e a mídia estimulam os jovens a ter um comportamento agressivo por meio do aprendizado social. Todavia, diante do fato de que a maioria dos meninos é testemunha de uma mídia agressiva, e nem todos cometem agressões, esse fator, sozinho, também não é suficiente. Como discutimos anteriormente, na última década, com o movimento construcionista social, ficou mais claro que a sobreposição de muitas características socioculturais do contexto de vida do indivíduo (discursos) influencia as escolhas e os comportamentos das pessoas. A lista a seguir descreve algumas das características promovidas nas culturas ocidentais que se referem à infância dos meninos e à agressão:

- Na maior parte da mídia direcionada aos jovens, a masculinidade dos heróis passou a ser representada por uma única característica amplificada e exagerada: a força física (por exemplo: Sylvester Stallone e Arnold Schwarzenegger). Uma pesquisa feita com bonecos populares para meninos demonstra claramente que, desde a década de 1970, o tamanho dos bíceps dos corpos de bonecos como Luke Skywalker ou comandos em ação aumentou de 40,5 centímetros para 63,5 centímetros (Katz, 1999). A atual fisiologia desses heróis masculinos é muito pouco realista e certamente improvável de ser atingida pela maioria dos jovens desse sexo. Em uma cultura em que ser menino está relacionado a ser forte e durão, só faz sentido expressar essa qualidade interior por meio da agressão. Em outras palavras, se ser forte e durão são aspectos interiores desejáveis que determinam a masculinidade, uma saída natural para demonstrar publicamente essa característica está na agressão. De que outra maneira um indivíduo pode provar para outro que é forte (especialmente pelo fato de que, na vida real, os meninos não se sentem fortes).

- A agressão também é retratada como a solução para os problemas. Se indagadas acerca de suas opiniões sobre a agressão, quase todas as pessoas diriam que se opõem a condutas desse tipo. No entanto, o que a maioria dos pais fica tentada a fazer quando um menino se envolve em encrencas por brigar na escola? Bater nele. Recentemente, Marie-Nathalie ouviu o que um pai tinha a dizer sobre sua filha de 25 anos, que ele achava muito irresponsável. Afirmou ele: "Se ela fosse um menino, olha (dando um soco contra a outra mão), eu colocaria ela na linha". Definitivamente, ele não foi o primeiro pai bem-intencionado a dizer que gostaria de dar uma lição ou acrescentar mais rigor à educação de um filho por meio da agressão física. Estudos demonstram que pais e professores até podem tolerar muitas travessuras dos meninos, mas quando esses adultos decidem partir para a disciplina, eles os punem com muita dureza. Alguns cientistas especulam que essa prática não apenas apresenta a agressão como uma solução para interações perturbadoras, mas talvez também sirva de modelo para a insensibilidade e a intolerância.

- Após a puberdade e, sem dúvida, da 5ª série ao ensino médio, os meninos não se sentem seguros para se relacionarem com os amigos ou com os membros da família demonstrando abertamente carinho e atenção, sem correrem o risco de serem chamados de bicha. Mais uma vez, como a masculinidade existe sobretudo para se distinguir da feminilidade, e como a feminilidade implica a atenção em relação aos outros, os jovens do sexo masculino podem acabar presos a padrões nos quais acreditam que o único contato físico aceitável é a agressão. Um amigo meu se lembrou desta história:

Estava andando de bicicleta com meu melhor amigo, e, quando estávamos atravessando a ponte que passa sobre a rodovia, de repente, ele me deu um tapa. Depois que consegui evitar cair de cima da ponte no meio da rodovia, perguntei a ele por que ele tinha feito aquilo. A resposta dele foi: "É só uma brincadeira, cara. Qual o problema com você? Será que você é homossexual ou coisa parecida?". Bater em mim foi a única maneira que ele encontrou para expressar afeto por mim em uma cultura tão homofóbica; aprendi que os caras podiam fazer praticamente qualquer coisa pra você, e depois dizer, era só brincadeira, e você tinha que aceitar.

Além de ressaltar a agressividade como forma de relacionamento entre os meninos na adolescência, essa é também uma história bastante reveladora no sentido de que o indivíduo que é considerado inadequado não é o agressor, mas sim a vítima. Por meio da agressão, o agressor mostrou sua superioridade sobre um outro indivíduo supostamente mais fraco. No mundo da masculinidade, a vítima muitas vezes é aquela que tem um defeito, que é objeto de suspeita, de análise e de questionamento – não o agressor, que está sendo um homem de verdade. Nas escolas, é mais provável que os jovens do sexo masculino que são vítimas sejam encaminhados à terapia do que os agressores (a menos que a agressão seja séria).

Outro pai recordou-se do seguinte:

Quando criança, sempre atormentei minha irmã que era um ano mais nova do que eu. Quanto mais os membros da minha família se aborreciam e pediam para que eu parasse com isso, mais eu fazia. Passei quase toda nossa infância a atormentando, mas, ao mesmo tempo, quando a gente saía para o parque ou para as festas, eu estava sempre de olho nela. Eu realmente me importava muito com ela e queria ter certeza de que nada iria acontecer a ela.

Nessa história, a agressão é claramente exemplificada como a única maneira possível de se relacionar carinhosamente com uma pessoa amada. Utiliza-se a agressão para expressar cuidado e proteção.

Além dessas mensagens culturais da masculinidade e da agressividade, também é importante lembrar que os meninos, especialmente depois dos 7 ou 8 anos, freqüentemente são socializados para deixarem de expressar uma multiplicidade de emoções. A raiva, para alguns jovens do sexo masculino, pode então transformar-se facilmente na única forma aceitável de expressar diversas experiências. A agressão, portanto, pode ser vista como o resultado do conflito de especificações de gênero e de discursos sociais envolvendo a masculinidade, que passa a ser ainda mais ou que deixa de ser enfatizado pelo fato de o indivíduo pertencer a diferentes subgrupos definidos pela idade, pelo *status* socioeconômico, pela raça, pela etnicidade, pela religião, e assim por diante.

Referências

Andersen, T. (1987). The reflecting team: Dialogue and metadialogue in clinical work. *Family Process*, 26, 415-428.

Ashton-Jones, E., Olson G. A., & Perry, M. G. (2000). *The gender reader*. Needham Heights, MA: Pearson.

Bandura, A. (1969). *Principles of behavior modification*. New York: Henry Holt.

Beaudoin, M.-N., & Taylor, M. (no prelo). *Creating a positive school culture: How principals and teachers can solve problems together*. Thousand Oaks, CA: Corwin.

Beaudoin, M.-N., & Walden, S. (1997). *Working with groups to enhance relationships*. Duluth, MN: Whole Person Associates.

Benson, B., & Barnett, S. (1998). *Student-led conferencing using showcase portfolios*. Thousand Oaks, CA: Corwin.

Bernal, M. (1987). *Black athena: The Afroasiatic roots of classical civilization*. New Brunswick, NJ: Rutgers University Press.

Bird, J. (2000). *The heart's narrative*. Auckland, New Zealand: Edge Press.

Bruner, J. (1996). *The culture of education*. Cambridge, MA: Harvard University Press.

Cheshire A., & Lewis D. (2000). *Reducing bullying in schools*. Auckland, New Zealand: Selwyn College.

Christa McAuliffe Elementary School. (2003). *Orientation manual*. Retrieved September 24, 2003, from http://www.cupertino.k12.ca.us/McAuliffe. www/community/orientation/Aiding_suggestions.html

Dewey, J. (1989). *Freedom and culture*. Amherst, NY: Prometheus Books.

Dewey, J. (1999). *Individualism old and new*. Amherst, NY: Prometheus Books.

Dickerson, V. (1998). Silencing critical voices: An interview with M.-N. Beaudoin. *Gecko*, 2, 29-45.

Eisler, R. (2001). *Tomorrows children* [Videotapes]. Northampton, MA: Media Education Foundation.

Fleming, M., Lyon, G., Oei, T.-Y., Sheets, R. H., Valentine, G., & Williams, E. (1997). *Starting small*. Montgomery, AL: Southern Poverty Law Center.

Fox, R. (1996). *Harvesting minds: How TV commercials control kids*. Westport, CT: Greenwood.

Freedman, J., & Combs, G. (1996). *Narrative therapy*. New York: W. W. Norton.

Freeman, J., Epston, D., & Lobovits, D. (1997). *Playful approaches to serious problems*. New York: W. W. Norton.

Freire, P. (2000). *Pedagogy of the oppressed*. New York: Continuum. (Original work published 1970)

Friedman, S. (1995). *The reflecting team in action*. New York: Guilford Press.

Gerbner, G. (1994). *The killing screens*. Northampton, MA: Media Education Foundation.

Gerbner, G. (2002). *Against the mainstream: The selected work of George Gerbner* (M. Morgan, Ed.). New York: Peter Lang.

Gergen, K. (1985). The social constructionist movement in modern psychology. *American Psychologist*, 40, 266-275.

Gergen, K. (1991). *The saturated self: Dilemmas of identity in contemporary* life. New York: Basic Books.

Gougaud, H. (2000). *Contes du Pacifique*. Paris, France: Seuil.

Grant, J. M., Heffler, B., & Mereweather, K. (1995). *Student-led conferences: Using portfolios to share learning with parents*. Ontario, Canada: Pembroke Publishers.

Hall, S. (1997). *Race: The floating signifier*. Northampton, MA: Media Education Foundation.

Hill, L. D. (2001). *Connecting kids*. British Columbia, Canada: New Society Publishers.

Hoffman, L. (1990). Constructing realities: An art of lenses. *Family Process, 29*,1-12.

Hooks, B. (1996). *Cultural criticism and transformation*. Northampton, MA: Media Education Foundation.

Huntemann, N. (2000). *Game over*. Northampton, MA: Media Education Foundation.

Jenkins, A. (1990). *Invitations to responsibility*. Adelaide, Australia: Dulwich Centre Publications.

Jhally, S. (1998). *Advertising and the end of the world*. Northampton, MA: Media Education Foundation.

Katz, J. (1999). *Tough guise*. Northampton, MA: Media Education Foundation.

Kilbourne, J. (2000). *Killing us softly 3*. Northampton, MA: Media Education Foundation.

Kimmel, M. S., & Messner, M. A. (1998). *Men's lives*. Needham Heights, MA: Viacom.

Kivel, P. (1999). *Boys will be men*. British Columbia, Canada: New Society Publishers.

Kivel, P. (2002). *Uprooting racism*. British Columbia, Canada: New Society Publishers.

Kohn, A. (1993). *Punished by rewards: The trouble with gold stars, incentive plans, A's, praise, and other bribes*. New York: Houghton Mifflin.

Kohn, A. (1996). *Beyond discipline: from compliance to community*. Alexandria, VA: Association for Supervision and Curriculum Development.

Kozol, J. (1991). *Savage inequalities: Children of America's schools*. New York: HarperCollins.

Luvmour, J., & Luvmour, B. (2002). *Win-win games for all ages: Cooperative activities for building social skills*. British Columbia, Canada: New Society Publishers.

Madsen, W. C. (1999). *Collaborative therapy with multi-stressed families*. New York: Guilford Press.

Media Education Foundation. (2002). *Behind the screens*. Northampton, MA: Author.

Nylund, D. (2000). *Treating Huckleberry Finn*. San Francisco: Jossey-Bass.

Pierce-Picciotto, L. (1996). *Student-led parent conferences*. New York: Scholastic.

Pollack, W. (1999). *Real boys*. New York: Henry Holt.

Reiman, J. (1998). *Thinking for a living*. Marietta, GA: Longstreet.

Riesler, E. (2001). *Tomorrow's children*. Northampton, MA: Media Education Foundation.

Robins, K. N., Lindsey, R. B., Lindsey, D. B., & Terrell, R. D. (2002). *Culturally proficient instruction*. Thousand Oaks, CA: Corwin.

Tannen, D. (1990). *You just don't understand*. New York: Ballantine.

Weatherford, J., (1988). *Indian givers: How the Indians of the Americas transformed the world*. New York: Fawcett.

White, M. (1995). *Re-authoring lives: Interviews and essays*. Adelaide, Australia: Dulwich Centre Publications.

White, M. (1997). *Narratives of therapists lives*. Adelaide, Australia: Dulwich Centre Publications.

White, M. (2000). *Reflections on narrative practice*. Adelaide, Australia: Dulwich Centre Publications.

White, M., & Epston, D. (1990). *Narrative means to therapeutic ends*. New York: W. W. Norton.

Winslade, J., & Monk, G. (1999). *Narrative counseling in schools*. Thousand Oaks, CA: Corwin.

Winslade, J., & Monk, G. (2000). *Narrative mediation*. San Francisco: Jossey-Bass.

Zimmerman, J. (2001). The discourses of our lives. *Journal of Systemic Therapies, 20*(3),1-10.

Zimmerman, J., & Beaudoin, M.-N. (2002). Cats under the stars: A narrative story. *Child and Adolescent Mental Health, 7*(1), 31-40.

Zimmerman, J., & Dickerson, V. (1996). *If problems talked*. New York: Guilford Press.

Zinn, H. (2001). *A people's history of the United States*. New York: Harper Perennial.

Índice

Abuso, 69-70
Acontecimentos:
   atribuição do significado aos, 99-101
   intensidade dos, 96-99
Adultismo:
   bullying e, 26
   crenças do, 27, 213-214
   definição do, 213
   descrição do, 26, 206-207
   disciplina e, 137-140ß
   discurso sobre o, 213-215
   dúvidas a respeito do, 142-143
   enunciados associados ao, 138
   falsos conceitos sobre o, 134-139
   nas culturas ocidentais, 213-214
   no governo escolar, 140-142
   notas e, 142
   o lugar do professor na sala de aula e o, 141-142
   os nomes e os títulos, 142-143
   processo de livrar-se do, 134-143
   reuniões conduzidas pelos alunos para reduzir o, 139-141
Adultos, 75-77, 79
Afastamento, 119-120
Agressão, 57-58, 221-224
Agressores,
   exteriorizações feitas pelos, 69-71
   responsabilidade dos, 54
Aluno(s):
   acessando as experiências do(s), 79-80, 82-85
   aprendizado pelo(s), 114-115, 210-211
   auto-estima do(s), 33-34
   capacitação do(s), 120-121
   colaboração com o(s), 58-59
   compromisso com a comunidade, 132-133
   entrevistas com o(s), 111-118
   exemplos a ser seguidos pelo(s), 133-134
   exigências sobre o(s), 35-36
   expectativas em relação ao(s), 213-214
   experiências do(s), 179-180
   frustração do(s), 44-45
   idéias do(s), 181-182
   minorias. *Veja* Alunos pertencentes a minorias
   pressões contextuais sobre o(s), 78
   responsabilidade do(s), 68-70
   senso de pertencer a uma comunidade, 132-133
   vínculos com os professores, 120-121, 147-150
Alunos pertencentes a minorias:
   descrição dos, 38-39
   exemplos a serem seguidos para os, 133-134
   injustiça do sistema educacional em relação aos, 216-217
Análise contextual:
   do conflito, 43-45
   o certo e o errado sob a influência da, 45-46
Andersen, T., 102-103, 225
Apreciação:
   áreas de, 125-126
   auto-apreciação, 126-127
   definição da, 124-125
   em relação aos professores e funcionários da escola, 126-129
   manifestação da, 124-126
   métodos indiretos de expressar a, 126-127
   métodos para obter, 127-129
   não-hierárquica, 126
   pessoal, 126
Aprendizado, 114-115, 210-211
Ashton-Jones, E., 26, 221-222, 225
Atenção, 58-59
Atividades competitivas, 115-116
Auto-apreciação, 126-127
Auto-estima, 33-34
Autopercepção, 101-102
Auto-reflexão, 116-117, 129-132, 153-154
Autoridade, 60-62
Autovalorização, 120-121
Avaliação:
   áreas de, 37-38
   constante, 37-39
   descrição da, 36-37, 205-206
   efeitos nocivos da, 36-38
   efeitos relacionados ao desempenho, 36-37
   eficácia da, 36-37

resultados da, 37-39

Bandura, A., 221-222, 225
Barnett, S., 140-141, 225
Beaudoin, M.-N., 63, 129-131, 225
Benson, B., 140-141, 225
Bernal, M., 134-135, 225
Bird, J., 225
Bloqueios contextuais:
 definição dos, 203
 especificações culturais e, 24, 26-27
 manifestação dos, 29
 origens dos, 24, 26-26
 tipos de, 205-207
Bruner, J., 120-121, 137-139, 141-142, 225
Bullying:
 abordagem narrativa para o, 62-62, 66
 as regras e o, 33-34
 como os alunos lidam com o, 109-110
 dúvidas quanto ao, 52-53
 exemplos de, 22-24
 experiência dos alunos que se envolvem com o, 74-76
 levantamento sobre o, 109-112
 motivos para o, 52-53

Capitalismo, 220-222
Certo e errado:
 influências contextuais na noção de, 45-46
 suposições sobre, 45-46
Cheshire, A., 225
Colaboração, 58-59, 116-118, 128-131
Combs, C., 102-103, 225
Compaixão, 57-58
Competição:
 como elemento motivador, 31-33
 conseqüências da, 30-32
 descrição da, 30-31
 estratégias para promover a, 130-131
 exemplos de, 30-31
 implicações da, 30-32
 variações culturais na avaliação da, 128-129
Comportamentalismo, 49-50
Comportamentos problemáticos:
 auto-reflexão nos, 94-95
 controle dos, 53-54
 o uso da punição para provocar mudanças, 49-53
 razões para apresentar, 55-56
 suposições para compreender os, 54
Compreensão, 209-210
Comunidade:
 compromisso dos alunos com a, 132-133
 envolvimento dos pais na, 132-134
 falta de envolvimento das escolas com a, 131-132
 incentivo aos educadores por parte da, 132

Conflito:
 análise contextual do, 43-45
 causas do, 42-43
 intervenção dos adultos para resolver o, 47-50
 visões divergentes, 46-49
Conhecimento, 46
Conquista, 33-35
Construção social, 87
Contextualização da perspectiva, 59-60, 68
Crianças:
 as arenas da vida no caso das, 99
 capacitação das, 47-49
 crenças relacionadas ao adultismo, 213-214
 exemplos a serem seguidos pelas, 133-134
 exigências a cumprir, 35-36
 visões de mundo das, 135-136
Cultura ocidental:
 a infância dos meninos e a agressão do modo em que são retratadas na, 221-223
 adultismo na, 213-214
Cultura:
 capitalista, 26-27
 clima escolar afetado pela, 29-30, 43-44
 competitividade na, 128-129
 "deveres" na, 24, 26
 estruturas na, 29
 individualista, 26-27
 influências da, 21-22
 instituições na, 29
 ocidental, 213-214, 221-223
 opções afetadas pela, 21-24, 39
 patriarcal, 26-27
 soluções para o desrespeito e o *bullying* com base na, 209-212
Culturas capitalistas, 26-27
Culturas individualistas:
 descrição das, 26-27, 214-215
 os problemas da forma como são vistos nas, 54-55
Culturas patriarcais, 26-27
Curiosidade, 58-59, 80-81
Currículo, 134-135

Desconstrução, 59-60
Desempenho, 205-206
Desestímulo, 37-38
Desrespeito:
 abordagem narrativa para o, 62-62, 66
 as regras e o, 33-34
 experiência dos alunos que se envolvem com o, 74-76
 levantamento sobre o, 109-112
 por parte dos professores, 113-114
 reflexões dos alunos sobre o, 156-157
 trivialidades como causa de desrespeito, 54-55
Deveres de casa:
 a frustração e os, 35-36

descrição dos, 114-115
o estresse associado aos, 35-36
Dewey, J., 26, 221-222, 225
Dickerson, V., 102-103, 187-188, 190-191, 197-198, 225, 226
Diferenças culturais:
  descrição das, 133-135, 205-206
  identificação das, 150-151
  intolerância em relação às, 215-218
  problemas de compreensão das, 151-154, 205-206
Diretor. *Veja também* Educadores
  manifestação da apreciação por parte do, 125-126
  melhorias na escola facilitadas pelo, 113-115
Disciplina:
  descrição da, 112-113
  o adultismo e a, 137-140
Discurso:
  adultismo, 213-215
  definição de, 203, 213
Diversidade cultural:
  descrição da, 133-135, 136-137
  valorização da, 149-154
Dúvidas:
  relacionadas à escola, 52-56
  relacionadas à exteriorização, 68-71

Educadores. *Veja também* Diretor; Professores acessando as experiências dos alunos, 79-80, 82-85
  colaboração dos, 58-59
  compaixão por parte dos, 57-58
  esgotamento dos, 98-99
  estudo demográfico racial dos, 133-134
  experiências dos, 75-77, 79, 81-82
  exteriorização feita pelos, 70-71
  incentivo da comunidade aos, 132
  respeito por parte dos, 136-137
  vínculos facilitados pelos, 124-125
Eisler, R., 141-142, 225
Entrevistas:
  com os alunos, 111-118
  no Projeto Bicho-que-Irrita, 160-164
Envolvimento dos pais:
  a importância do, 198-199
  na comunidade, 132-134
Epston, D., 59-60, 102-103, 185-186, 225, 226
Equipes, 158-159, 187-188
Equipes virtuais, 187-188
Erros cometidos pelos professores, 142
Escola:
  atividades competitivas na, 115-116
  características ideais da, 117-118
  clima educacional da, 29-30
  colaboração na, 116-118
  como público para as histórias problemáticas, 101-102
  currículo da, 134-135
  dúvidas comuns, 52-56

experiência da, 74-79
falta de envolvimento na comunidade, 131-132
histórias problemáticas na, 99-100
influências culturais no clima da, 43-44
influências do capitalismo, 220-221
notas na, 114-116
papel do diretor em melhorar a, 113-115
pressões contextuais na, 78-79
sistema isomórfico, 76-77, 79-79
vínculos na, 119-125
Especificações culturais, 24, 26-27
Estresse:
  deveres de casa e, 35-36
  efeitos relacionados ao desempenho, 36-37
Estudos de caso:
  bullying, 185-200
  exteriorização, 185-187
  frustração, 185-187
  Projeto Bicho-que-Irrita, 181-183
Eu, 88-90
Exemplos a serem seguidos, 133-134
Experiência(s):
  acessando as, 79-80
  da escola, 74-79
  de alunos que têm uma conduta desrespeitosa, 74-76
  de educadores, 75-77, 79, 81-82
  definindo a, 73-75
  dos brigões, 74-76
  estabelecendo uma ligação com a, 73
  exteriorização da, 70-71
  padrões de interação, 79-81
Exteriorização:
  alteração das perspectivas pela, 60-61
  benefícios da, 62, 66, 101-102
  da experiência com um problema, 70-71, 82-83
  definição da, 203-203
  descrição da, 59-60, 185-186
  dúvidas comuns sobre a, 68-71
  efeitos da, 59-62
  estudo de caso que emprega a, 185-187
  eventos que podem receber a, 69-70
  exemplo de, 66-68
  exercício destinado à, 63-63
  pelos educadores, 70-71
  responsabilidade e, 68-70
  resumo da, 68-69
  sentido da, 71
  tipos comuns de, 69-71

Família, 196-198
Feedback:
  descrição do, 36-37
  métodos para a obtenção do, 127-129
Festa dos observadores, 194-196
Fleming, M., 225
Fox, R., 221-222, 225

Freedman, J., 102-103, 225
Freire, P., 34-35, 141-142, 220-221, 225
Friedman, S., 102-103, 225-226
Frustração:
    a punição como causa de, 53-54
    as regras e a, 33-34
    comportamentos motivados pela, 44-45
    estudo de caso da, 185-187
    o excesso de deveres de casa e a, 35-36

Gerbner, G., 220-222, 225-226
Gergen, K., 26, 89-90, 92-93, 225-226
Gougaud, H., 21, 225-226
Governo escolar, 140-142
Grant, J. M., 140-141, 225-226

Hábito, 60-61
Hall, S., 26, 225-226
Heffler, B., 140-141, 225-226
Hierarquia:
    características da, 206-207
    nas recompensas e nas punições, 51-52
    nos relacionamentos, 135-136
Hill, L. D., 129-131, 134-135, 225-226
História preferida, 195-199, 203-204
Histórias problemáticas. *Veja também* Histórias
    definição, 203-204
    descrição, 44-46
    na escola, 99-100
    nas arenas da vida, infiltração das, 98-99
    público para as, 101-102
    vínculos utilizados para superar as, 121-123
Histórias. *Veja também* Histórias problemáticas
    as perspectivas como criadoras das, 94-97
    confiança nas, 96-98
    das identidades preferidas, 91-92
    descrição das, 89-91, 93-94
    elementos das, 90-91
    exercício de criação das, 90-92
    intensidade dos acontecimentos, 96-99
    linguagem para a criação das, 91-93
    nas arenas da vida, infiltração das, 98-99
    o passado e o futuro das, 96-98
    preenchendo mentalmente as lacunas nas, 92-95
    preferidas, 195-199
    significativas, 99-101
    sistema de reabastecimento automático das, 96-98
Hoffman, L., 89-90, 225-226
Homofobia, 27, 222-223
Hooks, B., 26, 225-226
Huntemann, N., 26, 225-226

Identidade dominada por problemas, 185-186
Identidade preferida, 91-92, 195-196
Impotência, 41-42, 52-53

Individualismo, 43-44, 214-216

Jenkins, A., 225-226
Jhally, S., 26, 225-226

Katz, J., 26, 221-223, 225-226
Kilbourne, J., 221-222, 225-226
Kimmel, M. S., 26, 221-222, 225-226
Kivel, P., 26, 133-135, 215-217, 221-222, 225-226
Kohn, A., 31-32, 225-226
Kozol, J., 216-217, 225-226

Levantamento, 109-112
Lewis, D., 225
Lindsey, D. B., 26, 133-134, 226
Lindsey, R. B., 26, 133-134, 226
Linguagem, 91-93
Lobovits, D., 225
Luvmour, B., 129-131, 225-226
Luvmour, J., 129-131, 225-226
Lyon, G., 225

Machucar, 53-54
Madsen, W. C., 225-226
Manifestando uma posição, 102-103
Mapeamento, 102-103
Marginalização, 181-182, 190-191
Masculinidade, 222-224
Mediadores de pares, 48-49
Mentira, 46-49
Mereweather, K., 140-141, 225-226
Messner, M. A., 26, 221-222, 225-226
Mídia:
    as apresentações do patriarcado na, 221-222
    influências do capitalismo na, 220-222
    violência na, 220-222
Monk, G., 141-142, 226
Motivação:
    as recompensas e a, 49-51, 115-117
    competição como fonte de, 31-33
Mudança:
    falta de, 103-105
    falta de motivação dos alunos, 54-55
    recompensas e punições como elemento motivador para a, 50-51
    significados para a, 191-192

Nomes, 142-143
Notas, 114-115, 142
Notas dos resultados, 34-36
Notas dos testes, 34-36
Nylund, D., 57-58, 225-226

O jogo de adivinhar quem é o observador, 168-170
Oei, T.-Y, 225
Olson, G. A., 26, 221-222, 225
Opções:
　eliminação das, 22-24, 26
　exemplo de, 25-24, 26
　fatores que afetam as, 25
　influências culturais na hora das, 21-24, 39
　limitação das, 27-28. *Veja também* Especificações culturais

Participação em um ensino conjunto, 141-142
Patriarcado, 221-224
Perry, M. G., 26, 221-222, 225
Perspectiva:
　conhecimento afetado pela, 46
　contextualização da, 59-60, 68
　histórias criadas a partir da, 94-95-68
　práticas para resolver problemas, 68
Pertencimento, 132-133
Pierce-Picciotto, L., 140-141, 225-226
Pollack, W., 221-222, 225-226
Preenchendo mentalmente as lacunas, 92-95
Problema(s):
　auto-reflexão para lidar com o(s), 129-131
　aversão ao(s), 57
　ciclos de, 79-83
　classificação do(s), 215-216
　definição de, 203-204
　exteriorização do(s), 60-62, 82-83
　internalizado(s), 61-62
　investigando o(s), 54-55
　opções para solucionar o(s), 68
　soluções previstas como se fossem um *script* para o(s), 104-105
Problemas internalizados, 61-62
Processo de retorno, 121-124
Professores e funcionários da escola, a apreciação em relação aos, 126-129
Professores. *Veja também* Educadores
　colaborações com outros professores, 148-149
　contando suas próprias histórias, 123-124
　desrespeito por parte dos, 113-114
　disciplina em sala de aula pelos, 112-113, 137-140
　em sala de aula, lugar dos, 140-142
　enunciados em tom de competição apresentados pelos, 30-31
　erros cometidos pelos, 142
　feedback dos alunos em relação aos, 110-112
　motivação em relação ao ensino, 41
　pressões contextuais sobre os, 78
　reflexões pessoais dos, 123-124
　regras aplicada pelos, 111-112
　relacionamentos com os, 111-112
　respeito por parte dos, 111-112
　tipos sinceros de, 121-122
　vínculos com os alunos, 120-121, 147-150
Projeto Bicho-que-Irrita:
　celebração do conhecimento e da habilidade, 169-180
　considerações sobre a facilitação em sala de aula, 179-182
　construção da equipe, 158-159
　construção dos sucessos, 156-170
　definindo o termo respeito, 159-161
　desmascarando o Bicho-que-Irrita, 154-156
　dia da apreciação, 169-173
　dividindo a experiência, 167-169
　entrevistas, 160-164
　esquetes para o, 151-152, 173-176
　estabelecendo um vínculo com o professor, 147-149
　exteriorização do problema, 146-156
　festa, 172-174
　foto do respeito, 164
　histórias, 176-180
　idéias narrativas para o, 145-147
　implementação de estudo de caso do, 181-183
　observadores secretos de sucesso, 165-168
　o jogo de adivinhar quem é o observador, 168-170
　poemas feitos em equipe, 164-165
　sopros de tornado, 157-159
　superespionagem, 168-170
　valorizando a diversidade, 149-154
　vantagens do, 182-183
　vídeo, 175-177
　violência em relação ao Bicho-que-Irrita, 181-182
　visão geral sobre o, 145-146
Público, 100-103, 197-199, 203
Punição, *Veja também* Recompensas e punições
　frustração decorrente da, 53-54
　mudanças comportamentais e, 49-53
　natureza hierárquica da, 51-52
　vantagens da, 50-51

Quadro de resistência às encrencas, 187-189

Racismo:
　descrição do, 27, 215-218
　o *bullying* e o, 26
Raiva:
　descrição da, 54, 61-62
　exteriorização da, 61-62
Recompensas e punições. *Veja também* Punição
　características das, 205
　como elemento motivador, 49-51, 115-117
　natureza hierárquica das, 51-52
Recreio, 115-116, 129-131
Regras:
　desafiando as, 33-34

determinadas externamente, 33-34
frustração associada às, 33-34
irrelevância das, 33-34
o *bullying* e as, 33-34
o desrespeito e as, 33-34
propósito das, 33-34
que sempre existiram, 205-206
visão geral sobre as, 32-34
Reiman, J., 129-131, 225-226
Relacionamentos:
  desenvolvimento dos, 88-90, 111-112
  hierárquicos, 135-136
Resolução de problemas:
  emprego da perspectiva para a, 68
  treinamento na, 48-49
Respeito:
  confusão quanto ao significado do, 73, 104-105
  definição, 159-161
  por parte dos educadores, 136-137
  por parte dos professores, 111-112
  programas para o desenvolvimento do, 103-105
  reflexões do diretor sobre o, 136-137
Responsabilidade, 54, 68-70, 213-214
Resultado único, 203-204
Retrocessos, 191-193
Reuniões conduzidas pelos alunos, 139-141
Riesler, E., 134-135, 226
Riso, 21-22
Robins, K. N., 26, 133-134, 226
Rotina escolar, 34-37

Sala de aula:
  considerações sobre a facilitação em, 179-182
  disciplina na, 112-113, 139-140
  formato para as discussões na, 180-181
  intervenções na, 188-191
  o lugar do professor na, 141-142
Sensibilidade cultural, 133-134, 218-221
Sexismo, 27
Sheets, R. H., 225
Significado dos acontecimentos, 99-101, 190-192
Sistema isomórfico, 76-77, 79
Soluções previstas como se fossem um *script*, 104-105

Superobservação, 168-170
Suposições:
  a intervenção dos adultos é necessária para resolver os conflitos entre os alunos, 47-50
  a punição é aceitável para ensinar os alunos que seu comportamento, é inaceitável, 49-50-52-53
  a verdade existe e pode ser buscada, 46-49
  alguém está certo, e alguém está errado, 45-46
  descrição das, 41-42
  efeitos das, 41-42
  efeitos das perspectivas sobre as, 46-47
  problemas são provocados pelos indivíduos, 42-46

Tannen, D., 221-226
Taylor, M., 225
Terapeutas, 95-97, 103-104
Terrell, R. D., 26, 133-134, 226
Títulos, 142-143
Transtorno de déficit de atenção/hiperatividade, 57-58, 215-216

Valentine, G., 225
Valores, estabelecendo uma ligação com os, 102-103
Verdade, 46-47-49
Vínculos, 119-125
Violência, 221-222

Walden, S., 63, 129-131, 225
Weatherford, J., 134-135, 226
White, M., 59-60, 102-103, 121-123, 185-186, 197-198, 226
Williams, E., 225
Winslade, J., 141-142, 226

Xingamentos, 80-81

Zimmerman, J., 26, 102-103, 187-188, 190-191, 197-198, 213, 226
Zinn, H., 134-135, 226